STAUFFENBURG
Translation

Studien zur Translation

herausgegeben von / edited by Mary Snell-Hornby

Band / Volume 1

Hans G. Hönig

Konstruktives Übersetzen

STAUFFENBURG
VERLAG

Die Deutsche Bibliothek – CIP-Einheitsaufnahme

Hönig, Hans G.:
Konstruktives Übersetzen / Hans G. Hönig. – 2., durchges. Aufl. –
Tübingen : Stauffenburg-Verl., 1997
(Studien zur Translation ; Bd. 1)
ISBN 3-86057-240-7
NE: GT

2., durchgesehene Auflage 1997

© 1995 · Stauffenburg Verlag Brigitte Narr GmbH
Postfach 25 25 · D-72015 Tübingen

Satz: Nagel, Reutlingen
Druck: Gulde-Druck GmbH, Tübingen
Verarbeitung: Gogel, Reutlingen
Printed in Germany

ISSN 0948-1494
ISBN 3-86057-240-7

Inhalt

0	**Vorwort**	7
I	**Eröffnungen**	9
	1 Ausrutscher	9
	2 Fron und Frevel	13
	3 Virtuelle Realität	14
II	**Luftlinien**	18
	1 Wortspiele	18
	2 Catch 22	20
	3 Wer braucht die Theorie?	21
III	**Abbrucharbeiten**	25
	1 Die Illusion der Natürlichkeit	25
	2 Die Illusion der Symmetrie	32
	3 Die Illusion der Freiheit	33
	4 Die Illusion der Sprachbeherrschung	35
IV	**Fluß-Diagramme**	40
	1 Verstehensprobleme	40
	2 Intuitiv richtig	45
	3 Kontrolliert und unkontrolliert	50
	4 Absolut falsch	59
V	**Materialkunde**	64
	1 Ralf und der Ballon	64
	2 Autor und Autorität	67
	3 Ausgefranste Logik	69
VI	**Statik**	74
	1 Konstruktive und destruktive Elemente	74
	2 Die übersetzerrelevante Textanalyse	78
	3 Die Erfolgsstrategie	87
VII	**Unter der Brücke**	91
	1 Schemes und Frames	91
	2 Trinken Kühe Milch?	92
	3 Erwartungsstrukturen	94
	4 Wörter an sich	96

VIII Bodenproben 102
      1 Die suprakulturelle Tasse Kaffee 102
      2 Die Illusion der Interlingua 104
      3 Logische Probleme 108
      4 Selbstreferentielle Bedeutung 112
      5 Konnektionismus und Opportunismus 114
      6 Übersetzen als opportune Handlung 116

IX   Sanierung 117
      1 Wie Fehler entstehen 117
      2 Diagnose und Therapie 121
      3 Zwischen Willkür und Leibeigenschaft 125
      4 Fehlerbewertung 128
      5 Akzeptables akzeptieren 132

X   Schnellverbindungen 139
      1 Papagei mit Kopfhörer 139
      2 Im Cockpit 144
      3 Der elektronische Dolmetscher 146
      4 Die Verstehensprofis 150

XI   Aufbauendes 154
      1 Der Markt 154
      2 Universitäre Ausbildung 156
      3 Das Curriculum: Aufbau 159
        1. Öffnung 161
        2. Diversifikation 161
        3. Modularisierung 162
      4 Das Curriculum: "Zentral-Modul" 164
      5 Textproduktion 167
      6 Professionelle Ausbildung 169

XII   Konstruktives 173
      1 Selbstzufriedenheit oder Resignation? 173
      2 Konfrontation oder Kooperation? 177
      3 Das Konstruktionsprinzip 183

Bibliographie 187
Index 194

0 Vorwort

Die Übersetzungswissenschaft ist eine relativ junge Disziplin. Sie verdankt ihr Entstehen vor allem der Erkenntnis, daß übersetzerische Kompetenz sich nicht automatisch in der praktischen Ausübung des Berufs entwickelt und daß die Methoden und Modellbildungen der Systemlinguistik und der Philologien nicht ausreichen, um die Komplexität der übersetzerischen Tätigkeit zu erfassen und in didaktische Konzepte umzusetzen.

In den letzten zwanzig Jahren hat sich die Übersetzungswissenschaft als eigenständige Disziplin etabliert. Sie hat sich von der Systemlinguistik und den Philologien emanzipiert; sie integriert zunehmend wissenschaftliche Erkenntnisse aus anderen Wissenschaftsbereichen.

Jetzt, wo die Übersetzungswissenschaft ihre Unabhängigkeit gewonnen hat, wo Übersetzungswissenschaftler ihren Status nicht mehr zu verteidigen brauchen, ist es an der Zeit, mit diesem neu erworbenen Selbstbewußtsein wieder zur Praxis zurückzukehren. Denn auf die alltäglich praktizierte Arbeit der Übersetzerinnen und Übersetzer und auf die Vorstellungen, die in unserer Gesellschaft mit ihrer Arbeit verknüpft werden, haben die wissenschaftlichen Erkenntnisse bisher wenig Einfluß gehabt.

Die Übersetzungswissenschaft kann sich nicht damit zufrieden geben, Übersetzungsprozesse zu reflektieren und die Qualität von Übersetzungen zu kritisieren. Wenn sich Wissenschaftler zu dem Ziel bekennen, Qualität und Effizienz der Übersetzertätigkeit zu verbessern, müssen sie den Elfenbeinturm zu Babel verlassen – in der Hoffnung, in nicht allzu großer Entfernung von ihrer eigentlichen Heimat auf Personen zu treffen, die als Praktiker und Nutzer von Übersetzungen die gleichen Ziele haben.

Mit diesem Buch soll ein erster Schritt in diese Richtung getan werden. Es versucht, all denen wissenschaftliche Erkenntnisse zu vermitteln, die Übersetzungen herstellen, in Auftrag geben oder nutzen. Dies geschieht aus der Erkenntnis, daß nur eine Bewußtseinsänderung bei diesem Personenkreis die Voraussetzungen dafür schaffen kann, daß wir so gute Übersetzungen und so qualifizierte Übersetzerinnen und Übersetzer bekommen, wie sie die Übersetzungswissenschaft fordert.

Die moderne, *funktionale* Übersetzungswissenschaft geht davon aus, daß es bei der Produktion von übersetzten Texten vor allem darauf ankommt, den Bedürfnissen der Adressaten gerecht zu werden. In einem Buch, das wissenschaftliche Erkenntnisse in die Sprache der Praktiker zu übersetzen versucht, bestimmt diese Orientierung an den Bedürfnissen der Leser die Auswahl der Themen und die Form der Darstellung.

Einerseits soll dem außerhalb des Wissenschaftsbereichs vielfach geäußerten Wunsch nach einer verständlichen Darstellung und praxisbezogenen Themenauswahl entgegengekommen werden. Diesem Ziel dienen nicht nur die Verwendung vieler Metaphern, Bilder und Analogien, die Diskussion einer Vielzahl von Beispielen, die kontinuierliche Bezugnahme auf die übersetzerische Praxis, sondern auch die Erstellung einer kommentierten Auswahlbibliographie und ein Literaturverzeichnis, das vor allem auf leicht zugängliche Publikationen verweist. Nur in einem entscheidenden Punkt konnte es im Interesse der wissenschaftlichen Seriosität – und letzten Endes auch aller Leser – kein Zugeständnis geben: Die Komplexität des Gegenstands wird in keinem Fall auf das Niveau der einfachen Regeln und Rezepte reduziert, das die öffentliche Diskussion von Übersetzungsleistungen kennzeichnet.

Wer zwei Herren dienen will, begibt sich in die Gefahr, es mit beiden zu verderben. Deshalb bitte ich die Wissenschaftler um Nachsicht, wenn sie den Eindruck gewinnen, daß ihre Theoriegebäude manchmal auf das Fundamentale reduziert werden. Und ich bitte die Praktiker um Verständnis und Geduld, wenn sie sich durch meine kritischen Äußerungen über die gängigen Vorstellungen provoziert fühlen.

Es wäre sicher hilfreich, wenn beide Seiten sich bei der kritischen Lektüre bemühen, die Interessen und Standpunkte der jeweils anderen Seite zu verstehen. Das allein wäre schon ein neuer Ansatz und ein entscheidender Schritt auf dem Weg zu einer Kooperation, von der beide Seiten profitieren.

Daß eine solche Kooperation möglich und wünschenswert ist, habe ich in vielen Gesprächen mit Wissenschaftlern und Praktikern erfahren. Nicht zuletzt in den Diskussionen mit meiner Frau, Sylvia Hönig, die als Übersetzerin tätig ist. Sie hat mich zu diesem Buch inspiriert, und sie hat mich motiviert, es so zu schreiben, wie es nun vorliegt.

Landau, im Januar 1995   Hans G. Hönig

I Eröffnungen

1 Ausrutscher

Am 11. Mai 1994 starb der Fraktions- und Parteivorsitzende der britischen Labour Party, John Smith, überraschend im Alter von 55 Jahren. Und woran starb er?

Richtig, an einem Herzinfarkt.

Und wie wurde die Todesursache in den deutschen Medien (Fernsehnachrichten und Tageszeitungen) bezeichnet?

Richtig – als Herzanfall.

Der Fehlübersetzung *heart attack* – *Herzanfall* sind schon viele Prominente zum Opfer gefallen. Und das ist erstaunlich, denn so gut wie jeder weiß, daß ein *Herzanfall* allenfalls ein Symptom ist, aber keineswegs eine Diagnose. Von einem *Herzanfall* wird allenfalls der Laie und Patient sprechen, aber der Arzt muß herausfinden, was nun die eigentliche Ursache der subjektiven Beschwerden ist. Seine Diagnose lautet dann vielleicht *Herzinfarkt*, sie kann aber auch *funktionelle Störung* oder *vegetative Dystonie* lauten.

So gut wie jeder weiß dies, und Nachrichtenredakteure müssen dies wissen. Und trotzdem erscheint – wider besseres Wissen – praktisch in allen Medien die Fehldiagnose *Herzanfall*. Dafür kann es nur einen Grund geben: Die Übersetzung bewirkt, daß das Fachwissen – man könnte getrost auch sagen: der gesunde Menschenverstand – außer Kraft gesetzt wird.

Wie läßt sich diese, an vielen anderen Beispielen belegbare, Tatsache erklären? Wie kann es sein, daß wir freiwillig und ohne Not unser Weltwissen vergessen, sobald wir wissen, daß es sich um eine Übersetzung handelt?

Ein übersetzter Text wird ganz offensichtlich von seinen Lesern anders wahrgenommen als ein "Original". Scheinbar mit sehr viel größerer Toleranz – einer Übersetzung verzeiht man logische Schnitzer und Verstöße gegen die Regeln der Sprach- und Textproduktion, die man bei "normalen" Texten nicht durchgehen ließe.

Wie schön für die Übersetzer – könnte man meinen. Denn damit wäre ihnen ja ein so großer Toleranzbereich eingeräumt, daß ihre Arbeit wesentlich leichter wird. In Wirklichkeit jedoch ist diese scheinbare Liberalität eine große Gefahr für den Übersetzerberuf, deren Dimensionen gerade jetzt deutlich werden:

Immer mehr Unternehmen bauen Stellen für fest angestellte Übersetzerinnen und Übersetzer systematisch ab oder schließen ihre Übersetzerabteilung. Der Grund dafür sind betriebswirtschaftliche Kosten-Nutzen-Analysen, die ergeben, daß die Vergabe von Übersetzungsleistungen an Agenturen oder freie Übersetzer wesentlich kostengünstiger ist.

Die Qualitätskontrolle bleibt bei diesen Wirtschaftlichkeitsberechnungen allerdings häufig auf der Strecke. In der Tat ist die mangelhafte Qualität vieler Übersetzungen von Agenturen und Freiberuflern das einzige Argument gegen die Wirtschaftlichkeitserwägungen. Wenn aber kein Qualitätsstandard für Übersetzungen etabliert ist, wird den Übersetzern dieses Argument aus der Hand geschlagen.

In Wirklichkeit ist also die Toleranz gegenüber schlechten Übersetzungen ein schleichendes Gift für die guten Übersetzer. Und dieses Gift beginnt gerade jetzt zu wirken, aus zweierlei Gründen:

- Viele Unternehmen sind durch den Druck der Personalkosten gezwungen, Wirtschaftlichkeitserwägungen Priorität einzuräumen.
- Aus der Sicht der Auftraggeber gibt es attraktive Alternativen für fest angestellte Übersetzer: Agenturen, freiberufliche Übersetzer, fremdsprachenkundige Fachleute, computergestützte und maschinelle Übersetzung. Und alle diese Alternativen scheinen – wenn man die Qualitätskontrolle ausklammert – kostengünstiger zu sein.

Die universitären Ausbildungsstätten für Übersetzer und viele andere, nicht-universitäre, bilden weiterhin Übersetzer aus. Die meisten davon tun dies, ohne Überlegungen zu den Berufschancen ihrer Absolventen anzustellen. Doch diese Vogel-Strauß-Ausbildungspolitik wird die zukünftige Entwicklung nicht verhindern können.

Bald wird die krisenhafte Entwicklung auf dem Übersetzer-Arbeitsmarkt für alle sichtbar sein. Und die zukünftigen Übersetzer werden vor der Alternative stehen: Entweder mit schlechtem Gewissen und für wenig Geld als Übersetzer arbeiten, oder einen anderen Beruf ergreifen.

Schuld daran ist ein Phänomen, das kaum zu begreifen und schwer zu definieren ist: Das öffentliche Bewußtsein davon, was Übersetzer tun und was beim Übersetzen geschieht. Es besteht aus einer Mischung von Illusionen und Vorurteilen, und das Schlimmste daran ist, daß es bedenkenlos verbalisiert wird. Weil jeder glaubt, eine Übersetzung beurteilen zu können, ist es um die Qualität der Übersetzungen so schlecht bestellt.

In diesem Buch geht es also nicht um wertfreie Wissenschaftlichkeit, sondern um den Nachweis, daß es gesicherte Erkenntnisse über das Übersetzen gibt, und daß die einzige Chance für (gute) Übersetzer darin liegt, sich dieses Wissen anzueignen und es zu verbreiten.

Von dieser Einsicht profitieren aber auch die Auftraggeber und Nutzer von Übersetzungen. Wer weiß, was er von einer Dienstleistung erwarten kann und wie sie entsteht, kann sie gezielt nutzen.

Die Voraussetzung für eine kooperative Partnerschaft und das Verständnis für die Interessen der jeweils anderen Seite ist jedoch das Verstehen der Materie selbst. Nur wer die Konstruktionsprinzipien versteht, kann konstruktive Beiträge liefern.

Dabei ist der erste Schritt sicher der schwierigste: Das Eingeständnis, eigentlich wenig oder nichts davon zu wissen, was beim Übersetzen geschieht. Denn im Verständnis der Öffentlichkeit hat das Übersetzen wenig Geheimnisse: Man ersetzt die Wörter der Sprache A durch die richtigen Wörter der Sprache B. Und das kann, wer beide Sprachen gut beherrscht (und ein Wörterbuch besitzt).

Es gibt genügend abschreckende Beispiele dafür, daß ein Wörterbuch (auch ein elektronisch gespeichertes) keine Übersetzungen produzieren kann. Aber es gibt offenbar auch heute noch genügend Technikgläubige, die sich diesen primitiven "Übersetzungsprogrammen" ausliefern – so auch eine britische Firma, die sich einen Werbebrief ins Deutsche übersetzen ließ und ihn in folgender Form an potentielle Kunden verschickte:

25 April 1994

Geehrter Herr ....

Im neuen finanziellen Jahr <Name der Fa.> – Software hat einige Änderungen gemacht für der bessere. Meine Position hat verändert, ich jetzt für Unternehmen in Deutschland verantwortlich bin. Ich würde Sie begrüßen mögen zu <Name der Fa.> und Hoffnung, die Dinge gut gehen.

Es ist jetzt wesentlich, daß ich die aktuelle Situation mit meinen Klienten bewerte und Hoffnung, die Sie helfen werden, ich helfe Ihnen durch zurücksenden dem Ausrutscher unter. Wenn Ihre Details haben verändert bitte könnte, Sie haben Ihre neue Details in der Kiste getan, hat versorgt auf dem Ausrutscher unter.

Ich wünsche Sie aller Brunnen in der Zukunft und guckt zeitige zu Handeln-Unternehmen mit Ihnen und Ihrer Gesellschaft.

Wenn Sie haben irgendeinen weiter Fragen bitte zögert mich schreien nicht auf <Rufnummer der Fa.>.

Mit danke und besten Grüßen

<Unterschrift>

Fräulein <Name>
   Produkt-Verwalter

...
Bitte könnte sie schicken dieser ausrutscher unter stüzt zu mir mögliche auf <Rufnummer>.

Bitte könnte sie:

Telefonieren sie mich:

Schicken sie mir einige weitere auskunfte:

Unterhalt ich auf dem postervsand zählt auf:

Groteske Übersetzungsfehler dieser Art bedürfen keiner wissenschaftlichen Analyse. Doch sie sind mehr als nur ein "Ausrutscher", wenn man bedenkt, mit welcher Naivität das britische Unternehmen einem maschinellen "Übersetzungs-programm" vertraut hat. Wahrscheinlich ließ man sich – wie deutsche Unternehmen auch – von Werbeaussagen der Hersteller derartiger "Übersetzungs"-Software beeindrucken, in denen vor allem die Quantitäten betont werden. So enthält zum Beispiel ein "Übersetzungsprogramm", das für weniger als 100 DM auf dem deutschen Markt angeboten wird, *463 000 Vokabeln und ca. 550 000 Übersetzungen, insgesamt über 1 900 000 Wörter.*

"Das müßte doch eigentlich genügen", denkt sich der Anwender. Denn er weiß nicht, daß die Anzahl der gespeicherten Vokabeln so gut wie nichts über die Qualität des Programms aussagt. Dies könnte er jedoch nur wissen, wenn ihm jemand erklärt hätte, weshalb der Übersetzungsvorgang mit dem Austauschen von Wörtern sowenig gemeinsam hat wie das Schachspielen mit dem Verrücken von Schachfiguren.

Die Öffentlichkeit macht sich weitgehend ein falsches Bild vom Übersetzen. Möglicherweise könnte man auch sagen: Der Öffentlichkeit wird ein falsches Bild vom Übersetzen gemacht, denn es gibt einen Kreis von Personen, der kommerziell daran interessiert ist, daß sich dieses falsche Bild vom Übersetzen behauptet. Jedenfalls wurde dieses schiefe Bild nicht von den Übersetzern – und noch viel weniger von den Übersetzungswissenschaftlern – geschaffen.

Dieses Buch will das schiefe Bild zurechtrücken. Daraus ergeben sich zwei Konsequenzen:

- Es wendet sich an jenen Kreis von Personen, die mit Übersetzungen – oder von Übersetzungen – leben.
- Es bedient sich der Sprache der Bilder.

2   Fron und Frevel

Welchen Mythos wollen wir dem Übersetzer zuschreiben – den des Sisyphus, des Tantalus, des Theseus, des Ödipus?

Sisyphus straften die Götter damit, daß er im Hades einen schweren Stein den Berg hinauf wälzen mußte. Und gerade in dem Augenblick, wo er den Gipfel erreicht zu haben glaubte, machte der Stein sich selbständig, und rollte, den Gesetzen der Schwerkraft folgend, wieder den steilen Abhang hinunter. Und Sisyphus mußte von neuem mit seiner Arbeit beginnen.

Gibt es ein treffenderes Bild für die mühsame Arbeit des Übersetzers? Müht er sich nicht wie Sisyphus, wohl wissend, daß er das treffende Wort, den mustergültigen Satz doch nicht finden kann, weil die Materie, die Sprache, so sperrig und gleichzeitig so undefinierbar vage ist, daß man sie nie in den Griff bekommt? Und stimmt es nicht, daß Übersetzer, wie Sisyphus, wenig Anerkennung für ihre mühsame Arbeit finden, bestenfalls ein flüchtiges "In Ordnung", aus dem deutlich die geringe Achtung vor der Arbeit spricht, die man sich hat aufladen lassen?

Oder paßt der Mythos des anderen Frevlers besser, der des Tantalus? Ihn quälten die Götter mit zwei Schikanen: Dürstend stand er im Wasser, doch wenn er trinken wollte, wich das Wasser zurück. Über ihm bogen sich Äste mit herrlichen Früchten, doch wenn er sie greifen wollte, so entzogen sie sich seinem Zugriff.

"Mir liegt das richtige Wort auf der Zunge – aber es fällt mir einfach nicht ein. Je mehr ich mich darauf konzentriere, es zu erhaschen, desto sicherer kann ich sein, daß es mir entflieht." Sind das nicht die Tantalusqualen aller Übersetzer und Übersetzerinnen – immer suchend, nie ganz zufrieden, weil paradoxerweise die Inhalte ihres Bewußtseins desto weiter zurückweichen, undeutlicher und chaotischer erscheinen, je intensiver sie sich damit beschäftigen?

Oder denken wir an den Mythos von Theseus und dem minoischen Labyrinth: Übersetzend verirren wir uns im Labyrinth unserer Assoziationen, können unseren eigenen Standpunkt nicht bestimmen, verlieren die Übersicht, erschlagen semantische Chimären, und sind schließlich auf fremde Hilfe angewiesen, um einen Ausweg aus dem selbst geschaffenen Labyrinth widersprüchlicher Strategien zu finden.

Oder können Übersetzerinnen und Übersetzer gar den beziehungsreichen Mythos von Ödipus auf sich beziehen? Ödipus' furchtbares Schicksal beruht darauf, daß er sich selbst nicht kennt. Er täuscht sich über seine Identität, und er läßt sich willig von der ihn umgebenden Gesellschaft täuschen. Nach außen spielt er die ihm zugeschriebene Rolle, aber seine innere Realität entspricht dieser Wirklichkeit immer weniger. Bis es zur Krise kommt, bis er erfährt, was er getan hat und wer er wirklich ist. Erst danach kann er ein stimmiges Bewußtsein von sich und seiner Aufgabe aufbauen; er wird, im doppelten Sinn des Wortes, selbst-bewußt.

3   Virtuelle Realität

Ein Grund für die Theoriefeindlichkeit mancher Übersetzerinnen und Übersetzer ist die Tatsache, daß die meisten Konzepte und Modelle der Übersetzungstheorie ihnen in ihrer inneren Realität niemals begegnen. Zwar erleben sie den mentalen Prozeß als äußerst lebhaften inneren Monolog, oft auch als Dialog, in dem sich mehrere Stimmen und Meinungen streiten. Aber niemals begegnet ihnen dabei ein *Archisem*, eine *Isotopieebene* oder ein *Allomorph* und ähnliche Fachtermini der Systemlinguisten. Was Übersetzer erleben, sind Selbstzweifel und Frustration – eine bedrängende Auseinandersetzung zwischen spontanen Assoziationen und kühler Reflexion, zwischen grandiosen Einfällen und völliger Ratlosigkeit.

Und was sie vor allem in der realen Welt erleben, sind endlose Diskussionen mit Berufskollegen, Auftraggebern und Vorgesetzten, in denen die "Korrektheit" einer Übersetzung bewiesen oder in Zweifel gezogen wird, und bei denen – je länger sich die Diskussion hinzieht – sich immer mehr der Eindruck verstärkt, daß dieses Übersetzer-Handwerk so gut wie keine Regeln, keine anerkannten Prinzipien und keine Qualitätsnormen hat. Und daß jeder, der Lust dazu hat, Übersetzern in ihr Handwerk pfuschen darf.

Dieses Buch will diese Realität ordnen und virtuell erfahrbar machen. Zum einen, damit sich Übersetzer in ihrer erlebten inneren und äußeren Realität besser zurechtfinden. Zum anderen, damit Auftraggeber und Nutzer von Übersetzungen besser verstehen, unter welchen Bedingungen Übersetzungen entstehen und wie sie zu verstehen sind.

Wenn wir die prozessualen Abläufe beim Übersetzen mit hinreichender Genauigkeit beschreiben wollen, müssen wir uns in die Mikrowelt des Übersetzens begeben. Dabei machen wir eine Entdeckung, die sich am besten mit einer Erfahrung aus dem Bereich der Physik vergleichen läßt: Je genauer wir mikrophysikalische Abläufe beobachten, desto deutlicher erweisen sich die bisher gültigen Gesetze als grobe Vereinfachungen. So verlaufen zum Beispiel die Bahnen der Elektronen um den Atomkern keineswegs so vorausberechenbar und regelmäßig, wie dies in der "klassischen" Physik gelehrt wird. In Wahrheit läßt sich die Bahn des einzelnen Elektrons nur mit einer gewissen Wahrscheinlichkeit voraussagen, nicht aber exakt vorausberechnen.

Es gibt also in der Welt der Teilchen ein Gesetz der Unberechenbarkeit, das allerdings den "Normalverbraucher" nicht weiter zu ängstigen braucht. Denn in der Welt der großen Zusammenhänge haben die Regeln der klassischen Physik weiterhin Gültigkeit – die Erfahrung der Unberechenbarkeit können wir nur in der Mikrowelt machen, die Makrowelt bleibt davon unberührt.

Wenn wir dieses Paradigma auf die Welt des Übersetzens übertragen, so heißt dies: Die gängigen Regeln für das Übersetzen erweisen sich bei näherer Betrachtung als unvertretbare Verallgemeinerungen, die der inneren Realität des Übersetzens nicht entsprechen. Diese innere Realität des Übersetzens ist jedoch nur für den Experten und mit großem Aufwand zu beobachten, und sie führt zu der Erkenntnis, daß das scheinbar so symmetrische Bild vom Übersetzen wesentlich komplizierter wird.

Man könnte – ähnlich wie in der Quantenphysik – sagen, daß der Normalverbraucher das detaillierte und komplizierte Modell der Mikroabläufe nicht zur Kenntnis zu nehmen braucht, weil es seine Welt nicht verändert. Der Unterschied liegt jedoch darin, daß sehr viele Personen mit Übersetzungen zu tun haben – in ihrem beruflichen Umfeld, aber auch in ihrer Freizeit.

Wir können es uns (vielleicht) leisten, von Physik nichts zu verstehen. Und wir können es uns mit Sicherheit leisten, gegenüber anderen zuzugeben: "Von Physik verstehe ich nichts." Aber welcher gebildete Mensch gibt sich die Blöße, bei gegebenem Anlaß zu sagen: "Vom Übersetzen verstehe ich nichts"?

Spricht er nicht selbst mehrere Fremdsprachen, war vielleicht sogar schon einige Wochen in Amerika und hat zu Hause ein Wörterbuch Englisch-Deutsch?

Beherrscht er nicht seine Muttersprache mindestens so perfekt wie jeder Übersetzer? Weshalb sollte er sich also Übersetzern (und Dolmetschern) ausliefern, wo er doch zumindest das Resultat ihrer Arbeit sehr gut beurteilen kann?

Das Übersetzen hat für den Laien keine Geheimnisse, Übersetzer sind für ihn keine Experten, die sich ein Fachwissen angeeignet haben. Allenfalls wird er ihnen gute oder ausgezeichnete Fremdsprachenkenntnisse zubilligen, aber keine eigentliche Expertise im Bereich der Vermittlung zwischen Texten, Sprachen und Kulturen.

Die Ausbildungsstätte für Übersetzer und Dolmetscher in Germersheim hat in ihrer kurzen Geschichte schon drei Namen getragen: Zuerst war sie das *Auslands- und Dolmetscherinstitut*, dann wurde sie zum *Fachbereich Angewandte Sprachwissenschaft*, danach zum *Fachbereich für Angewandte Sprach- und Kulturwissenschaft*. Trotz dieser Bemühungen, die Ausbildung durch Namengebung aufzuwerten, blieb das Institut für die Bevölkerung Germersheims immer das gleiche – die "Sprachen-Schule". Genau dies stellt sich die Öffentlichkeit unter der Übersetzerausbildung vor: Lernen, wie man besser Englisch, Französisch und Spanisch spricht und schreibt. Und wie man sich gepflegt in der Muttersprache Deutsch ausdrückt.

Seit rund 25 Jahren gibt es nun eine Wissenschaft vom Übersetzen, die sich als Übersetzungstheorie, als Übersetzungswissenschaft, als Translatologie oder als *Translation Studies* bezeichnet. Unabhängig von der gewählten Bezeichnung erheben alle diese Richtungen den Anspruch, Übersetzen (und Dolmetschen) als einen Bereich eigenständiger Expertise zu untersuchen. Und tatsächlich ist es der wissenschaftlichen Beschäftigung mit dem Übersetzen innerhalb dieser relativ kurzen Zeitspanne gelungen, sich als eigenständig in Forschung und Lehre zu etablieren und sich damit von ihren Vätern und Vormunden, der Sprachwissenschaft und der Literaturwissenschaft, zu emanzipieren.

Allerdings hat sich dieser Emanzipationsprozeß weitgehend unbemerkt von der Öffentlichkeit vollzogen. Nach wie vor äußern sich Laien bedenkenlos und dogmatisch zur Qualität von Übersetzungen und ignorieren damit den Erkenntniszuwachs, den wir der wissenschaftlichen Reflexion des Übersetzens verdanken. Und diese unreflektierten Äußerungen führen wiederum dazu, daß die junge Wissenschaft vom Übersetzen nach ihrer ersten dynamischen Aufbauphase begonnen hat, sich in den Elfenbeinturm zurückzuziehen.

An einer solchen Entwicklung können beide Seiten nur Schaden nehmen. Der expandierende Übersetzungsmarkt braucht dringender als je zuvor Kriterien zur Beurteilung der Produkte, und er benötigt Strategien zur Optimierung der Prozesse. Und die Wissenschaft kann ihre Eigenständigkeit auf die Dauer nur bewahren, wenn sie den Nachweis erbringt, daß ihre Grundlagenforschung anwendungsrelevante Resultate liefert.

Voraussetzung für einen Dialog ist es jedoch, daß die Methoden, Ergebnisse und Fragestellungen der Übersetzungswissenschaft von der Öffentlichkeit überhaupt zur Kenntnis genommen werden. Diesem Zweck will dieses Buch dienen.

Es wurde deshalb bewußt nicht für Wissenschaftler geschrieben, sondern für Personen, die beruflich mit Übersetzungen befaßt sind – sei es als Auftraggeber, als Konsumenten oder als professionelle Übersetzer.

Der Autor bekennt sich damit zu seiner Verpflichtung, verständlich über einen sehr komplexen Gegenstand zu schreiben. Das heißt, er wird häufig Analogien und Metaphern benutzen, Beispiele analysieren und einige Vernetzungen graphisch visualisieren.

Eine Verständigung läßt sich jedoch auch mit diesen Mitteln nicht garantieren. Entscheidend dafür ist die Kooperationsbereitschaft der Leser, ihre Bereitschaft, sich auf neue und komplexe Gedankengänge einzulassen. Ob diese Bereitschaft vorhanden ist, hängt weitgehend von der Motivation ab. In diesem Sinne wünscht sich der Autor viele Leser, die aus einem gewissen Leidensdruck zu diesem Buch greifen – die leidvoll erfahren haben, wie schwierig und frustrierend es ist, über das Übersetzen und die Qualität von Übersetzungen sinnvoll und produktiv zu reden.

Dabei muß man wohl von der pessimistischen Annahme ausgehen, daß es eine sehr große Anzahl von Personen gibt, die diese Voraussetzung erfüllt. Die eigentliche Ursache der Frustration von Praktikern des Übersetzens ist darin zu sehen, daß sie zwar die Komplexität der mentalen Vorgänge beim Übersetzen erleben, sich aber von ihr zu entlasten versuchen, weil sie sie nicht ausreichend durchschauen.

Abhilfe läßt sich nur schaffen, wenn Übersetzer ein Bewußtsein von der (situativ und soziokulturell definierten) Rolle entwickeln, die sie spielen, also von der Intentionalität ihrer mentalen Prozesse. Ohne dieses Bewußtsein können sie jenes Selbstbewußtsein nicht aufbauen, das sie für die Koordination und Steuerung ihrer mentalen Prozesse brauchen.

Die Frustration im Umgang mit Übersetzungen und Übersetzern läßt sich auf zwei wesentliche Gründe zurückführen:

- Viele Übersetzer haben kein Bewußtsein davon, was sie eigentlich tun.
- Vielen Übersetzern wird nicht erlaubt, das für ihre Arbeit nötige Selbst-Bewußtsein zu entwickeln.

Finden wir die Gründe für diese Entwicklung heraus.
Sie liegen in der Komplexität der Materie.

II Luftlinien

1 Wortspiele

Übersetzer sind Über-setzer (manchmal dienen sie auch als Unter-setzer).

Wortspiele dieser Art bieten sich an, seitdem die Brüder Grimm die Metaphorik Übersetzen = Über-setzen hoffähig gemacht haben. In einem Sammelband wissenschaftlicher Publikationen (der Festschrift für Katharina Reiß, 1993) wird das Bild vom Über-setzen im Titel aufgegriffen (*Traducere Navem*) und im Vorwort von Justa Holz-Mänttäri und Christiane Nord breit ausgemalt. Da ist von Schiffen die Rede, die in See stechen und ihre kostbare Wortfracht zu fernen Gestaden transportieren. Wir könnten die geblähten Segel der Imagination hinzufügen und von der Galeerenarbeit der Übersetzer tief im Bauch der eleganten Schiffe sprechen. Ersetzen wir diese Metapher durch eine andere: Übersetzer sind Brückenbauer der Verständigung. Die Brücke des Übersetzens verbindet zwei unterschiedliche Kulturen und Sprachgemeinschaften und ermöglicht so den freien Austausch von Wörtern und Gedanken. Die Brücke dient dazu, Texte problemlos von der einen Seite auf die andere zu transportieren. Zwar ist ihre Errichtung ein aufwendiges Unterfangen, aber wenn sie einmal steht, braucht sich ihr Benutzer für die Details ihrer Konstruktion und Materialbeschaffenheit nicht zu interessieren. Wer sie begeht oder befährt, merkt gar nicht mehr, daß er jetzt natürliche Hindernisse – tiefe Schluchten, reißende Ströme – so mühelos überwindet, als ob sie gar nicht mehr existierten.

Welches Berufs-Bild vom Übersetzer gibt nun die Realität des Übersetzer-Berufs besser wieder? Das von einem Handwerker und Steuermann, der die Wort-Fracht am Ufer übernimmt und sie dann, allen elementaren Gefahren trotzend, sicher zum festgelegten Punkt am fernen Gestade transportiert? Oder das von einem Brückenbauer, der weiß, wie man eine stabile Konstruktion errichtet, mit deren Hilfe die natürlichen Hindernisse elegant und benutzerfreundlich überwunden werden?

Als Steuermann/Steuerfrau wären Übersetzer eher dem Berufsstand der Handwerker zuzurechnen, und es spricht einiges dafür, daß sie in der Gesellschaft auch so eingestuft werden:

- Freiberufliche Übersetzer berechnen ihre Honorare nach der Anzahl der übersetzten Zeilen (wie ein Fliesenleger nach der Anzahl der gefliesten Quadratmeter), in Ausnahmefällen auch nach der aufgewandten Zeit;
- fest angestellte Übersetzerinnen und Übersetzer machen häufig die Erfahrung, daß sie nicht so recht in die Gehalts- und Personalstruktur ihrer Unternehmen passen, weil man selten gewillt ist, ihnen den gleichen Status wie einem diplomierten Ingenieur oder Chemiker zuzubilligen;

- in der Öffentlichkeit ist weitgehend nicht bekannt, daß es den Studiengang "Diplomübersetzer/in" gibt; im allgemeinen sieht man die Fähigkeit, übersetzen zu können, als ein Abfallprodukt guter Fremdsprachenkenntnisse an, allenfalls kombiniert mit handwerklichem Geschick im Umgang mit Sprachen.

Literarische Übersetzer betonen gerne die Nähe zu künstlerischen Berufen: Man müsse nicht nur Sprachen können, sondern auch sensibel damit umgehen können, kreativ sein, Vorstellungskraft entwickeln, sich "in den Autor hineindenken können".

Daß man Übersetzer als Brückenbauer der Verständigung bezeichnet, heißt also noch lange nicht, daß man ihnen den Status eines akademischen Berufs einräumt. Viele Auftraggeber zeigen sich denn auch einigermaßen überrascht, wenn Übersetzer diesen Status – und die entsprechenden Honorare – für sich in Anspruch nehmen wollen.

Diese Einschätzung des Übersetzens hat vielleicht mehr mit dem einprägsamen Bild vom Über-setzen zu tun, als man zunächst annehmen möchte:

Der Vergleich des Übersetzens mit dem Über-setzen per Schiff oder Ruderboot impliziert, daß die Aufgabe des Übersetzers vor allem darin besteht, die Distanz zwischen den Ufern (Texten, Sprachen, Kulturen) sozusagen horizontal zu überwinden: Mit jedem Schlag der Ruder entfernt er sich ein Stück vom heimischen Ufer und nähert sich seinem Zielort; seine Expertise beruht auf seiner Fähigkeit, die Distanz zu überwinden und die elementaren Kräfte (Wind und Strömung) geschickt zu nutzen. Über-setzen ist damit eine natürliche Fortbewegungsart zur Überwindung der Distanz zwischen A und B. Sie setzt Kraft und Geschick voraus, und sie wird durch Übung und Training erlernt.

Der Übersetzer als Brückenbauer dagegen arbeitet nicht horizontal, sondern vertikal. Seine Expertise beruht darauf, daß er eine tragfähige Konstruktion errichten kann, die den Austausch von Gedanken ermöglicht. In seiner Arbeit konzentriert er sich jedoch nicht auf die Distanzüberwindung zwischen A und B, sondern auf die Errichtung einer tragfähigen Konstruktion, auf die dann die horizontale Verbindungsstrecke aufgelegt werden kann.

Der bildhafte Vergleich des Übersetzens mit der Tätigkeit des steuernden und rudernden Über-Setzers bildet gleichsam den Übersetzungsprozeß analog ab, während das Bild vom Brückenbauen die Übersetzertätigkeit digital umsetzt. Man könnte auch sagen: Über-setzen stellt eine sehr natürliche, geradezu naturverbundene, Tätigkeit dar, während das Errichten von Verständigungsbrücken ein sehr artifizielles, vielleicht sogar unnatürliches, Unternehmen ist.

Diese Gegenüberstellung macht deutlich, daß die Entscheidung für das eine oder das andere Bild vom Übersetzen erhebliche Konsequenzen haben kann. Dies wird noch klarer, wenn wir zwei gegensätzliche Thesen für die Übersetzerausbildung davon ableiten:

- Für die professionelle Ausübung des Übersetzerberufs braucht man ein Schiff (= Wörterbuch, Computer und Faxgerät) und sehr viel Übung. Also: Übersetzen lernt man durch Übersetzen.

- Es gibt Kenntnisse und Fertigkeiten, die nicht empirisch erworben werden können, wie zum Beispiel ein Architekt Kenntnisse auf dem Gebiet der Statik, Materialkunde usw. durch ein Hochschulstudium erwerben muß. Also: Übersetzen lernt man durch den Erwerb übersetzerischer Kompetenz.

Die Entscheidung für eine dieser Positionen ist von brisanter Bedeutung. Denn letztlich hängt davon die Entscheidung für oder gegen eine universitäre Ausbildung ab, und daraus ergeben sich wiederum weitreichende Konsequenzen für den gesellschaftlichen und beruflichen Status des Übersetzerberufs.

Auch für den scheinbar unbeteiligten Laien sind diese Fragestellungen von einigem Interesse, denn zumindest als Konsument und Nutzer von Übersetzungen (möglicherweise aber auch als Auftraggeber) ist auch er am Ziel- oder Ausgangsort am Übersetzungsprozeß beteiligt. Klar ist: Dem Über-Setzer steht er näher als dem Brückenbauer, denn die Tätigkeit des Fährmanns kann er beobachten, nachvollziehen, im Notfall sogar ersatzweise übernehmen. Sieht er jedoch den Brückenbauer bei seiner Konstruktionstätigkeit, so wird er nicht eigentlich verstehen, was hier geschieht, und es bleibt ihm nur die Möglichkeit, sich dem Brückenbauer seines Vertrauens ganz anzuvertrauen. Den Fährmann jedoch kann er nicht nur beobachten, sondern auch vom Ufer aus steuern. Und er mag sich durchaus der Illusion hingeben, daß die alte Handwerkskunst des Über-setzens eines Tages ganz von modernen technischen Transfersystemen übernommen wird, die nicht mehr auf Wind und Wellen Rücksicht zu nehmen brauchen.

2   Catch 22

Dem gleichnamigen Roman des Amerikaners Joseph Heller (erschienen 1961) verdanken wir den Ausdruck *Catch 22*. Mit diesem Kürzel beschreibt er ausweglose Situationen dieser Art:

Um eine Aufenthaltsgenehmigung zu bekommen, brauche ich einen Arbeitsplatz. Um Arbeit zu bekommen, brauche ich eine Aufenthaltsgenehmigung = *Catch 22*.

Ähnlich frustrierend und ausweglos erscheint die Situation dem Experten, der mit Laien über das Übersetzen diskutieren will:

- Verzichtet der Experte ganz bewußt darauf, Erkenntnisse der Sprachwissenschaft, der Kommunikationsforschung und der Psycholinguistik einzubringen, weil er dem Laien verständlich bleiben will, so hat er keine Chance, die komplexe Natur der Übersetzung auch nur einigermaßen zutreffend darzustellen und kann deshalb auch niemand überzeugen (nicht einmal davon, daß er ein Experte ist).

- Argumentiert er dagegen auf der Basis auch nur der elementarsten Erkenntnisse über das Übersetzen (z.B. aus den Bereichen der Psycholinguistik, der Sprachwissenschaft, der Kommunikationsforschung), und stellt er die komplexe Vernetzung verschiedener Faktoren auch nur andeutungsweise dar, so wird der Laie seinen unverständlichen Wissenschaftsjargon kritisieren und ihm möglicherweise elitäres wissenschaftliches Gehabe vorwerfen, mit dem ein relativ einfacher Vorgang (wie es das Übersetzen nun einmal sei) nur unnötig kompliziert und verwissenschaftlicht werden soll.

Der *Catch 22* der Übersetzungstheorie läßt sich also so formulieren:

Entweder sie ist dem Laien sofort verständlich – dann nimmt er sie nicht ernst.

Oder sie wirkt unverständlich – dann nimmt er sie erst recht nicht ernst.

Wie kommod wäre es doch, wenn die Übersetzungswissenschaftler den Schlüssel liefern könnten, mit dem sich zuverlässig die Tür öffnen ließe, die Ausgangs- und Zieltext, A- und Z-Kultur voneinander trennt. Doch dieser Schlüssel läßt sich nicht finden – schlimmer noch: Es gibt nicht einmal eine Tür. Die funktionale Übersetzungstheorie sieht zwischen den Sprachkulturen allenfalls einen Vorhang, der sich zwar zur Seite schieben, raffen, lüften läßt, um den Blick auf das Wesentliche freigeben zu können. Doch dieser Vorhang ist oben so fest fixiert, daß er sich niemals ganz wegschieben läßt: Wenn man ihn auf der linken Seite lüftet, verdeckt man die rechte, wird er unten gerafft, so ist er oben um so dichter.

Übersetzungswissenschaft kann – und muß – deshalb Prinzipien opportunen Handelns vermitteln. Damit läßt sich sachgerechter arbeiten als mit den strukturellen Beschreibungen der Systemlinguistik, die noch immer auf der Suche nach dem Schlüssel für einen Vorhang ist, oder als mit den Methoden der empirischen Psychologie, die mit Hilfe der Introspektion durch ein nicht vorhandenes Schlüsselloch in einer imaginären Tür blickt.

Mit anderen Worten: Wenn wir dem Dilemma des *Catch 22* entrinnen wollen, müssen zwei Voraussetzungen erfüllt sein:

- Die an Verständnis interessierten Praktiker und Laien akzeptieren, daß die Übersetzungstheorie keine einfachen Lösungen bieten kann, weil ihr Gegenstand so komplex ist.
- Die an Verständigung interessierten Experten konzentrieren sich nicht mehr darauf, diese Komplexität immer weiter zu komplizieren.

3   Wer braucht die Theorie?

Der Wert der in der EU erbrachten Leistungen für den Sprachendienst belief sich im Jahr 1989 auf 1,2 Milliarden ECU, das sind rund 3 Milliarden Mark. Als der größte Arbeitgeber beschäftigt der Sprachendienst der EU ca. 2 500 Übersetzer, 570 festangestellte und 2 500 freiberuflich tätige Dolmetscher.

Ein Argument des theoriefeindlichen Praktikers läßt sich also schwerlich entkräften: Übersetzungen funktionieren schon lange, und auch heute noch, ganz ohne die Beteiligung der Wissenschaft.

Zwar gibt es eine Anzahl von Wissenschaftlern, die von den gleichen übersetzungstheoretischen Grundsätzen ausgehen, aber sie sind, bezogen auf die Gesamtheit derer, die sich zum Übersetzen äußern, eine Minderheit. Und die von ihr geteilten Erkenntnisse, so bedeutend sie sein mögen, bleiben esoterisch und peripher in bezug auf die große Anzahl der tagtäglich übersetzerisch Handelnden.

Damit stellt sich die Frage: Weshalb sollte es überhaupt einen Dialog zwischen den Grundlagenforschern und den Praktikern der Übersetzung geben? Denn: Wenn die Praktiker sehr gut ohne die Grundlagenforschung zurecht kommen und die Forscher sich darauf beschränken, anderen Forschern beizupflichten oder zu widersprechen, gibt es keine Notwendigkeit für eine Kontaktaufnahme.

Es ist deshalb nur zu verständlich, daß immer wieder ein Unbehagen am Zustand der Reflexion über das Übersetzen laut wird. So schreibt Dieter E. Zimmer in der ZEIT vom 5.2.93:

> "Übersetzungstheorie" ist ein großes Wort, und die meisten werden abwinken, zu Recht. Letzte Begründungen, aus denen sich allgemeine operative Regeln ableiten lassen, sind auf diesem Gebiet nicht zu haben.

Und natürlich gibt es auch immer wieder unzufriedene Kunden von Übersetzungsbüros und von freiberuflichen Übersetzerinnen und Übersetzern, und mindestens genau so häufig unzufriedene Übersetzer, die Auflagen und Anforderungen ihrer Kunden und Auftraggeber für sachfremd und willkürlich, ja diktatorisch halten.

Aber diese partielle, unorganisierte Kritik, die vereinzelt zu Eruptionen führt, reicht offenbar nicht aus, systematisch nach den tektonischen Schwächen zu suchen, die eigentlich die Ursache dieser periodisch auftretenden Ausbrüche sind. Die Praktiker der Übersetzung schätzen ihre Situation offenbar noch nicht als bedrohlich genug ein, um die Vertreter der Grundlagenforschung und Theoriebildung als Alliierte zu akzeptieren oder gar herbeizurufen.

Dabei könnten sie genau das sein, in Zukunft mehr denn je. Denn zwei Entwicklungen machen es für den "nur praktisch" tätigen Übersetzer jetzt schon – und in Zukunft zunehmend – schwierig, ganz ohne Bewußtsein dessen, was er tut, zu überleben (vgl. auch die Marktuntersuchungen von Peter A. Schmitt – Schmitt 1990 und Schmitt 1993):

- Viele (deutsche) Unternehmen gehen dazu über, qualifizierte Fachleute (besonders aus den Ingenieurberufen) mit "guten Fremdsprachenkenntnissen" mit Übersetzungen zu beauftragen, und nicht mehr qualifizierte Übersetzer.
- Gleichzeitig setzen große Behörden und multinationale Konzerne aus Kostengründen zunehmend Übersetzungssoftware auf Computern ein, die zwar

immer noch nur bei einem kleinen Ausschnitt standardisierter Texte eingesetzt werden kann, deren Bedeutung aber zunimmt.

Der Kostendruck wirkt sich also in zwei Richtungen auf den Übersetzungsmarkt aus: Unternehmen versuchen, ohne fest angestellte Übersetzer auszu-
kommen oder zumindest deren Anzahl zu reduzieren. Sie übertragen Über-
setzungsaufträge an externe Agenturen, um die hohen Arbeitsplatzkosten
und Lohnnebenkosten zu vermeiden. Gleichzeitig versuchen sie, für viele
Übersetzungsleistungen auf eigene Fachexperten zurückzugreifen und/oder
(bei einem großen Bedarf an Übersetzungsleistungen) Übersetzungssoftware
einzusetzen. Diese Entwicklung führt zu einem zunehmend differenzierten
Markt:

- Für "Routineübersetzungen", bei denen es "nicht so genau darauf ankommt"
  greift man auf Amateure zurück oder traut sich auch selbst zu, eine "unge-
  fähre" Übersetzung anzufertigen. Ähnlich verfahren Unternehmen, bei denen
  übersetzerische Leistungen relativ selten nachgefragt werden.
- Ist der Bedarf an Übersetzungen relativ groß, so werden zwar noch ausgebildete Übersetzerinnen und Übersetzer angestellt, aber ihre Tätigkeit verla-
  gert sich zunehmend auf die Vergabe und Kontrolle von Übersetzungsleistungen an Agenturen und hausinterne Fachexperten. Ist der Überset-
  zungsbedarf sehr groß – wie etwa bei den Institutionen der Europäischen
  Union –, so sorgt allein der Kostendruck dafür, daß man sich geradezu
  zwangsläufig automatisierten Übersetzungsverfahren zuwendet, wie sie als
  Dienstleistung oder als Software/Hardware-Paket zunehmend angeboten
  werden. Auch in diesem Fall besteht die Aufgabe der qualifizierten Übersetzer
  zunehmend in der Qualitätskontrolle und der Leistungsvergabe.

Schon jetzt spaltet sich der Markt, auf dem Übersetzungsleistungen angeboten
werden, und diese Tendenz wird sich in Zukunft noch verstärken: Auf der einen
Seite die Billig- und die Massenware, auf der anderen Seite Qualitätsprodukte.
Universitär ausgebildete Übersetzer und Übersetzerinnen haben in beiden Märk-
ten ihre Chancen. Keine Chance haben sie allerdings, wenn sie nur über den Preis
konkurrieren. Viele Amateure bieten nebenberuflich Übersetzungen zu so niedrigen Preisen an, daß freiberuflich tätige Übersetzer und Übersetzerinnen mit ihnen
nicht konkurrieren können. Die Chance der qualifizierten Übersetzer kann nur in
der Qualität ihrer Produkte liegen – und damit aber vor allem auch in der Fähigkeit, diese Qualität nachweisen zu können.

Die Chance für qualifizierte Übersetzer und Übersetzerinnen ergibt sich aus
der Tendenz, daß in einigen Marktsegmenten nicht nur die Ablieferung von
übersetzten Texten gefragt ist, sondern auch die Fähigkeit, die Qualität von
Übersetzungen beurteilen zu können, mit Laien sachlich und fachlich qualifiziert
über Übersetzungstechnik und -techniken sprechen zu können und Menschen
und Softwarehersteller bei der Optimierung von Übersetzungsprogrammen und
-prozeduren beraten zu können.

Mit anderen Worten: Wie in anderen Handwerksberufen auch, wird es bei der Ausübung einer qualifizierten Übersetzertätigkeit in Zukunft nicht mehr ausreichen, standardisierte Produkte weitgehend mechanisch und ohne Reflexion herzustellen. Gefragt sind zunehmend Personen, die Produktionsprozesse steuern und neuen Marktvorgaben anpassen können. Beides ist jedoch nicht möglich ohne ein fundiertes Wissen über die Grundvoraussetzungen, die dem Übersetzungsprozeß zugrunde liegen (mehr dazu in Kap. XII). Dies bedeutet auch, daß die Ausbildungsinstitutionen für den Übersetzerberuf ihre Curricula reformieren und die Didaktik diesen Entwicklungen anpassen müssen (Einzelheiten dazu später – Kapitel XI).

Der beste Freund der qualifizierten Übersetzer müßte demnach ein Experte sein, der ihnen erklärt, auf welch komplexen Prozessen ihre Tätigkeit beruht. Dieses Expertenwissen ist vorhanden, aber zur Zeit zirkuliert es nur in Expertenkreisen, ohne die Zielgruppe zu erreichen, die am meisten davon profitieren könnte.

Ein Bewußtsein davon, was Übersetzer eigentlich tun, würde sie in die Lage versetzen

- sich durch ihr prozessuales Wissen wechselnden Anforderungen anzupassen;
- den Standpunkt von Laien zu verstehen und produktiv mit ihnen über die Qualität einer Übersetzung reden zu können;
- Auftraggebern und Endverbrauchern einer Übersetzung zu verdeutlichen, was sie sinnvollerweise von ihr erwarten können und wie sie darauf Einfluß nehmen können, daß das Produkt ihren Erwartungen entspricht;
- die Qualität von Fremdübersetzungen beurteilen zu können;
- Hilfsmittel (besonders auch computergestützte) realistisch beurteilen und effektiv einsetzen zu können;
- Mitarbeiter zu schulen, anzuleiten und ihre Leistungen beurteilen zu können;
- die Möglichkeiten der maschinellen Übersetzung beurteilen und nutzen zu können (und gegebenenfalls auch an der Entwicklung einschlägiger Software mitzuarbeiten).

Vor diesen Lohn – und es ist ein Lohn, den bisher keine Ausbildung in Aussicht stellen kann – haben die Götter jedoch auch hier den Schweiß gesetzt. Es ist vor allem der Angstschweiß, nämlich die Angst davor, sich mit "grauer Theorie" und wissenschaftlichen Abstraktionen abplagen zu müssen. Und vor allem die Angst davor, lieb gewordene und allzu vertraute Illusionen zu verlieren.

Mit diesem besonders schmerzlichen Schritt wollen wir beginnen. Die erste Illusion, die es zu zerstören gilt, lautet:

Übersetzen ist etwas ganz Natürliches.

III Abbrucharbeiten

1 Die Illusion der Natürlichkeit

Nicht nur die Ausbildungsinstitutionen, sondern alle praktizierenden Übersetzerinnen und Übersetzer müssen sich der Frage stellen: Kann man übersetzerische Kompetenz durch Übung und ein sprachenpaar-spezifisches Reflextraining erlangen, oder kann sie nur über gezielte Reflexion aufgebaut werden?

Viele lehnen die Beschäftigung mit der Übersetzungstheorie als weltfremd und überflüssig ab. Doch auch die "natürlichen" Übersetzer, die jede wissenschaftliche Beschäftigung mit dem Übersetzen für unnötig halten, arbeiten unbewußt mit einem Fundus von Regeln, ja Normen, der allerdings nicht reflektiert wird.

Ans Tageslicht kommen diese implizierten Regeln immer wieder, wenn die Qualität von Übersetzungen diskutiert wird. Diese Diskussion findet ständig statt (vgl. die Diskussion um die Übersetzung von *Lemprière's Dictionary* – Kapitel IX), und viele glauben, sich in sie einbringen zu müssen.

Die häufigsten dieser implizierten (und enkulturierten) Regeln sind:

- Übersetze so wörtlich wie möglich, und so frei wie nötig.
- Übersetze möglichst genau.
- Die Richtigkeit der Übersetzung läßt sich durch das Nachschlagen im Wörterbuch absichern.
- Es ist unvermeidlich, daß die Übersetzung gegenüber dem Original etwas verliert.
- Der Übersetzer muß darauf achten, daß er seine persönliche Meinung und seine subjektiven Wertungen eliminiert.
- Eine Übersetzung klingt meistens etwas eigenartig und liest sich nicht wie ein Originaltext, aber das ist unvermeidlich und deshalb ganz normal.

Nicht alle Übersetzer werden allen Feststellungen zustimmen, aber wenige werden keiner zustimmen. D.h., jeder Übersetzer und jede Übersetzerin stellt sich aus diesem Inventar ein persönliches übersetzerisches Credo (oder Dogma) zusammen, möglicherweise erweitert um andere, ähnlich unreflektierte Glaubenssätze.

Es gibt ihn also nicht, den urwüchsigen Übersetzer, der unbelastet von allem theoretischen Ballast mit der elementaren Kraft seines Intellekts und im Vertrauen auf seine bilinguale Kindheit instinktsicher die treffende Übersetzung schmiedet.

Denn wenn es stimmen würde, daß übersetzen kann, wer eine Fremdsprache gelernt hat, dann dürfte es eigentlich ein Phänomen nicht geben, das sich in der Übersetzerausbildung täglich beobachten läßt (vgl. Hönig 1988):

Studierende sind oft nicht in der Lage, ihre guten Einfälle auch konstruktiv zu verwerten. Häufig finden sie schon im ersten Zugriff eine brauchbare Lösung, verwerfen diese aber dann wieder aus schwer nachvollziehbaren, teilweise geradezu absurden Gründen. Und noch hilfloser werden diese instinktsicheren Naturübersetzer, wenn man sie auffordert, die Qualität einer Fremdübersetzung zu beurteilen (oder auch die der eigenen).

Noch deutlicher wird die fehlende "Instinktsicherheit" in der pathologischen Abteilung der Übersetzungs-Klinik: Dort können wir irrationale, geradezu absurde Verhaltensmuster beobachten, die wenig dafür sprechen, daß "Übung den Meister macht".

Ein geradezu klassisches Beispiel dafür sind die *didaktogenen Fehlhaltungen* oder *erworbenen Idiosynkrasien* (vgl. Hönig 1988), etwa bei der Benutzung des zweisprachigen Wörterbuchs. In den seltensten Fällen wird dabei die an erster Stelle aufgeführte Bedeutung gewählt, meistens ist es die zweite, noch besser: die dritte. Warum? Weil die Studierenden im Unterricht gelernt haben, daß man dem Wörterbuch mißtrauen sollte, daß es geradezu naiv ist, gleich das erstbeste angebotene Wort zu nehmen. Daraus leiten sie für sich die (völlig irrationale) Regel ab: Nimm das dritte!

Ähnlich irrational ist häufig auch die Entscheidung für das einsprachige oder das zweisprachige Wörterbuch. Studierende suchen z.B. für die Übersetzung eines englischen Worts ein deutsches, sagen sogar: "Ich weiß schon, was es bedeutet, aber mir fällt das deutsche Wort nicht ein." Und wozu greifen sie? Zum einsprachigen (Englisch-Englischen) Wörterbuch, das ihnen natürlich in diesem Fall keine Hilfe bietet. Warum? Weil sie im Unterricht gelernt haben, daß es professionell ist, mit dem einsprachigen Wörterbuch zu arbeiten, daß nur Anfänger gleich zum zweisprachigen Wörterbuch greifen. Daraus leiten sie für sich die (irrationale) Regel ab: Das einsprachige Wörterbuch ist grundsätzlich besser als das zweisprachige.

Ein derartig irrationales Verhalten spricht wohl kaum für einen instinktsicheren Umgang mit Übersetzungsproblemen, wohl aber für eine tiefsitzende Verunsicherung und einen grundsätzlichen Mangel an übersetzerischem Selbstvertrauen. Davon wird später (Kap. VIII und XII) noch ausführlich die Rede sein.

Einige Bilingualismus-Forscher (z.B. Harris in Harris/Sherwood 1978) gehen von einer angeborenen Disposition zum Übersetzen bei Bilingualen aus, die parallel zur muttersprachlichen und fremdsprachlichen Kompetenz in einer graduellen, natürlichen Entwicklung zur übersetzerischen Kompetenz heranreift. Lörscher (1986) spricht von einer *rudimentären Vermittlungskompetenz*, die er allerdings von der elaborierten Übersetzungskompetenz unterscheidet.

Diese Termini stellen uns vor das Problem, zuerst einmal zu definieren, was wir eigentlich unter dem Übersetzen verstehen wollen. Denn natürlich hat jeder Mensch, der auch nur ansatzweise über mehr als eine Sprache verfügt, die Fähigkeit, irgendwie zwischen diesen Sprachen zu vermitteln. Doch dies hat mit professionellem Übersetzen nichts zu tun, das wir hier so definieren wollen: Die

Fähigkeit, zielsprachlich und -kulturell unauffällige Texte auf der Grundlage einer ausgangssprachlichen Textvorlage erstellen zu können.

Gerade die Bedingung der Unauffälligkeit erfüllen zum Beispiel bilinguale Kinder lange nicht. Sie übersetzen relativ lange zeichenorientiert, also etwa *house door* für *Haustür* (statt *front door*), oder *he just showers* für *er duscht gerade* (statt *he's having a shower*). Diese Beispiele zeigen, daß zwar eine "rudimentäre" Vermittlung stattgefunden hat, aber es bedarf keiner langen Beweisführung dafür, daß derartige Vermittlungen nicht als Übersetzungen akzeptiert werden.

Die Empirie bietet wenig Beweise dafür, daß es so etwas wie eine angeborene translatorische Kompetenz gibt. Eher scheint das Gegenteil zu stimmen: Was sich zwangsläufig und "natürlich" zu entwickeln scheint, ist die translatorische Inkompetenz.

Beispiele dafür begegnen uns überall in den Medien – bei der Synchronisation (oder Untertitlung) von Filmen, bei Zitaten aus der ausländischen Presse, in den Übersetzungen der internationalen Nachrichtenagenturen. Akademiker sind auf diesem Gebiet keineswegs sensibler als Praktiker ohne Hochschulstudium, einige unter ihnen übersetzen naiv und unreflektiert ihre wissenschaftlichen Arbeiten ins Englische und sind der Meinung: "Das klingt vielleicht nicht besonders schön, aber meine Leser verstehen schon, was ich meine."

Das Resultat derartiger Bemühungen liest sich dann zum Beispiel so:

> Within research, its focus was on the communicator level and on applied re-search, such as on studies of stylistics and aesthetics with respect to radio or TV production. The recipients' side was more or less left out. ... In the first half of the eighties, some single scholars ... began to deal with problems of mass culture and mass communication. In line with its heterogeneous structure, the corresponding research projects were more or less isolated from each other as well as from the external national or international research. In the second half of the eighties, three main research topics could be extracted here.
>
> *(Wissenschaftlicher Aufsatz, für die Publikation in einer englischsprachigen Fachzeitschrift bestimmt)*

Hier wimmelt es geradezu von elementarsten Verstößen gegen die Regeln der Syntax und Lexik, das heißt, die Verfasserin hat ihre fremdsprachliche Kompetenz geradezu grotesk überschätzt. Sie räumt auch gegenüber einem *native speaker* ein, daß ihr Englisch "nicht besonders gut ist", und bittet ihn deshalb, den Aufsatz doch noch einmal durchzulesen und – wo nötig – "das Englische zu verbessern".

Ein derartiges Ansinnen spricht für wenig Verständnis für das Wesen der Übersetzertätigkeit. Einige Laien glauben offenbar, das Übersetzen sei essentiell ein Vorgang, bei dem falsche gegen richtige Wörter ausgetauscht werden. Sie verstehen nicht, daß Übersetzer einen Text – und damit das kommunikative Ziel des Autors – verstehen müssen, um die "richtigen Worte" in der Zielsprache zu finden. Bei einem derartig deformierten Text, wie ihn die Soziologin im Englischen hergestellt hat, ist es gar nicht mehr möglich, diese Fundamente zu rekonstruieren. Um in diesem Fall einen gebrauchsfähigen Text herzustellen, müßten sich Übersetzer und Autor zusammensetzen, um Klarheit darüber herzustellen, was hier eigentlich gesagt werden soll. Und der Übersetzer müßte die Autorin darauf hinweisen, daß wissenschaftliche Publikationen in der englischen Sprache und Kultur ganz anderen Konventionen folgen als im Deutschen.

Es wäre natürlich wesentlich effektiver gewesen, wenn die Autorin sich schon bei der Formulierung ihres wissenschaftlichen Artikels mit einem Experten in Verbindung gesetzt hätte. Er hätte ihre fremdsprachliche Kompetenz (negativ) beurteilt und ihr dann empfohlen, den Aufsatz auf Deutsch zu formulieren und dann übersetzen zu lassen.

Mangel an Einsicht manifestiert sich häufig dadurch, daß man gar nicht auf die Idee kommt, sich von Experten beraten zu lassen. Allzuviele Laien halten entweder sich selbst für Experten, oder sie wissen nicht, daß es Experten für derartige Aufgaben gibt.

Nun wäre es natürlich genauso unsinnig zu sagen: "Der Mensch ist nicht zum Übersetzen geboren", wie "Jeder Mensch ist ein geborener Übersetzer". Es gibt mit Sicherheit auch kein translatorisches Gen, mit dem die Anlage zur Übersetzertätigkeit vererbt wird.

Viel wichtiger ist wohl der Einfluß der Gesellschaft, der Medien und Bildungsinstitutionen. Denn dort wird das Bild vom Übersetzen – und von der Arbeit der Übersetzerinnen und Übersetzer – geprägt und millionenfach in Umlauf gebracht. Einen faszinierenden Einblick in die Geschichte dieser Verflechtungen bietet Vermeer 1992.

Als Beispiel dafür hier ein Zitat aus dem Brief eines englischen Journalisten, der für die renommierte Tageszeitung *Financial Times* als deren Korrespondent in Bonn arbeitet und durch einige recht krause Übersetzungen ins Englische aufgefallen war. So hatte er z.B. den *Ersten Vorsitzenden* (der Gewerkschaft IG Metall) als *First Chairman* übersetzt, den Ausspruch des Sozialministers Blüm, die undifferenzierte Arbeitszeit führe zu einem *grauen Zeitbrei* als *a grey time-porridge* wiedergegeben.

Selbstverständlich lassen sich in Prospekten, Bedienungsanleitungen und Speisekarten wesentlich absurdere Übersetzungen finden, die auch im – recht umfangreichen – Gruselkabinett der Übersetzungen ihren festen Platz haben. Dieses Beispiel vermittelt jedoch eine tiefere Einsicht, weil der "Übersetzer" sich in einem Brief sehr eloquent zu seinen Übersetzungen äußert, und dabei einige Generalisierungen über das Übersetzen impliziert oder explizit ausdrückt, die man als typisch für einen gebildeten, sprachgewandten und fremdsprachen- und kulturerfahrenen Menschen ansehen kann.

So schreibt er unter anderem:

... my intention is always to reflect as clearly and accurately as possible, precisely what a speaker is saying in German. I am not writing literature. I am trying to get readers to understand what is happening in this country.

...
I believe my readers are intelligent enough to understand when something is very literally translated, if the words in English convey a very clear idea. I think Mr. Blüm's words ("ein grauer Zeitbrei") fitted precisely that situation: "a grey time-porridge" may not be very elegant, but it is very clear what he is trying to say. ... I am sure, as a professional translator, that you could do better. But then you are a professional translator, with plenty of time, and I am not.

Beginnen wir mit der letzten Aussage, die so zu verstehen ist:

Ich bin kein professioneller Übersetzer und habe deshalb nicht so viel Zeit wie Sie, um an den Wörtern herumzupolieren.

Würde wohl auch jemand sagen: "Ich bin kein professioneller Arzt, deshalb ist die Wunde nicht so schön verheilt." Oder: "Ich bin kein professioneller Jurist, deshalb haben Sie den Prozeß verloren"? Sicher nicht! Der Nicht-Jurist oder Nicht-Mediziner würde sagen: "Ich kann (und darf!) das nicht machen, gehen Sie zu einem Fachmann."

Die erste Implikation lautet also: "Übersetzen kann auch der (nicht dafür ausgebildete) Laie."

Und die zweite: "Die Ergebnisse der Übersetzer-Tätigkeit eines Laien unterscheiden sich von denen des Experten darin, daß sie zwar auch brauchbar, aber eben nicht so 'schön' sind."

Das heißt also: Übersetzer sind zuständig für aesthetisch befriedigende Resultate, aber "Inhalte" können auch Laien übertragen. Signifikant dafür eine Äußerung an einer anderen Stelle des Briefs: *I am not writing literature. I am trying to get readers to understand what is happening in this country.*

In dieser Trennung der Form- und Inhaltsseite sprachlicher Äußerungen steckt natürlich wiederum eine laienhafte Annahme über die Natur der Sprache. Darüber wird später (Kap. III,4) noch ausführlich zu reden sein.

Die dritte Annahme steckt in der Behauptung, er versuche "so klar und genau wie möglich genau das wiederzugeben, was der Redner auf Deutsch gesagt hat". Das heißt, je näher sich die Worte des Übersetzers formal an den Wörtern des Ausgangstextes orientieren, um so klarer verstehen die Leser, was er sagen wollte.

In dieser Annahme wird deutlich, wie wenig der Briefschreiber vom Wesen der Kommunikation und von der Funktion sprachlicher Zeichen versteht, also dem eigentlichen Material, mit dem er umgeht. Auch davon wird an anderer Stelle sehr ausführlich die Rede sein – so ausführlich, wie es die komplizierte Natur der Kommunikationsprozesse nötig macht (vgl. Kap. V).

Hier nur soviel: Blüms *grauer Zeitbrei* ist ein recht kühner metaphorischer Ausdruck, mit dem er zwei Bildebenen vermischt: *grau* steht für eintönig/ undifferenziert (wie z.B. in der *graue* Alltag), während hinter *Zeitbrei* der *Einheitsbrei* zu entdecken ist, also wiederum ein metaphorischer Ausdruck für Monotonie und Mangel an Struktur.

Selbstverständlich entspricht Blüms Ausdruck nicht der schriftsprachlichen Norm, man könnte ihn sogar als eine Katachrese, also als eine unzulässige Mischung von zwei Bildern, bezeichnen. Doch im mündlichen Sprachgebrauch sind derartige "Entgleisungen" relativ häufig, und das semantische Merkmal <monoton, unstrukturiert> wird dem Hörer unmißverständlich klar.

Dies gilt jedoch nicht für den *grey time-porridge* der Übersetzung. Schon *grey* kann im Englischen nicht (wie im Deutschen) attributiv mit Abstrakta kombiniert werden, um dieses Merkmal <Monotonie> auszudrücken, und *porridge* fehlt die metaphorische Komponente ganz. Das entscheidende semantische Merkmal <unstrukturierte Monotonie> wird also durch den englischen Ausdruck nicht einmal andeutungsweise verständlich – zurück bleibt beim englischen Zuhörer/ Leser nur der Eindruck, daß Blüm sich äußerst eigenartig und unverständlich ausdrückt.

Der Übersetzer hat nur die Wörter *grau* gegen *grey* und *Brei* gegen *porridge* ausgetauscht – scheinbar korrekt, denn das Wörterbuch bestätigt seine Wahl. Aber er weiß offenbar nicht, daß die Bedeutung von sprachlichen Zeichen nicht in Wörterbüchern abgelegt ist, sondern durch recht komplexe Vernetzungen mit anderen Wörtern und Einbettungen in Idiome und Texte zustande kommt (vgl. Kap. V).

Nun könnte man derartige Fehler als "rein sprachliche" Inkompetenz abtun. Aber es steckt mehr dahinter, wie in dem Brief deutlich wird:

> One further point, in defence of occasionally using a clumsy but literal transla-
> tion. I believe one of the most important tasks of a foreign correspondent is to
> help readers in other countries, and other cultures, understand the country from
> which she or he is reporting. Very often there are deep cultural divides between
> the country in question and the outside world – cultural gaps which can be well
> demonstrated by the ways people use to express themselves in their native
> language – the figures of speech, for example. ... To turn those figures of speech
> into different ones which may sound easy and familiar in English is often to lose
> much of the original.

Hier wird erkennbar, daß der Journalist durchaus methodisch vorgeht, allerdings nicht übersetzungsmethodisch. Seine Argumentation läuft darauf hinaus, daß die fremde Kultur und Ausdrucksweise dem (englischen) Leser auch als befremdend vermittelt werden soll. Die eigentümliche Denk- und Ausdrucksweise der Deutschen soll in der Übersetzung erhalten bleiben, um den kulturell-sprachlichen Unterschied zwischen den beiden Ländern zu markieren.

Dabei wird nicht zwischen formaler Ähnlichkeit und Wirkungsgleichheit unterschieden: Blüms Äußerung ist im Deutschen zwar ungewöhnlich, mag vom Zuhörer deshalb als originell oder schlampig bewertet werden, aber sie wirkt verständlich. Im Englischen wirkt sie jedoch (gerade wegen der formalen Ähnlichkeit mit der deutschen Formulierung) nur noch originell (weil unverständlich), so daß – bei konsequenter Einhaltung dieser Übersetzungs"strategie" – der

Eindruck entstehen muß, daß die Kommunikation in der deutschen Sprache ganz anderen Gesetzen der Logik und Kriterien der Verständlichkeit folgt als im Englischen.

In Wahrheit wird mit solchen Übersetzungen also nicht ein Bild der unterschiedlichen Denk- und Ausdrucksweise der Deutschen vermittelt, sondern der Eindruck, daß es sich bei ihnen – wie bei allen Nicht-Engländern? – um ein recht eigenartiges Volk handeln muß, wenn dies die dort übliche Ausdrucksweise ist. Denn der englische Leser erfährt durch solche Übersetzungen nichts über den kulturell-sprachlichen Hintergrund, sondern er nimmt nur immer wieder – kopfschüttelnd, wahrscheinlich auch amüsiert – zur Kenntnis, wie eigenartig man sich doch andernorts auszudrücken beliebt.

Der letzte Satz des Zitats aus dem Brief stellt dann die Dinge völlig auf den Kopf. Hier wird behauptet, daß eine verständliche (= idiomatische) Übersetzung dazu führen würde, daß viel vom Original verloren geht. Eine derartige Aussage macht besonders deutlich, wie wichtig es ist, etwas über das Wesen der Kommunikation und die Funktion sprachlicher Zeichen zu wissen:

Wenn ein Deutscher zum ersten Mal dem englischen Idiom *to pull somebody's leg* begegnet, so wird er dieses als ungeheuer originell empfinden – aus seiner (deutschen) Sicht. Für Engländer ist diese Ausdrucksweise nichts weniger als originell, eher schon platt und stereotyp, wie etwa im Deutschen *der Zahn der Zeit* oder *das Gras wachsen hören*. Der Eindruck der Originalität geht also letztlich auf den Mangel an Vertrautheit mit dem englischen Sprachsystem zurück – je häufiger wir derartige idiomatische Wendungen gehört haben, desto weniger originell erscheinen sie uns, desto näher rücken wir an die natürliche Reaktion eines Kommunikationspartners in der Muttersprache heran. Und mit zunehmender Vertrautheit mit einer fremden Sprache und Kultur stellen wir in vielen Fällen fest, daß ihre formale Strukturiertheit (ihre Oberflächenstruktur) in so vielen Einzelheiten von der unserer Muttersprache abweicht, daß wir dies allmählich als wenig aufregend, am Ende sogar als ganz normal empfinden.

Daß durch den Verlust formaler Ähnlichkeit (der bei der Übersetzung unvermeidlich ist) etwas "verloren" geht, ist eine naive Ansicht, die auf einen Mangel an Erfahrung im Umgang mit Sprachen schließen läßt. Es kommt aber noch etwas anderes hinzu:

Wenn konsequent nach der hier begründeten "Methode" übersetzt würde, müßte das Fremde immer befremdend bleiben. Denn verstehen heißt ja gerade, daß wir das Gehörte (oder Gelesene) in unsere Verstehenskategorien und unsere kommunikative Erfahrung integrieren können. Wer sich bewußt dagegen entscheidet, daß der übersetzte Text *easy and familiar* wirkt, will dafür sorgen, daß er das Merkmal der Fremdheit behält.

Paradoxerweise wird diese Strategie der "verfremdenden" Übersetzung eigentlich nur bei der Übertragung literarisch-belletristischer Texte vertreten (ganz aktuell wieder bei der Diskussion der Übersetzung von *Lemprière's Dictionary* – vgl. Kap. IX). Aber niemand wird bei der Übersetzung von Gebrauchstexten – etwa einer Bedienungsanleitung oder einer Heiratsurkunde – dafür eintreten, daß der Adressat vor allem die Fremdheit der ausgangstextlichen Sprach- und Kulturkonventionen vermittelt bekommen soll.

Wenn also der hier eingeschlagene (und verteidigte) Weg überhaupt gangbar ist, dann allenfalls (und auch da nur in Ausnahmefällen) bei der Übersetzung literarischer Kunstwerke. Doch wie sagt der "Übersetzer" zu seiner Verteidigung: *I am not writing literature.* (M.H.)

Wir haben uns recht ausführlich mit dem Brief des Journalisten beschäftigt – aus zwei Gründen:

- Erstens deshalb, weil er so viele typische Mißverständnisse über Sprache, Kommunikation und Übersetzen enthält und diese so klar und intelligent formuliert;
- zweitens, weil diese Mißverständnisse nur mit einigem Aufwand identifiziert werden können.

Daraus lassen sich folgende Schlüsse ziehen:

1. Das Übersetzen ist wesentlich komplexer als es – auch gebildete – Laien vermuten. Sie sehen nur die horizontale Verbindung von der A- zur Z-Sprache, aber sie haben wenig Ahnung davon, welch komplizierte Brückenstruktur notwendig ist, damit diese Verbindung tragfähig wird.
2. Um die der Übersetzung zugrundeliegenden Konstruktionsprinzipien zu verstehen, muß man etwas vom Wesen des Materials (der Sprache) und den statischen Prinzipien (der Kommunikation) verstanden haben. Es gibt also durchaus ein Expertenwissen.
3. Dieser Status des Experten wird Übersetzern in der Regel von Laien nicht zugebilligt. Gleichzeitig – und aus dem gleichen Grund – fühlt sich auch jeder Laie berechtigt, seine naive Übersetzungs"methode" zu vertreten und zu praktizieren, ohne sich vorher vergewissert zu haben, ob er das nötige Expertenwissen besitzt.

2 Die Illusion der Symmetrie

Der Augenschein ist von suggestiver Kraft:

Entspricht nicht der Ausgangs- dem Zieltext? Werden nicht die Wörter des englischen Texts durch die der deutschen Übersetzung ersetzt? Benutzt die Übersetzerin nicht ein Wörterbuch, das ihr sagt, welches Wort der englischen Sprache für ein bestimmtes Wort der deutschen Sprache eingesetzt werden muß?

Diese beobachtbaren Vorgänge erzeugen – wie beim scheinbaren "Auf- und Untergehen" der Sonne – die Illusion, daß damit auch der Wirkungsmechanismus beschrieben ist. Ist aber das Paradigma der Symmetrie zwischen AS- und

ZS-Text erst einmal akzeptiert, so ergeben sich daraus all die unheilvollen Konsequenzen für die Einschätzung und Beurteilung der Arbeit der Übersetzer, die sie in ihrer beruflichen Praxis als schwere Belastung empfinden:

- Der Übersetzer sei ein neutraler Vermittler von objektiven Informationen;
- er wende lediglich sein sprachspezifisches Wissen in den beteiligten Sprachen an;
- übersetzerische Fähigkeiten seien eine Funktion von Fremdsprachenkenntnissen;
- die Qualität von Übersetzungen könne jeder beurteilen, der über die einschlägigen Sprachkenntnisse verfügt.

Es ist jedoch eine Illusion, daß A- und Z-Text einander symmetrisch zugeordnet sind. Machen wir einen kurzen Exkurs in die Zoologie: Wer kennt den Unterschied zwischen einer Beutel-Maus und einer ganz normalen (Säuge-)Maus, einem Beutel-Wolf und einem ganz normalen (Säuge-)Wolf?

Wahrscheinlich niemand, wahrscheinlich würde kaum jemand beim Betrachten der Tiere einen Unterschied feststellen, und wenn man ihn auf gewisse Unterschiede aufmerksam macht, würde er wohl davon ausgehen, daß Beutel-Maus und Säuger-Maus enge Verwandte sind, sozusagen A-Maus und Z-Maus, wobei wir die Beutel-Maus wohl als in der Substanz wesensgleiche Spielart unserer Original-Maus ansehen würden.

In Wirklichkeit ist die Sache wesentlich komplizierter: Auf der zusammenhängenden Landmasse gab es in urgeschichtlicher Zeit nur Beutel-Tiere. Sie erhielten allmählich Konkurrenz durch die Placenta-Tiere, gerade zu einer Zeit, als die australische Landmasse sich abzutrennen begann. Dies führte aufgrund der unterschiedlichen Lebensbedingungen auf den getrennten Landmassen dazu, daß in Australien im Lauf der Zeit die Beutel-Tiere – vom Känguruh bis zum Koalabären – alle Lebensräume besetzten, während auf der großen Landmasse die Beutel-Tiere von den Placenta-Tieren nach und nach völlig verdrängt wurden.

Beutel-Maus und Placenta-Maus sehen also – für den Laien – gleich aus, sind aber, streng genommen, nicht einmal miteinander verwandt. Ihre äußere Ähnlichkeit beruht nicht darauf, daß sie artverwandt sind, sondern darauf, daß sie in der jeweiligen Tierwelt der Kontinente einen vergleichbaren Platz einnehmen, also innerhalb dieser Strukturen vergleichbare Funktionen haben. Es gibt jedoch keine lebensfähige "Inter"-Maus außerhalb dieser Strukturen, und die äußerliche Ähnlichkeit von Tieren und Texten ändert nichts daran, daß sie durch ihren Status in zwei völlig verschiedenen Lebensräumen definiert sind und deshalb auch nicht in einer Abbild-Funktion aufeinander bezogen werden dürfen.

3   Die Illusion der Freiheit

Beginnen wir mit einem Zitat aus Lewis Carroll's tiefsinnigem *Through the Looking-Glass, and What Alice Found There* (1871). Alice unterhält sich in diesem Kapitel mit *Humpty Dumpty*, der immer wieder einzelne Wörter in einer recht eigenartigen Weise verwendet. Alice tadelt ihn deswegen, und es entwikkelt sich folgender Dialog:

> "When I use a word", Humpty Dumpty said, in rather a scornful tone, "it means just what I choose it to mean neither more nor less."
> "The question is", said Alice, "whether you **can** make words mean so many different things."
> "The question is", said Humpty Dumpty, "which is to be master – that's all."
> (Gardner, Martin (ed.), *The Annotated Alice* 1965, 269)

"Wer ist hier der Herr?" – das ist in der Tat auch für Übersetzer eine sehr relevante Frage. Außenstehende stellen sich den Übersetzerberuf häufig romantisch verklärt so vor, wie vielleicht literarische Übersetzer vor hundert Jahren gearbeitet haben: Ohne materielle Sorgen, ausgestattet mit reichlich Zeit und breiter Allgemeinbildung, sitzt der Übersetzer weltabgewandt in seiner Stube, nur einem verpflichtet: Dem Werk, daß er kongenial in "sein geliebtes Deutsch" übertragen möchte.

An diesem Bild stimmt heute gar nichts mehr, zumindest nicht für Berufsübersetzer. Übersetzen ist in den meisten Fällen keine Tätigkeit, die mit Muße und in musealer Abgeschiedenheit vollzogen wird. Zeitdruck und Hektik kennzeichnen den Berufsalltag des Übersetzers genauso wie den vieler anderer Berufe, und von Selbstbestimmung und Freiheit kann heute keine Rede mehr sein (vgl. auch Stellbrink 1986).

Erfahrene Übersetzer werden Humpty Dumpty zustimmen: Wer die Macht hat, hat das Wort. Oder auch umgekehrt: Wer das Wort hat, hat die Macht.

Und wer hat das Wort? Die Verfasser der "Heiligen Originale", die Journalisten, Schriftsteller, Politiker und Wissenschaftler. Sie alle haben das Wort, aber doch nicht – oder zumindest nicht immer und alle –, weil sie Experten im Umgang mit dem Wort sind.

Sie haben das Wort, weil ihr Wort gilt. Sie gelten als Experten, sie haben etwas zu sagen. Und weil sie Machtpositionen besetzt halten, wird akzeptiert, was sie sagen. Nicht etwa, weil sie sich kommunikativ kompetent verhalten, wirklich etwas zu sagen haben, sondern weil sie das Sagen haben.

Ihr Übersetzer oder Dolmetscher dagegen hat gefälligst nichts zu sagen, sondern zu übersetzen. Er leistet Dienste, wo er doch sehr viel mehr leisten könnte (und oft auch möchte). Als *Textbauexperte* (ein Begriff, der von Justa Holz-Mänttäri geprägt wurde) und transkultureller Kommunikationsfachmann könnte er Texte auf die Bedürfnisse der Rezipienten zuschneiden. Er könnte ihre Kommunikationskonventionen beachten, ihr Vorwissen antizipieren, ihre Erwartungen erfüllen.

Er könnte – aber darf er? Schon beim Tilgen der penetrantesten Redundanzen, Glätten der haarsträubendsten Katachresen fällt ihm der Autor – oder sein Diener, der Übersetzungskritiker – in den Arm: "Dazu sind Sie nicht autorisiert – beschränken Sie sich gefälligst aufs Übersetzen!"

Nicht wahr, es ist doch eine heikle Sache, wenn man einem Autor klarmacht, daß er zwar dieses geschrieben hat, jenes aber eigentlich sagen wollte. Das läßt sich niemand gerne von jemand sagen, der eigentlich nichts zu sagen hat.

Es ist in unserer Gesellschaft nun einmal so: Der Autor ist der Reiter, und das Roß heißt Übersetzer. Der Übersetzer soll die "Sprachbarrieren" überspringen, aber der Auftraggeber bleibt in aller Regel während des Sprungs auf ihm sitzen, nimmt ihn am Zügel, muntert ihn auf oder straft ihn ab, um sicher zu sein, daß das lästige Hindernis "korrekt" genommen wird.

Wer entscheidet denn,

- ob ein Ausgangstext (kommunikative) Defekte hat,
- ob ein Zieltext "stilistisch schön" ist und "sich gut liest",
- ob eine Übersetzung zu "frei" oder zu "wörtlich" ist
  – das Roß oder der Reiter?

4 Die Illusion der Sprachbeherrschung

Wenn Übersetzer ironische Bemerkungen über die Sprachwissenschaft machen, können sie sich des Beifalls ihrer Berufskollegen sicher sein. Sie sagen, in ihrem Beruf müsse man zwar wissen, wie man mit dem Instrument der Sprache umgeht, aber es sei unnötig, dieses Instrument zuerst analytisch zu untersuchen und sich in abstrusen Theorien über seine Beschaffenheit zu verlieren.

Schon dieses Bild vom "Instrument Sprache" verrät, wie wenig manche Sprachpraktiker von der Sprache verstehen. Die Sprache ist nämlich keineswegs ein Instrument des Menschen – mit einiger Berechtigung könnte man den Satz sogar umdrehen und sagen: Der Mensch ist ein Instrument seiner Sprache.

Das erste Beispiel dafür verbinde ich mit einem Geständnis: Ich würde gerne in diesem Buch auf die umständliche Formulierung *Übersetzer und Übersetzerinnen* verzichten, aber der herrschende sprachliche Bewußtseinstand erlaubt mir dies nicht. Anders gesagt: Wer bei Berufsbezeichnungen und Anreden nur die grammatisch männliche Form gebraucht, verstößt gegen eine neu etablierte soziolinguistische Norm. Dabei spielt es keine Rolle, ob man dem Sünder persönlich sexistische Motive unterstellen will oder kann – es gibt inzwischen eine etablierte Norm, an die man sich im öffentlichen Sprachgebrauch zu halten hat.

Um etwas mehr über den "instrumentalen Charakter der Sprache" zu erfahren, sehen wir uns einen kleinen Ausschnitt der deutschen Sprache etwas genauer an, und zwar die – für das Deutsche so typischen – zusammengesetzten Hauptwörter, also die Substantivkomposita:

Ein *Orangenpflücker* pflückt Orangen, aber – ein *Zitronenfalter* faltet keine Zitronen.

Wir können dem Wort *Bademeister* entnehmen, daß er so etwas wie der Meister des Bades ist, aber wir wissen damit noch nicht, welche Aufgaben er zu erledigen hat. Woher aber wissen wir, daß ein *Weltmeister* der Weltbeste in einer Sportart ist, wo doch das semantische Merkmal <Sport> in dem Lexem gar nicht markiert ist?

Wir wissen (vielleicht), daß ein *Lagerarbeiter* in einem Materiallager tätig ist, aber was sagt uns, daß ein *Schwarzarbeiter* Steuern hinterzieht?

Ein *Tennisball* ist ein Ball, mit dem Tennis gespielt wird. Dann ist doch wohl ein *Federball* ein Ball, mit dem Federn gespielt wird?

Und ein *Fußball* ein Ball, mit dem Fuß gespielt wird? *Völkerball* ein Ball, mit dem Völker gespielt wird? *Volleyball* ein Ball, mit dem Volley gespielt wird?

Die Zusammensetzung der Wörter folgt ganz unterschiedlichen Kompositionsprinzipien:

Fuß-Ball – ein Spiel, bei dem der Ball mit dem Fuß gespielt wird. *Völker-Ball* – ein Spiel, bei dem die Teams als Völker bezeichnet werden. *Volley-Ball* – ein Spiel, bei dem der Ball *volley* (aus der Luft, ohne zuvor den Boden berührt zu haben) gespielt werden muß.

Ausländer haben es schwer, diese Komposita richtig zu verstehen, denn sie enthalten keinen Hinweis darauf, wie das logische Verhältnis zwischen den zwei Wörtern gestaltet ist. Wir müssen deshalb davon ausgehen, daß das Verstehen dieser Komposita nicht von formalen Merkmalen gelenkt wird, sondern daß unser sprachliches Wahrnehmungsvermögen die Kompositionsfuge selbst und aktiv ausfüllt. Es erkennt, daß hier gleichsam zwei Wörter aneinander geklebt wurden, und liest aus dem Ko- und Kontext ab, welcher Art diese Verbindung ist.

Hier wird deutlich, daß Verstehen ein konstruierender Vorgang ist, bei dem nicht etwa "im Wort enthaltene Merkmale" analysiert werden, sondern mit der Strategie der Suche nach der wahrscheinlichsten und plausibelsten Lösung eine Verbindung zwischen den Lexemen hergestellt wird.

Woher wissen wir eigentlich, daß der *Federball* kein Ball ist, der mit Federn gespielt wird, daß *Zitronenfalter* keine Berufsbezeichnung ist, daß ein *Bademeister* auch nicht besser badet als jeder andere? Fest steht doch, daß wir diese Information nicht dem Wort an sich entnehmen können – die Art und Weise, wie <Fuß> und <Ball> miteinander verbunden werden, sagt uns nichts darüber, welche semantische Beziehung zwischen ihnen besteht.

Das Wort sagt uns also keineswegs alles, was wir wissen, wenn wir ein Wort verwenden oder verstehen. Es ist eigentlich nur ein recht grober Reiz, mit dem dann das richtige Verständnis ausgelöst wird.

Und in manchen Fällen sind die "Wortinformationen" geradezu irreführend: Ist ein *Schraubenzieher* wirklich ein Instrument, um Schrauben zu ziehen? Haben Sie schon einmal Schrauben *gezogen*? Warum heißt er nicht *Schraubenlenker* oder *-dreher* – oder zumindest, wie im Englischen, *screwdriver*?

Kein vernünftiger Mensch wird jedoch auf die Idee kommen, das sprachliche Zeichen als eine Instruktion über den Inhalt oder den Gebrauch des bezeichneten

Gegenstands aufzufassen. Kein vernünftiger Mensch? Dann müssen wir wohl diejenigen ausschließen, die sagen, man solle "übersetzen, was dasteht".

Laien glauben, daß durch die Verwendung von Wörtern die bezeichneten Gegenstände und Begriffe in den kommunikativen Arbeitsspeicher geladen werden, wo sie von jetzt an durch eine präzis definierte Zeichenfolge vertreten werden. Ich benutze diese Metapher aus der Computersprache nicht zufällig. Wie verarbeitet der Computer Sprache?

Ich teile meinem Computer meinen Wunsch mit, indem ich ein Wort eintippe z.B. *goe to* oder *worrd* oder *cd*.... Aber der Computer reagiert auf meinen Wunsch mit Unverständnis – er teilt mir mit: *Falscher Befehl* oder *falsches Verzeichnis*, *Datei existiert* nicht usw.

Selbst wenn ich meinen Wunsch noch mehrmals wiederhole, ändert sich am Resultat nichts. Mein Computer und ich – wir reden aneinander vorbei. Bis ich dann entdecke, daß ich irgendwo einen kleinen Fehler gemacht habe – ein Punkt zuviel, ein Rechtschreibfehler, eine Variation der Syntax – und schon behandelt mich mein (mein?) Computer wie einen Schüler, den man nur geduldig auf seine Inkompetenz hinweisen kann.

Dabei ist doch der Dialog zwischen Computer und Benutzer aus naturwissenschaftlicher Sicht voll befriedigend: Jedes benutzbare Zeichen bzw. jede benutzbare Zeichenkombination bedeutet etwas ganz Bestimmtes und Definiertes. Jede Variation dieser Zeichen oder Zeichenkombination bedeutet eine Bedeutungsveränderung, und: Nicht definierte Zeichen – sozusagen Neologismen – bedeuten für meinen Computer gar nichts bzw. einen *syntax error*.

An der Computersprache können wir erkennen, worin die Vorteile unseres unpräzisen Kommunikationsmediums "Sprache" liegen. Man stelle sich einmal vor, wir würden im kommunikativen Umgang miteinander nur Äußerungen akzeptieren, die der Systemgrammatik entsprechen, und alle anderen mit Bemerkungen wie "Wort existiert nicht" oder "Syntaxfehler" zurückweisen. Es läßt sich leicht vorstellen, daß jede Kommunikation damit zum Erliegen käme, und keineswegs nicht nur der mündliche, sondern auch der schriftliche Sprachgebrauch.

Stellen Sie sich vor, Sie würden in einer bedrängten Situation *Hilfe!* rufen. Und die Umstehenden würden Sie zunächst einmal darauf aufmerksam machen, daß dies kein wohlgeformter Satz sei, dem deshalb auch nicht zu entnehmen sei, was er eigentlich bedeute.

Ein absurdes Beispiel? Ist es nicht genauso absurd, von einem Übersetzer zu verlangen, er solle "genau das übersetzen, was dasteht"?

Denn in jedem Fall ergibt sich die Bedeutung der Äußerung bzw. des Diskurs' aus dem Zusammenspiel von Wörtern und Situation, und in diesem Zusammenspiel schaffen wir als kompetente Sprachbenutzer sehr differenzierte Bedeutungen.

Gerade weil unser Sprachsystem nicht mit naturwissenschaftlich exakten Relationen von Zeichen und Bezeichnetem operiert, sind wir in der Lage, in einer bestimmten Situation sehr genaue Handlungsanweisungen zu geben. Allerdings nur unter der Voraussetzung, daß die Kommunikationspartner kooperationsfähig und kooperationswillig sind. In dem Augenblick, wo jemand sich auf den Standpunkt stellt: "Ich halte mich ganz genau an die Wörter", bricht die Kommunikation zusammen.

Nicht nur die Relation zwischen A- und Z-Text beim Übersetzen ist ein Zweckbündnis, sondern auch das zwischen sprachlichen Zeichen und ihren Verwendern. Sowenig wie es Symmetrie zwischen A- und Z-Text gibt, kann es eine systemische Kongruenz zwischen Zeichen und Bezeichnetem geben. Subjektivität und Situationsadäquatheit regeln den Umgang mit Sprache und lenken die Strategien beim Übersetzen. Das ist der eigentliche Grund dafür, daß sich weder strukturalistische Grammatiken noch absolute Translations-Regeln mit der mentalen Realität zur Deckung bringen lassen.

Wir sind im gleichen Maße ein Instrument unserer Sprache wie wir unsere Sprache als Instrument gebrauchen. Übersetzer müssen nicht nur verstehen, wozu ein Mensch die Sprache benutzt, sondern auch, wozu die Sprache den Menschen benutzt.

Unsere Sprache ist also viel mehr als nur ein Instrument, das unseren kognitiv verfügbaren Zwecken dient. Sie entwickelt ihre eigene Dynamik, spricht ihre eigene Sprache, weil sie nicht von unserem Bewußtsein getrennt werden kann. Die sprachlichen Zeichen stehen nicht für eine "objektive" Welt draußen, sondern sie sind das zum jeweiligen Zeitpunkt verfügbare Produkt der Verstehensprozesse, mit denen wir einen Weltausschnitt in unser Bewußtsein integriert haben. Von diesem Prozeß lassen sich die sprachlichen Zeichen nicht mehr säubern; er ist Teil der Bedeutung, die sie für uns haben.

Und so muß ich, trotz meiner linguistischen und etymologischen Kenntnisse, resignierend vom *Rosenmontag* sprechen, obwohl ich weiß, daß der Montag vor Faschingsdienstag nichts mit *Rosen* zu tun hat, sondern von *rasen-montag = närrischer Montag* kommt. Ich nenne einen schlechten Kaffee *Muckefuck*, obwohl ich weiß, daß das "eigentlich" ein *mocca faux* ist, und ich pflanze in meinem Garten einen Kirschbaum, der als *Schattenmorelle* bezeichnet wird, aber im Unterschied zu meinem Nachbarn leite ich daraus nicht die Instruktion ab, daß diese Kirschensorte besonders viel Schatten braucht, denn ich weiß, daß diese Sorte ursprünglich nach dem französischen *Château Morel* benannt wurde.

Die Art und Weise, wie die deutsche Sprache den Tag- und Nachtwechsel integriert hat, zwingt mich dazu, auch heute noch zu sagen, daß die Sonne aufgeht. Ich muß im Deutschen unbelebten Gegenständen ein grammatisches Geschlecht geben – *das* Messer, *die* Gabel, *der* Löffel –, obwohl ich eigentlich nicht geneigt bin, diesen Gegenständen Geschlechtsmerkmale zuzuordnen. Und die Konvention zwingt mich in letzter Zeit zunehmend, nicht nur von Übersetzern zu sprechen und schreiben, sondern ihnen immer auch gleich die Übersetzerinnen zur Seite zu stellen – obwohl ich vielleicht der Meinung bin, daß dies eine unnötige Komplikation sei.

Wenn wir sprachliche Zeichen verwenden, so unterwerfen wir uns den Bedeutungen, die sie für uns persönlich und für unsere Sprach- und Kulturgemeinschaft gewonnen haben. Wir können sie nicht anders verwenden als so, wie sie für uns verfügbar geworden sind. Damit ist aber klar, daß wir, als sprechendes und schreibendes Individuum, in einem gewissen Maße auch das Instrument unserer Sprache sind – wir drücken aus, was sie uns zu sagen erlaubt.

IV Fluß-Diagramme

Wer konstruktiv übersetzen will, muß einen Plan haben. Übersetzer und Übersetzerinnen sollten also wissen, was sie tun.

Dies ist leichter gesagt als getan, denn die Prozesse, die in ihren Köpfen ablaufen, sind ihrer Beobachtung weitgehend entzogen. Zwar gibt es eine Reihe von empirischen Untersuchungen, *sogenannten think-aloud protocols*, bei denen Übersetzerinnen und Übersetzer aufgefordert wurden, zu äußern, was ihnen bei ihrem Tun durch den Kopf geht. Doch das grundsätzliche Problem bei diesen Untersuchungen besteht darin, daß allein durch die Bewußtmachung der weitgehend unkontrollierten Prozesse beim Übersetzen die Gefahr besteht, daß diese verfälscht oder unter dem Druck des Versuchsdesigns erfunden werden. Von dieser Problematik wird später noch ausführlich die Rede sein.

Andererseits ist jedoch auch klar, daß wir uns zur konstruktiven Steuerung der Übersetzungsprozesse eben diesen zuwenden müssen, und daß wir uns wenig Aufschluß von Theorien erhoffen können, die sich allein mit dem Produkt Übersetzung beschäftigen. Es ist durchaus verständlich, daß Linguisten Ausgangs- und Zieltexte miteinander vergleichen und feststellen, wie sich syntaktische Strukturen und lexikalisch-semantische Einheiten verändert haben. Nur läßt sich aus derartigen Untersuchungen noch lange nicht ableiten, wie es zu diesen Veränderungen gekommen ist.

Es ist also durchaus im Sinn einer Verbesserung der übersetzerischen Kompetenz, eine Prozeßtheorie des Übersetzens zu entwerfen – auch wenn sich diese nicht empirisch absichern oder beweisen läßt.

1 Verstehensprobleme

In einem wissenschaftlichen Aufsatz hat H.P. Krings 1987 ein vorläufiges Modell des Übersetzungsprozesses (*A Tentative Model for the Translation Process*) entwickelt, das wir uns einmal etwas näher ansehen wollen (Fig. 1). Vorweg soll aber fairerweise gesagt werden, daß der Autor selbst dieses Flußdiagramm als einen ersten Versuch versteht, dem er wohl heute im Licht weiterer Veröffentlichungen eher kritisch gegenüberstehen würde.

Es geht also nicht darum, einen Wissenschaftler zu kritisieren, sondern etwas über die Darstellung und das Wesen des Übersetzungsprozesses zu lernen.

Wie bei einem klassischen Entscheidungsdiagramm hat der Übersetzer auch in diesem nur die Möglichkeit, entweder mit ja oder mit nein auf die an sich selbst gerichteten Fragen zum Text zu reagieren:

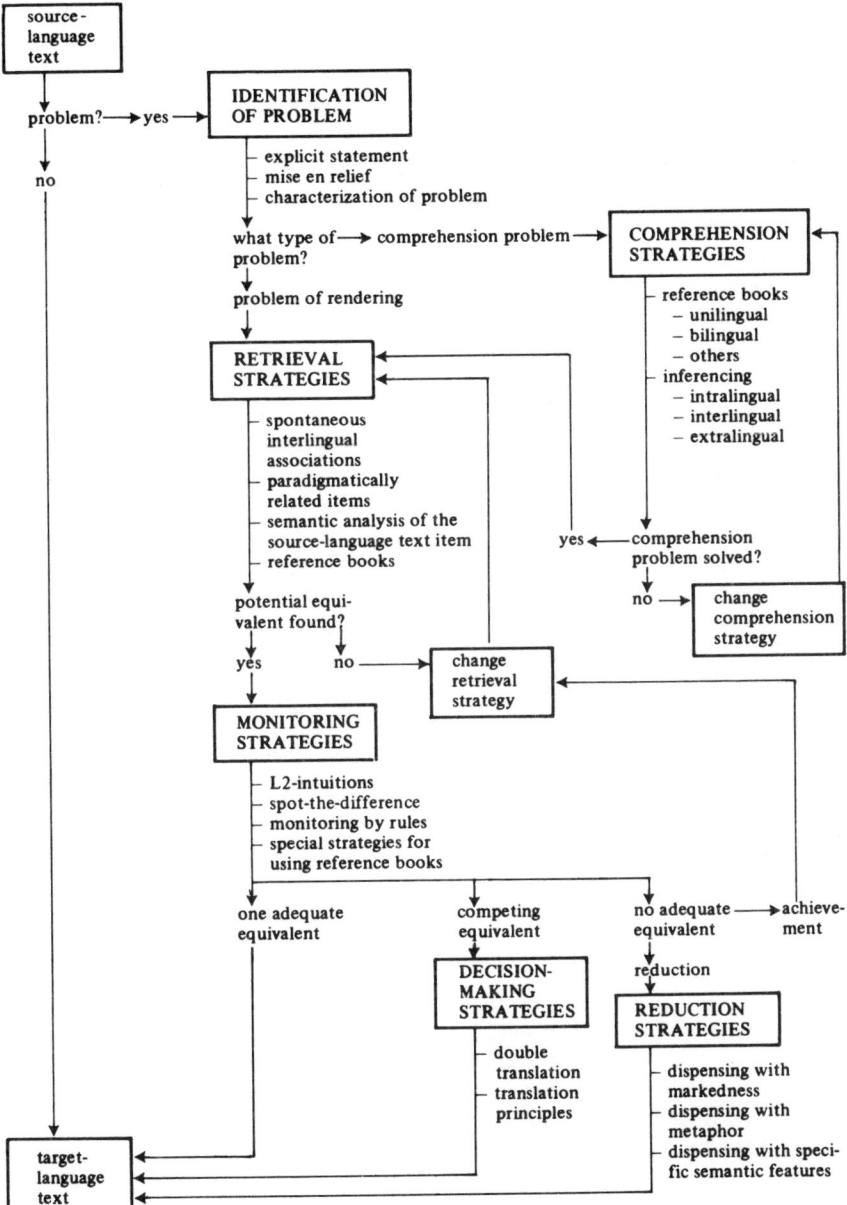

Fig. 1: A Tentative Model of the Translation Process. [Krings, H.P., "Translation Problems and Translation Strategies of Advanced German Learners of French (L2)", in: House/Blum-Kaika (eds.): *Interlingual and Intercultural Communication*. Tübingen: Narr, 263–276.]

Habe ich ein Problem (bei der Übersetzung)? Wenn nein, so entsteht sofort die Übersetzung (ob es auch die richtige ist, wird vom Autor nicht diskutiert), wenn ja, so muß der Übersetzer sich die Frage stellen: *Was für ein Übersetzungsproblem liegt vor?*

Dabei ist nach Krings grundsätzlich zwischen zwei Arten von Problemen zu unterscheiden: *Wiedergabeprobleme* und *Verstehensprobleme.* Je nach Art des Problems werden entsprechende Strategien aktiviert: *Suchstrategien* für Wiedergabeprobleme, *Verstehensstrategien* für Verstehensprobleme. Zu den Suchstrategien gehören z.B. spontane interlinguale Assoziationen (dem Übersetzer fällt das gesuchte Wort spontan ein – dabei mag man sich wohl die Frage stellen, ob man spontane Assoziationen als eine Strategie bezeichnen kann); die semantische Analyse von ausgangssprachlichen Texteinheiten (der Übersetzer fragt sich, welche Bedeutung dieses Wort der Ausgangssprache hat – das scheint mehr mit Verstehen als mit Wiedergabe zu tun zu haben). Sowohl bei den Suchstrategien als auch bei den Verstehensstrategien finden wir die Benutzung von Nachschlagewerken. Hier wäre eine genauere Differenzierung erwünscht, denn je nach Art des benutzten Nachschlagewerks wird man auch hier zwischen der Lösung von Wiedergabe- und Verstehensproblemen unterscheiden müssen).

Als zweite Verstehensstrategie wird das *Inferenzieren* aufgeführt, was man als Schlußfolgern oder intelligentes Raten bezeichnen könnte. Man entnimmt den sprachlichen Zeichen selbst, oder dem Ko-text, Hinweise darauf, wovon hier wohl die Rede sein mag. Oder man geht vom eigenen Weltwissen aus und errät so, was im Ausgangstext dargestellt werden soll.

Schauen wir einmal einem Studenten beim Inferenzieren zu. Er übersetzt gerade ein Kapitel über das Rauchen aus einem Buch, das die wichtigsten gesundheitlichen Risiken unserer Zeit darstellt. Im Augenblick beschäftigt er sich mit dieser Passage:

> Most people who want to give up mention minor upsets to their health, such as frequent colds and "poor wind", rather than to worry over serious conditions such as lung cancer. (Lock/Smith 1977, 254)

Und das geht ihm dabei durch den Kopf:

> Also … schon beim ersten Lesen bin ich über dieses **poor wind** gestolpert … ich weiß genau, was es heißen soll … und im Englischen ist das auch 'ne akzeptable Sache, so was zu sagen, obwohl es in Anführungszeichen steht … es ist eigentlich nicht so wie bei uns, daß man das so nicht ausdrückt … das muß man ein bißchen … ich hab' mir da als allererste Übersetzungslösung, die mir eingefallen ist, geschrieben: **Verdauungsprobleme** … was es ja eigentlich trifft … wenn jemand nicht so richtig verdaut, bekommt er **Blähungen** – und das ist das, was es hier aussagen soll.
>
> *(Dieser und die folgenden Auszüge aus einem Introspektionsprotokoll in meinem Seminar für Kandidaten der Diplom-Übersetzerprüfung im WS 89/90.)*

Scheinbar verfährt dieser semi-professionelle Übersetzer – ein Student im achten Semester (der, nebenbei bemerkt, inzwischen ein sehr gutes Diplom gemacht hat) – ganz nach dem Flußdiagramm von Krings: Er identifiziert ein Problem, und er macht deutlich, daß es kein Verstehensproblem ist (*ich weiß genau, was es heißen soll*), sondern ein Wiedergabeproblem: Er ringt um den richtigen Ausdruck (*Verdauungsprobleme – Blähungen*).

Aber in Wirklichkeit hat er ein großes Verstehensproblem, denn *poor wind* bezeichnet hier Konditionsprobleme: Raucher kommen bei körperlicher Belastung schnell außer Atem. Hinweise darauf gibt es im Textausschnitt genug: sowohl *colds* als auch *lung cancer* beziehen sich auf Erkrankungen der Atemwege, außerdem hätte ihm sein Weltwissen sagen müssen, daß *Verdauungsprobleme* keine typischen Folgen des Rauchens sind.

Aber auch bei der nochmaligen Nachfrage besteht die Versuchsperson darauf, daß sie keine Verstehensprobleme hat:

> Ich weiß, daß wenn **wind** gesagt wird – dann weiß ich, es geht um Blähungen, auf jeden Fall! Und **poor wind** ist, wenn jemand nur ganz schlecht verdauen kann, weil wenn einer eine gute Verdauung hat, dann hat er auch **good wind**. Also, ich kenne den Ausdruck, von daher war es für mich kein Übersetzungsproblem.

Die klare Ordnung der Gedanken, wie sie sich in Krings' Flußdiagramm spiegelt, scheint also eine Fiktion zu sein. Denn dieses Beispiel zeigt – stellvertretend für viele andere –, daß wir zwischen objektiven und subjektiven Wiedergabe- und Verstehensproblemen unterscheiden müßten. Mit anderen Worten: Übersetzer haben manchmal auch dann Verstehensprobleme, wenn sie glauben, keine zu haben; sie können aber auch objektiv Verstehensprobleme haben, wenn sie subjektiv davon ausgehen, daß hier ein Wiedergabeproblem vorliegt.

Genauso häufig gibt es den umgekehrten Fall: Eine Übersetzerin glaubt, ein Verstehensproblem zu haben, in Wirklichkeit hat sie aber keines. Auch dafür ein Beispiel:

In einem Text taucht die Formulierung auf:

> *persons ... who tend to be self-serving.*

Spontan formuliert die Studentin: *Menschen, die zu egoistischem Verhalten tendieren.* Fast erschrocken über die eigene Kühnheit erklärt sie darauf, sie wolle "zur Sicherheit" aber doch noch einmal kontrollieren, ob *self-serving* "wirklich" *egoistisch* heißt. Sie schlägt also in ihrem zweisprachigen Wörterbuch nach, findet unter *self-serving* keinen entsprechenden Eintrag, verwirft nun verunsichert ihre erste (korrekte) Version, und erklärt am Ende: "Ich kann das nicht übersetzen – ich versteh' das nicht!"

Am Ende steht also ein Verstehensproblem – aber war es wirklich eines? Hat die Übersetzerin nicht im ersten, spontanen Zugriff auf den Text ganz klar demonstriert, daß sie sehr wohl (und sehr genau) wußte, wovon hier die Rede ist? Eigentlich hat sie sich das Verstehensproblem selbst eingeredet – aber warum nur? Mit ein bißchen Selbstvertrauen wäre sie bei ihrer ersten Version geblieben; geholfen hätte ihr sicher auch das Expertenwissen, daß Wörterbücher nicht immer ein geeignetes Hilfsmittel zur Überprüfung der Richtigkeit einer Übersetzung sein können.

Deutlich wird jedenfalls, daß sich Übersetzerinnen und Übersetzer nicht nach objektiven Kriterien entscheiden, ob jeweils ein Verstehens- oder ein Wiedergabeproblem vorliegt. Entscheidend ist, wie das Problem von einer subjektiven Bewertungsinstanz eingestuft wird (bzw. ob es überhaupt als Problem identifiziert wird).

Eine solche Instanz sehen wir auch in Krings' Flußdiagramm. Sie trägt die Bezeichnung *Monitoring Strategies* und folgt auf die Verstehens- und Wiedergabestrategien. In Krings' Vorstellung erfolgt also die Überwachung und Bewertung der Ergebnisse der Verstehens- und Wiedergabestrategien erst nach deren Anwendung. In unseren Beispielen haben wir jedoch gesehen, daß die Bewertung Teil der Entscheidung ist, ob überhaupt ein Problem vorliegt und um was für eine Art von Problem es sich handelt.

Bewertungs- und Verstehensstrategien sind so eng aufeinander bezogen, daß sie sich kaum voneinander trennen lassen. Schon die Aussage "Ich habe dies verstanden" ist ein Urteil einer überwachenden Instanz, die die Resultate unserer textlichen Assoziationen als geordnet und verständlich beurteilt – oder nicht. Wenn sie zu dem Urteil "nicht verstanden" kommt, so bemühen wir uns weiter um das Verstehen, wenn das Urteil "verstanden" lautet, so ist der Verstehensprozeß an dieser Stelle beendet.

Doch weder das eine noch das andere Urteil bietet eine Gewähr für Richtigkeit: Auch Unverstandenes kann als verstanden beurteilt werden, auch Verstandenes kann als unverstanden bewertet werden.

Mit anderen Worten: Wann wir glauben, verstanden zu haben bzw. wann wir uns entscheiden, nicht verstanden zu haben, hängt von den Urteilen dieser Kontrollinstanz ab. Sie ist damit ein Teil des Verstehens bzw. Nichtverstehens selbst. Wenn diese Kontrollinstanz besonders mächtig ist, wird sie in vielen Fällen zu dem Urteil "Nicht verstanden" oder "Verstehensproblem" drängen, während eine schwach besetzte Kontrollinstanz häufig zu den entgegengesetzten Urteilen führt.

Zum besseren Verständnis darf man hier ruhig an die Freudsche Theorie vom Über-Ich denken, das über dem Ich thront und dessen – scheinbar rationalen – Entscheidungen genauso beeinflußt wie das unter dem Ich liegende Unterbewußte.

Damit sind wir aber schon bei der Psychologisierung der mentalen Operationen, und wir erkennen, daß Krings' Modell eigentlich gar nicht versucht, die Realität der mentalen Operationen darzustellen. Denn diese Realität – so zeigt schon die erste Überprüfung anhand von zwei Beispielen – ist wesentlich komplexer.

Vor allem aber läßt sie sich nicht in einem sequentiell geordneten Ablauf darstellen, bei dem ein mentaler Schritt sauber getrennt auf den vorausgehenden folgt. Wir erkennen schon bei diesem ersten Eindruck, daß wir bei der Beschreibung der mentalen Realität mit Rückkopplungen und "Schleifen" rechnen müssen, also mit einer vernetzten und wesentlich komplexeren Struktur.

Kehren wir noch einmal zu der Vorstellung vom konstruktiven Übersetzen zurück, und damit zu der Metapher einer Brückenkonstruktion: Die Straße auf der Brücke ist ein Bild eines linearen Ablaufs, aber sie stellt – von oben betrachtet – nur die Oberfläche der eigentlichen Brückenkonstruktion dar. Wenn wir uns die tragende Konstruktion der Brücke als verstrebte Pfeiler vorstellen, die tief im Flußbett gründen, so erhalten wir eine hilfreiche Vorstellung davon, was beim Übersetzen im Kopf geschieht.

Krings' Modellierung des Übersetzungsprozesses ist also eine idealtypische Wunschvorstellung, die sich nicht an der mentalen Realität orientiert. Es wäre sicher leichter, das Übersetzen zu lehren und gute von schlechten Übersetzern zu unterscheiden, wenn sich ihre Gedanken in dieser linearen Progression bewegen würden. Sie tun es jedoch nicht und laufen auf so grundsätzlich anderen Bahnen, daß ein solches Diagramm auch als didaktisches Konzept wenig sinnvoll ist. Es ist so weit von der "inneren Wirklichkeit" der Übersetzungsprozesse entfernt, daß sich damit kein Bezug zu der erlebten Wirklichkeit des Übersetzens herstellen läßt.

Wir brechen deshalb an dieser Stelle die Diskussion dieses Flußdiagramms ab und wenden uns noch einmal der Frage zu, ob man überhaupt die mentalen Prozesse beim Übersetzen als rein kognitive Operationen erfassen kann. Mit anderen Worten: In welchem Maß sind intuitive und kognitive Operationen am Übersetzungsprozeß beteiligt?

2 Intuitiv richtig

Im allgemeinen wird die Intuition als ein kreatives Verhalten verstanden, auf das wir angewiesen sind, wenn die biedere Handwerkskunst (des Übersetzens) nicht mehr ausreicht. So sagt etwa Wolfram Wilss (1988):

> Da, wo sich das sorgfältig aufgebaute Reflexionsgerüst der methodisch fundierten Übersetzungsprozeduren als nicht mehr tragfähig erweist, wo Frames, Scripts, Szenarios, Schemata, routinisierte Praktiken, Durchschnittsverhalten versagen, liegt die Chance der Übersetzungsintuition.
> (Wilss 1988, 142)

Stellen wir dieser Aussage ein Beispiel gegenüber (vgl. Hönig 1990). Eine Gruppe von sieben semi-professionellen Übersetzern (Studierende im vierten bis achten Semester) sollte den Werbetext einer britischen Bankengruppe übersetzen, in dem – sprachlich sehr stark an literarischen Texten orientiert und diese stellenweise parodierend – in Form einer Parabel darauf hingewiesen wird, welchen Gefahren ein naiver Geldanleger in der Londoner City ausgesetzt ist. Der "Held" dieser Parabel ist eine Biene, die aus den scheinbar überaus attraktiven Anlagemöglichkeiten lukrativen Honig zu saugen versucht, dabei aber auf unseriöse Geschäftemacher hereinfällt. Die Biene betrachtet die verlockenden Angebote:

> Perched on a branch high above the flower beds, he mocked their giant hollyhocks, scorned their cornflowers, chuckled at their honeysuckle.

Die Gruppe erkannte das die Formulierung prägende System der Assonanzen (*mocked – hollyhocks, scorned – cornflowers, chuckled – honeysuckle*), und nach einiger Zeit kam von einer Teilnehmerin der Vorschlag: *"behandelte die Stiefmütterchen stiefmütterlich, ließ die Lilien links liegen..."*.

Zu finden war jetzt noch das dritte Glied der Reihe. Es wollte sich jedoch nicht einstellen. Daraufhin formulierte ein Mitglied der Gruppe folgende Suchstrategie: *"Ich suche Verben, die Verachtung oder Ablehnung ausdrücken, und dann suche ich dazu assonante Blumen oder Pflanzen."*

Aber diese Strategie brachte keinen Erfolg, obwohl von den Mitgliedern der Gruppe einige Verben – *verhöhnen, verlachen, ignorieren, übersehen, verachten, verschmähen* – genannt wurden.

Daraufhin schlug eine andere Teilnehmerin vor, die Suchstrategie zu ändern und von der Blume oder Pflanze auszugehen und dazu assonante Verben mit der gesuchten semantischen Komponente zu suchen. Mit dieser neuen Strategie stellte sich der Erfolg fast schlagartig ein: *"Und den Flieder – mied er."*

Die Gruppenmitglieder befanden sich also in der geradezu klassischen Situation des Übersetzers, der auf eine Intuition wartet. Er weiß – und kann sogar definieren –, was er sucht, aber das richtige Wort will ihm nicht einfallen. Er ist sozusagen am Ende der Reflexionskette angekommen und kommt jetzt nicht mehr weiter. Jetzt kann nur noch Intuition helfen.

Es half aber die Reflexion, die bewußte Änderung der Suchstrategie! Es läßt sich durchaus erklären, weshalb die zweite Suchstrategie erfolgreicher war als die erste: Bei Blumen und Pflanzen ist das Korpus größer als beim Wortfeld *verschmähen,* es ist leichter, eine Blume/Pflanze zu finden und dann ein dazu assonantes Verb des Verschmähens zu finden als umgekehrt. Intuitionen fließen leichter, wenn sie mit mehr Material "spielen" können, und die Bereitstellung dieses Materials läßt sich durchaus kognitiv lenken.

Intuitive und kognitive Vorgänge sind also durchaus nicht hermetisch gegeneinander abgeschlossen und sie folgen auch nicht dem Prinzip der linearen Progression vom Kognitiven zum Intuitiven. Sie scheinen sehr viel enger miteinander verbunden zu sein. Und daraus folgt: Der erfolgreiche Umgang mit Intuitionen ist vor allem eine Frage der Koordination der in der mentalen Realität quasi-simultan auftretenden und vernetzten intuitiven und kognitiven Prozesse.

Eine semi-professionelle Übersetzerin sucht nach einer Übersetzung für *mind* und formuliert folgende Strategie:

> "Ich habe nach Verstand gesucht, und wenn ich nach einem Wort suche, dann überlege ich mir Synonyme, bis ich auf das Wort treffe, das ich gerne hätte."

Die Suchende vertraut also darauf, daß ihr ihre Intuition sagt, wann sie das richtige Wort gefunden hat. Es handelt sich also nicht um einen Suchvorgang, bei dem sie schon weiß, was sie sucht, aber nur den Ort nicht kennt, an dem es sich befindet. (Das verstehen wir ja im allgemeinen unter suchen: Wir wissen, daß wir den Autoschlüssel suchen, aber wir kennen den Ort nicht, an dem er sich befindet.)

Beim Übersetzen suchen wir häufig in umgekehrter Richtung: Wir wissen, **an welchem Ort** (ungefähr) sich das Gesuchte befindet, aber wir wissen nicht genau, **was** wir suchen. Wir müssen also bei jedem Auffindungsvorgang darauf vertrauen, daß unsere Intuition uns sagt, ob wir das richtige Wort gefunden haben. Mit anderen Worten: Die kognitive Suchstrategie (Durchlaufen einer Liste von Quasi-Synonymen) dient dazu, der Intuition eine Chance zu geben. Die Kognition steht im Dienst der Intuition, aber – die Intuition basiert auf der kognitiven "Vorarbeit".

Krings' *retrieval strategies* legen nahe, daß der Suchvorgang beim Übersetzen ähnlich abläuft wie der Speicherzugriff in einem Computer. Dem Rechner muß gesagt werden, was gesucht wird; das zu suchende Zeichen ist bereits vorhanden, gesucht wird die Stelle, an der es sich im Speicher befindet. Doch in der mentalen Wirklichkeit verläuft der Suchvorgang ganz anders: Der Übersetzer sucht ein Zeichen, das ihm noch gar nicht bekannt ist, von dem er jedoch ungefähr weiß, wo es sich befindet.

Typisch für die Such- und Auffindungsstrategien beim Übersetzen sind weder rein kognitive noch rein intuitive Vorgänge, sondern vielmehr kognitiv-intuitive Ketten. Die Intuition hat bei diesen Prozessen nicht nur die Aufgabe, Daten zu liefern, sondern sie assoziiert dem Text zugrundeliegende Situationen und Weltausschnitte und bestimmt damit die semantischen Verstehenskoordinaten.

Es spricht vieles dafür, daß intuitive Urteile und spontane Assoziationen fast an allen mentalen Übersetzungsvorgängen beteiligt sind. Übersetzen ist ohne Intuition gar nicht möglich; Intuitionen als geniale Einfälle oder als Heureka-Erlebnis sind besonders spektakuläre Sonderfälle eines ganz alltäglichen Phänomens.

Kognitives Denken arbeitet mit den Daten, die im Augenblick zur Verfügung stehen und die sich in einer logischen Relation zu dem zu lösenden Problem befinden. Dagegen ist Intuition ein Ausdruck der Individualität der Übersetzerperson.

Die mentalen Übersetzungsprozesse bewegen sich genau in diesem Spannungsfeld: Das Ziel der Operationen ist objektiv beschreibbar, aber der Weg dorthin ist ohne den Einsatz der Persönlichkeit – also ohne den Einsatz subjektiver Faktoren – nicht zurückzulegen. Übersetzerische Intuitionen sind insofern ein Wissen, über das man nicht verfügen kann, von dem man jedoch weiß und auf das man sich verlassen muß.

Schauen wir uns zur Verdeutlichung noch einmal einen Auszug aus einem Introspektionsprotokoll an. Eine semi-professionelle Übersetzerin äußert, was ihr beim Übersetzen durch den Kopf geht.

Zu übersetzen war eine weitere Textstelle aus dem bereits oben erwähnten Text (vgl. S. 42) über die gesundheitlichen Risiken des Rauchens:

> About half of all smokers wish to give up the habit, but the variety of methods used for this – hypnotism, aversion therapy, smoking clinics and group therapy – testify ... to the addictive feature of smoking.
> (Lock/Smith 1971, 254)

Zu *smoking clinics* äußert sie zunächst:

> "Hört sich an wie Raucherkliniken."

Sie schlägt dann im einsprachigen Wörterbuch (EW) unter *clinic* nach und sagt daraufhin:

> "Scheint vom Wort her zu heißen, daß man tatsächlich *irgendwo hingeht ... daß man sich in eine Klinik bzw. medizinische Abteilung begibt ... wenn ich das jetzt schon einmal gehört hätte, würde ich sagen o.k.*"

Daraufhin konsultiert sie das zweisprachige Wörterbuch (ZW) und meint:

> "Sieht nicht so aus, als sei es ein Unterricht für Medizinstudenten ... schon eher, daß in einer Klinik oder Abteilung eines Krankenhauses diese Therapie stattfindet ... daß man da hingeht und an irgendwelchen Beratungen teilnimmt."

Daraufhin bricht sie ihre Überlegungen zu diesem Problem zunächst ab und wendet sich einem anderen Teil des Satzes zu. Plötzlich kommt sie jedoch wieder auf *smoking clinics* zurück:

> "Raucherkliniken klingt ganz schön technisch ... kann man sich was drunter vorstellen ... was mich stört, ist, daß es scheinbar nicht gängig ist ... jedenfalls nicht so gängig, daß man es als alltäglichen Ausdruck benutzen könnte ... außerdem ist Klinik auf Deutsch, glaube ich, etwas spezieller als clinic. Bei Klinik habe ich immer das Gefühl, als würde es sich um recht schwerwiegende Sachen handeln ... aber ein Raucherkrankenhaus ist natürlich auch blöd ... da liegen die da rum ... (lacht) ... vielleicht könnte es auch eine stationäre Behandlung sein, es dreht sich ja nur darum, daß es im Krankenhaus stattfindet ... stationäre Behandlung ... Raucherbehandlung ... stationär ... stationäre ... Therapie vielleicht ... und dann Gruppentherapie ... oder wenn man sagt Therapie in Krankenhäusern ... oder: Therapie in speziellen Gruppen."

Bei dieser letzten Formulierung bleibt sie dann auch, und die kann als akzeptable Übersetzung bezeichnet werden. Aber der Weg dorthin war mehr als gewunden und verschlungen; trotz der am Ende gefundenen Lösung läßt sich nicht behaupten, daß sie systematisch und kognitiv nachvollziehbar erarbeitet wurde.

Das entscheidende Problem wird eigentlich bis zum Ende der Reflexionskette nicht gelöst: Die Übersetzerin assoziiert zu *clinic* das semantische Merkmal <Krankenhaus, stationäre Behandlung> und kann sich davon nicht lösen. Der Hinweis im EW auf *clinic* als eine Therapieform wird von ihr nicht registriert, von Anfang an ist die Assoziation *clinic = krankenhausgebundene, stationäre Therapie* so stark, daß sie sich gegen alle Widerstände durchsetzt.

Gleichzeitig registriert sie jedoch immer wieder ein Unbehagen, irgend etwas stört sie, aber sie weiß im Grunde nicht, was es ist. Und so kreist ihr innerer Monolog immer um das gleiche Problem: Geht es nun um eine stationäre Therapie in einem Krankenhaus oder nicht? Dagegen spricht eigentlich "nur" der gesunde Menschenverstand, und der scheint sich am Ende durchzusetzen.

Allerdings erst nach mehreren – und sehr zeitaufwendigen – Anläufen. Die spontane Assoziation *clinic = Klinik* erweist sich als sehr resistent gegen dieses Unbehagen und wird nicht grundsätzlich angezweifelt. Die Übersetzerin glaubt deshalb auch, kein Verstehensproblem zu haben – obwohl sie objektiv betrachtet eines hat.

Die Argumente, mit denen sie ihr Problem zu lösen versucht, sind eigentlich Scheinargumente: *Raucherkliniken klingt zu technisch, in einer Klinik geht es um ernstere Sachen als in einer clinic.* Man könnte diese Scheinargumente als "kognitive Ersatzhandlungen" bezeichnen: Sie weiß, daß irgendwo etwas nicht stimmt, aber sie kann sich nicht bewußt machen, wo das Problem eigentlich liegt. Sie weiß eigentlich mehr, als sie sagen kann. Und was sie sagt, hat eigentlich mehr den Zweck, dieses diffuse Unbehagen zu verdrängen, als ihm nachzugehen.

So ergibt sich denn auch die Lösung am Ende keineswegs aus den zuvor geäußerten Argumenten. Plötzlich und unvermittelt taucht das Wort Therapie auf – es scheint, als ob sie im nicht bewußten Bereich sich weiter mit dem Grund ihres Unbehagens beschäftigt hätte, während sie "nach außen" kognitive Ersatzhandlungen vollzog, um ihre Unsicherheit zu überspielen.

Leider läßt sich eine solche Vermutung nicht empirisch beweisen. Tatsache ist jedoch, daß die Problemlösungsstrategie eher zirkulär als geordnet-linear verlief – also keineswegs so, wie es das Flußdiagramm von Krings suggeriert.

Den hohen Anteil nicht-kognitiver Strategien beim Erarbeiten von Lösungen bestätigt auch Kiraly (1990), der in der bisher umfassendsten Beobachtung der mentalen Prozesse bei semi-professionellen und professionellen Übersetzern zu folgendem Ergebnis kommt:

> Because relatively uncontrolled processes were involved in the translation of virtually every translation unit in the data, much of what was going on in the translator's mind during translation was not available for verbalization.
> (Kiraly 1990,130)

Wenn wir also die erlebte, innere Realität der mentalen Prozesse beim Übersetzen kennenlernen wollen – und das müssen wir, wenn wir einen methodischen Ansatz für die Übersetzungsdidaktik suchen –, so können wir mit dem vereinfachenden und idealisierten Modell Krings' nicht weiterarbeiten.

3 Kontrolliert und unkontrolliert

Ich stelle deshalb diesem Flußdiagramm mein eigenes Modell (Fig. 2) gegenüber, das beim ersten Ansehen mit Sicherheit den Eindruck von Komplexität, wenn nicht von Kompliziertheit vermittelt (vgl. Hönig 1993).

Blicken wir zunächst auf jenen Bereich, in dem die meisten Fehler entstehen. Es ist der *kontrollierte Arbeitsraum*, in dem sich viele Übersetzerinnen und Übersetzer wie in einem Labyrinth verirren. Diese Feststellung ist sicher zunächst überraschend, könnte man doch erwarten, daß die Gefahr eher im *unkontrollierten Arbeitsraum* lauert, weil dort unsere Gedanken und Assoziationen dem überwachenden Bewußtsein entzogen sind. Im kontrollierten Arbeitsraum dagegen handelt man bewußt *(mikro)strategisch* und überprüft durch ständiges *Monitoring* die Ergebnisse dieser Denkprozesse. Dabei orientiert man sich an Regeln, Strategien oder Gesetzmäßigkeiten, zum Beispiel:

- Eigennamen übersetzt man nicht.
- Die englische *continuous form* übersetzt man durch die Hinzufügung von *gerade* ins Deutsche.
- *government* heißt *Regierung*.
- In deutschen Texten sollte man Wortwiederholungen vermeiden.

Jede dieser "Regeln" hat einen Sinn, aber keine hat uneingeschränkte Gültigkeit:

- In einer Äußerung wie *Trying to keep up with the Joneses* geht es darum, mit den Müllers, Meiers oder Schulzes mitzuhalten.
- *She is being funny* kann eine Kritik zum Ausdruck bringen: *Sie versucht, witzig zu sein.*
- *Government* muß häufig mit *Staat/staatlich* übersetzt werden (z.B. *A new government-funded project to reduce the number of teenage drug addicts*).
- In Fachtexten sind Wortwiederholungen zum Zweck der terminologischen Kohärenz durchaus angebracht.

Mikrostrategien sind also deshalb gefährlich, weil sie uneingeschränkte Gültigkeit beanspruchen. Es gibt beim Übersetzen keine absolut richtigen Regeln und Gesetzmäßigkeiten, sondern immer nur relativ nützliche. Relativ heißt jedoch nicht vage oder ungefähr, sondern in Relation zum Zweck der Übersetzung.

Das zweite Problem im Umgang mit Regeln und Prinzipien des Übersetzens haben wir bereits in III,1 unter den Stichwörtern *erworbene Idiosynkrasien/*

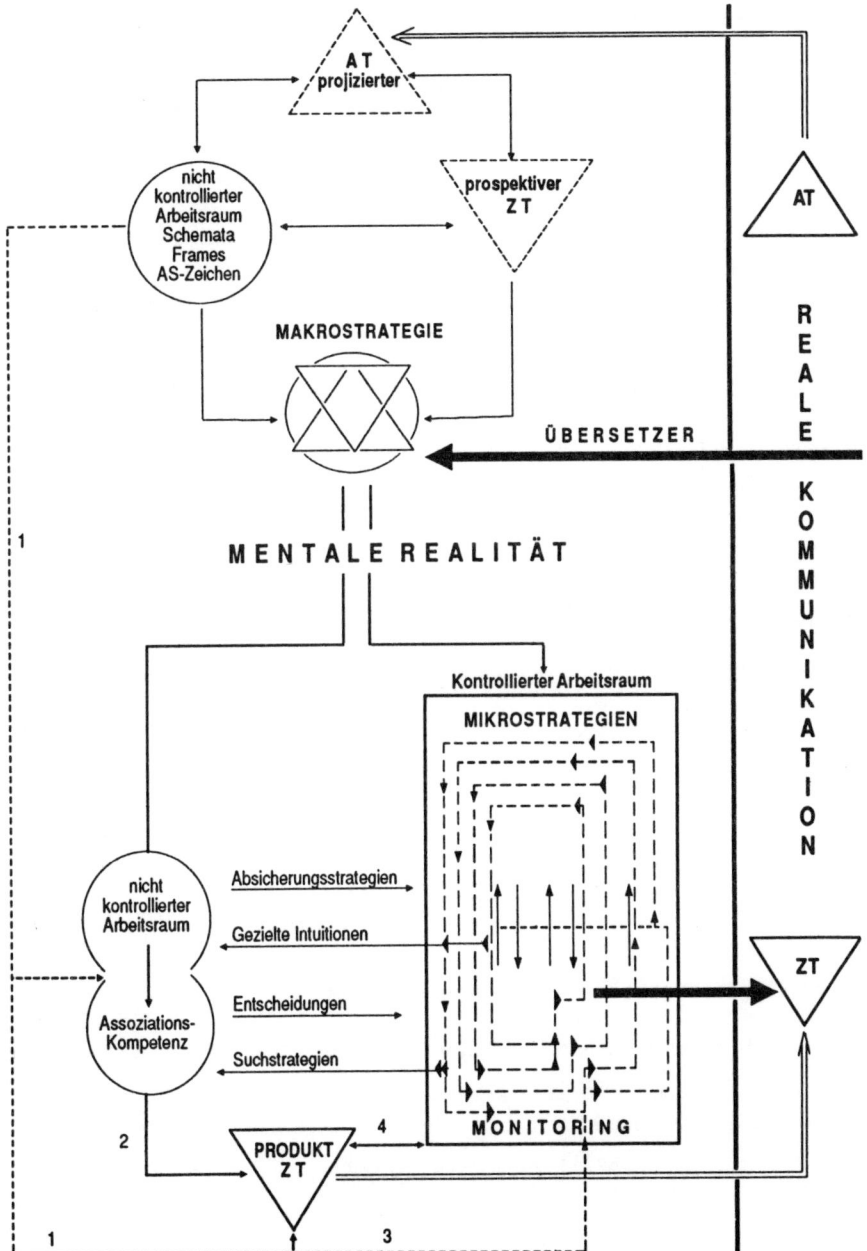

Fig. 2: Eine idealtypische Modellierung des Übersetzungsprozesses

didaktogene Fehlhaltungen kennengelernt: Manche Regeln und Prinzipien entstehen dadurch, daß man das Fehlverhalten der Vergangenheit zu korrigieren
versucht. Aus dem Hinweis einer Lehrperson oder eines Vorgesetzten: "Man
nimmt doch nicht gleich das erstbeste Wort im zweisprachigen Wörterbuch!"
wird eine (im Grunde irrationale, weil verabsolutierte) Regel abgeleitet: "Wähle
niemals die erste der im zweisprachigen Wörterbuch eingetragenen Bedeutungen!"

Das heißt: Die Tatsache, daß wir uns beim Übersetzen bemühen, rational und
regelgerecht vorzugehen, schützt uns nicht davor, uns irrational zu verhalten.
Wer sich beim Übersetzen an Regeln und Prinzipien orientiert, ist damit keineswegs davor geschützt, die Orientierung zu verlieren und in einem Labyrinth von
Regeln und Urteilen herumzuirren.

Dies wird besonders deutlich, wenn wir uns einen längeren Ausschnitt aus
einem *think-aloud protocol* ansehen. Die VP – Studentin des Studiengangs
Übersetzen im fünften Semester – beschäftigt sich mit dem folgenden Satz:

> Ever since, scientists have been interested in the balloon, known also as the
> montgolfier or a dirigible, the device which is "lighter than air", for the purposes
> of studying the atmosphere.
> (*"Exploring Space by Balloon"* in FORUM 2/1986, p. 3)

Die VP schreibt zunächst (A):

> Seitdem hat sich die Wissenschaft ständig für den Ballon interessiert, der auch
> Montgolfier oder Luftschiff – das leichter ist als die Luft – genannt wird, um die
> Atmosphäre zu erforschen.

Dann äußert sie sich zu dieser ersten Version, und zwar äußerst kritisch. Wir
wollen ihr bei diesem *Monitoring* über die Schulter schauen und dabei festhalten,
auf welche impliziten und expliziten "Regeln" sie sich bezieht, wenn sie ihre
eigene Version kritisiert:

> Ist nicht gut. Ich habe zwei Relativsätze hintereinander oder den einen in dem
> anderen noch mit drin.

Regel: Verschachtelte Relativsätze sind nicht akzeptabel.

VP unternimmt einen neuen Versuch und formuliert (B):

> Der Ballon, auch Montgolfier oder Luftschiff genannt.
> Das klingt nicht gut.

Regel: Fehlanzeige – eher ein Geschmacksurteil.

Neuer Versuch (C):

> Wenn man dieses Luftschiff, das angeblich leichter ist als Luft... Das stimmt nicht, denn es ist ja leichter als Luft, sonst würde es ja nicht hochgehen.

Regel: Ich darf nicht gegen die Logik verstoßen, die durch die Wortbedeutungen vorgegeben ist. (*Angeblich* markiert einen Widerspruch zwischen Anschein und Wirklichkeit.)

Neuer Versuch (D):

> Der Ballon ist auch unter dem Namen Montgolfier oder das Luftschiff, das leichter ist als Luft...Nein, ich hab ja *device* weggelassen.

Regel: Wörter müssen in der Reihenfolge ihres Auftretens im Ausgangstext übersetzt werden. Alle Wörter des Ausgangstextes müssen übersetzt werden.

Neuer Versuch (E):

> Ich glaub' ich dreh' das um:
> Seitdem hat sich die Wissenschaft für den Ballon interessiert, der leichter ist als Luft und auch Montgolfier oder Luftschiff genannt wird, um die Atmosphäre zu erforschen.
> Das ist nicht schön, dieses *um die Atmosphäre zu erforschen* hintendran. Außerdem: Man interessiert sich nicht für irgend etwas, *um* etwas zu erforschen.

Regel: Die Kritik an der Konstruktion ist ein weiter nicht begründetes Geschmacksurteil. Außerdem ein Verstoß gegen die Logik: *interessiert* harmoniert syntaktisch nicht mit *um.*

Neuer – und letzter – Versuch (F):

> Seitdem hat der Ballon, der leichter ist als Luft – auch Montgolfier oder Luftschiff genannt – in der Erforschung der Atmosphäre für die Wissenschaftler eine Rolle gespielt.

Damit schließt die VP die Übersetzung dieses Satzes ab; sie scheint nun mit dem Ergebnis ihrer Bemühungen zufrieden zu sein.

Objektiv betrachtet besteht dazu wenig Anlaß, denn zwei gravierende Fehler machen diese Übersetzung inakzeptabel:

1. Der orthographische Fehler (*Montgolfier* anstelle von *Montgolfiere*) untergräbt die wissenschaftliche Expertise des Autors. Wer sich für einen Text über die Erforschung des Weltraums mit dem Ballon interessiert, wird einen solchen Lapsus bemerken und als Zeichen der Ignoranz werten.

2. Die Quasi-Definition *der Ballon, der leichter ist als Luft* ist sachlich falsch. Ein Experte würde sich niemals so laienhaft ausdrücken. Deshalb wird im Ausgangstext (=AT) durch die Verwendung der Anführungszeichen (*the device*

which is "lighter than air") auch deutlich markiert, daß hier zitiert wird, wie dieses "Ding" laienhaft bezeichnet wurde.

Trotz der langen und kritischen Auseinandersetzung mit verschiedenen Versionen gelang es der VP also nicht, die entscheidenden Fehler zu entdecken und zu verbessern. Angesichts der Schwere dieser Fehler erscheint der Unterschied zwischen ihrer ersten und letzten Version eher geringfügig. Es läßt sich nicht nachweisen, daß hier ein zielbewußtes und zielsicheres Kontrollieren und Verbessern stattgefunden hat.

Im Gegenteil: Die implizierten und explizit geäußerten Regeln und Urteile vermitteln nicht den Eindruck einer übersetzerischen Makro-Strategie. Sie werden intuitiv, ja geradezu assoziativ angewandt und widersprechen sich zum Teil. So kritisiert die VP in (D), daß sie *device* nicht übersetzt hat – doch in der endgültigen Version (F) ist *device* ebenfalls "nicht übersetzt".

Ein wesentlicher Teil der Urteile und Regeln betrifft Gesetzmäßigkeiten und Regeln in der eigenen Muttersprache. Die VP weiß intuitiv, wie *angeblich* verwendet werden muß, oder daß *interessiert* syntaktisch nicht mit *um* kombiniert werden darf. Intuitiv weiß sie auch, daß Schachtelsätze unschön sind und daß ein Luftballon "leichter als Luft" sein muß.

Woher weiß sie dies alles? Könnte sie alle expliziten und implizierten Regeln und Urteile durch entsprechende Verweise auf Wörterbücher, Grammatiken und Enzyklopädien belegen?

Schwerlich. Doch selbst wenn dies gelänge, wäre damit noch lange kein Beweis für die Richtigkeit der **Übersetzung** gelungen. Denn keine dieser Regeln bezieht sich auf übersetzerische Handlungen, also auf den Transfer von Texten, Äußerungen und Wörtern aus einer natürlichen Sprache in eine andere, sondern es sind **absolute**, d.h. von der übersetzerischen Handlung losgelöste Urteile und Regeln, die in keinem Zusammenhang miteinander stehen.

Deshalb ist die Gefahr so groß, sich im Labyrinth der Mikrostrategien, der intuitiv applizierten Regeln und Urteile, zu verirren. Denn zum einen besteht die Gefahr, in der unkoordinierten Fülle von assoziierten Regeln und Urteilen die Übersicht gänzlich zu verlieren. Und zum anderen lauert in diesem Labyrinth immer der GAI – der größte anzunehmende Irrtum: Man **glaubt** zu wissen, daß sich eine Sache so verhält und nicht anders (vgl. das Beispiel *good wind* in III,1), man **glaubt** zu wissen, daß man "im Deutschen" so sagt und nicht anders – doch in Wirklichkeit ist man einem subjektiven Irrtum erlegen, der sich nicht korrigieren läßt, wenn die Übersetzungsmethode nichts anderes ist als eine unkoordinierte Sequenz subjektiver Urteile.

Es gibt keinen Faden der Ariadne, mit dem wir wieder aus dem Labyrinth der Mikrostrategien zurückfinden, wenn wir uns einmal darin verirrt haben, und es gibt weder Schwert noch Schild, mit dem wir uns gegen das Ungeheuer GAI schützen können. Die einzige Chance liegt darin, sich nur dann in das Labyrinth zu begeben, wenn man genau weiß, was man darin zu suchen hat. Das bedeutet: Bevor wir im kontrollierten Arbeitsraum (der aufgrund der unreflektierten Urteile so kontrolliert gar nicht ist) mit Regeln und Richtigkeitsnachweisen operieren, müssen wir eine Makrostrategie formulieren, die uns immer die Möglichkeit bietet, sozusagen aus der Vogelperspektive einen Blick auf diesen Irrgarten zu werfen, damit wir immer wissen, wo wir uns gerade befinden und was wir eigentlich tun.

Fig. 2 stellt also ein idealtypisches Modell der Übersetzungsprozesse dar. Während in empirischen Untersuchungen – z.B. Krings 1986, Börsch 1986, Gerloff 1986, Lörscher 1986, Königs 1987, Kiraly 1990 – immer wieder festgestellt wird (was auch unser obiges Beispiel belegt), daß unkoordinierte Mikrostrategien dominieren, werden in diesem Modell die Mikrostrategien an eine Makrostrategie angebunden.

Wie erwirbt man diese Makrostrategie? Beginnen wir unsere Besichtigung des Modells rechts oben, also beim **Ausgangstext (AT)** in der **realen Kommunikation**, wo er vom Übersetzer zuerst erfaßt wird. Für die Übersetzung wird der AT aus dieser "natürlichen" Umgebung entfernt und in die mentale Realität des Übersetzers projiziert. Durch diese Projektion wirkt er subjektiv "größer" als in der realen Kommunikation, denn er bindet nun mehr mentale Kapazität als dies bei der nicht übersetzungsbezogenen Rezeption eines Textes der Fall wäre.

Der *projizierte AT* wird nun zum Objekt der mentalen Verarbeitungsprozesse. Dabei lassen sich grundsätzlich zwei Verarbeitungsräume unterscheiden: der unkontrollierte (= *unko.Ar.*) und der kontrollierte Arbeitsraum (= *ko.Ar.*).

An den unkontrollierten Bearbeitungsprozessen sind vor allem *Schemata* und *frames* beteiligt, die beide gemeinsam als strukturierte Domänen des Langzeitgedächtnisses definiert werden können (dazu später mehr – Kap. VII,1).

Gleichzeitig bauen sich innerhalb dieses "Verstehens" unwillkürlich Erwartungsstrukturen in bezug auf den prospektiven Zieltext (=ZT) auf. Ganzheitliche Erwartungsstrukturen – also Erwartungen in bezug auf die Gesamtgestalt und den ganzen Inhalt des Texts – sind Teil jedes Textverarbeitungsprozesses, aber beim Übersetzen sind diese ZT-orientiert und überlagern die Prozesse im *unko.Ar.*

Der qualifizierte Übersetzer wird sich aus dem Zusammenspiel von projiziertem AT, prospektivem ZT und der Daten aus seinem *unko.Ar.* seiner übersetzerischen Aufgabe bewußt. Das heißt, er erarbeitet sich eine übersetzerische *Makrostrategie*, die er entweder aufgrund seiner beruflichen Erfahrung weitgehend automatisch herstellt, oder die er ganz bewußt (möglicherweise gestützt auf eine übersetzungsrelevante Textanalyse – vgl. VI,2) formuliert. Diese Makrostrategie legt die Koordinaten fest, auf die sich der übersetzte Text beziehen muß:

- Welchen Zweck hat die Übersetzung, d.h. für welche Gruppe von Adressaten und für welches Medium ist zu übersetzen?

- Was assoziiere ich subjektiv mit dem Thema und den einzelnen Argumenten des Textes? Durch welche Recherchen kann ich meine subjektiven Assoziationen objektivieren und meine Sachkompetenz erweitern?
- Wie stellt sich die Struktur des Textes unter obigen Gesichtspunkten dar, in welchem Bezug stehen die einzelnen Teile des Textes zu seinem Thema, seinem Autor und dem Medium?

Gesteuert von dieser Makrostrategie erfolgen nun die weiteren mentalen Prozesse, die sich sowohl im *unko.Ar.* als auch im *ko.Ar.* vollziehen. Erst jetzt sollte also die eigentliche Übersetzungsphase beginnen.

Im Grunde hat die Formulierung einer Makrostrategie ein sehr einfaches Ziel: Die Reflexion, die im Bereich des kontrollierten Arbeitsraums – wie wir gesehen haben – häufig unkoordiniert, zeitaufwendig und wenig effektiv stattfindet, wird "nach vorne" verlegt, also vor den Beginn der eigentlichen Übersetzungsphase. Damit wird für die sprachgebundenen und wissensbasierten Reflexe und Automatismen ein Korridor definiert, in dem sie sich bewegen sollen und kontrolliert werden können.

In der eigentlichen Übersetzungsphase wird der *unko.Ar.* erweitert um die *Assoziationskompetenz*, die sich weitgehend deckt mit der verschiedentlich (Harris/Sherwood 1978, Lörscher 1986) postulierten angeborenen Übersetzungskompetenz (vgl. Kap. III,1).

In den *Produkt ZT* – den übersetzten Text – gelangen verabschiedete Daten auf den vier verschiedenen Wegen, die in Fig.1 ersichtlich sind:

1. Als sprachlicher Reflex aus dem ersten Kontakt des *projizierten AT* mit dem *unko.Ar.*

2. Als automatisierte Assoziation aus dem *unko.Ar.* nach dem Erarbeiten einer Makrostrategie.

3. Aus dem *ko.Ar.* als Produkt einer Mikrostrategie, das vom *Monitoring* akzeptiert wird.

4. Als Produkt des Zusammenwirkens von *unko.Ar.* und *ko.Ar.*, wobei die letzte Instanz entweder kontrollierendes *Monitoring* oder unkontrollierte, (intuitive oder automatisierte) Prozesse sein können.

Der so erstellte *Produkt ZT* erhält auf diesen Wegen seine endgültige Form, die bei makrostrategisch gelenkten mentalen Operationen immer wieder an der prospektiven ZT-Form überprüft wird. Dieser fertiggestellte ZT wird dann in der geeigneten Form fixiert und dem Auftraggeber übermittelt. Damit verläßt er die mentale Realität des Übersetzers und wird Bestandteil der realen Kommunikation.

Trotz seiner Komplexität kann dieses Modell nicht beanspruchen, alle Relationen erfaßt zu haben. Andererseits läßt sich feststellen, daß die meisten didaktischen Ansätze dieser minimalen Komplexität nicht gerecht werden.

Einige Wissenschaftler – z.B. Newmark 1981, Gerzymisch-Arbogast 1994 – formulieren lediglich Regeln für die Prozeßsteuerung im *ko.Ar.* und ignorieren die mentale Realität der nicht kontrollierten Prozesse. Gleichzeitig mißachten sie

– konsequenterweise – den kommunikativen Status des ZT und postulieren die "genaue" oder die "korrekte" Übersetzung – das Pendant zum Übersetzen "was dasteht".

Die wichtigste – und für die Fundamentierung der Didaktik des Übersetzens unerläßliche – Erkenntnis, die wir aus diesem Modell gewinnen, ist folgende:

Die eigentliche Ursache der Frustration von Lernenden und Lehrern des Übersetzens ist darin zu sehen, daß sie zwar die Komplexität der mentalen Vorgänge beim Übersetzen erleben, sich aber von ihr zu entlasten versuchen, weil sie sie nicht ausreichend durchschauen.

Symptomatisch für solche Entlastungsversuche ist die Orientierung an Regeln, die das Ziel haben, die absolute Richtigkeit einer Wort- oder Satzübertragung nachzuweisen.

Geradezu als Sinnbild für derartige Entlastungsversuche kann die Orientierung an einer symmetrischen Abbildungsrelation zwischen AT und ZT und die Verwendung des Terminus *Äquivalenz* (vgl. dazu Reiß 1990, Vermeer 1992) gelten.

Wir verstehen jetzt also besser, weshalb die Illusionen über das Übersetzen so attraktiv und erklärungsresistent sind: Sie bestechen nicht durch ihre Richtigkeit, sondern durch ihre Einfachheit. Und aus dem gleichen Grund kommt es auch selten zu einem konstruktiven Gespräch zwischen Übersetzern auf der einen und Auftraggebern und Rezipienten auf der anderen Seite. Wer Übersetzungen in der Überzeugung nutzt und/oder in Auftrag gibt, daß das Übersetzen eigentlich eine ganz einfache Sache ist, kann logischerweise kein konstruktives Gespräch mit den Übersetzern und Übersetzerinnen führen, die ihre Tätigkeit als hochkomplex erleben.

Zu einem konstruktiven Gespräch kann es deshalb nur kommen, wenn zwei Voraussetzungen erfüllt sind:

- Übersetzer durchschauen und erkennen die Komplexität ihres Handelns;
- Auftraggeber erkennen Übersetzer als gleichberechtigte Partner an.

Die obige Modellierung der Übersetzungsprozesse kann nicht beanspruchen, daß sie alle Relationen ausreichend differenziert beschreibt. Wohl aber, daß in ihr alle relevanten Parameter berücksichtigt sind und daß didaktische Ansätze von einem Modell zumindest dieser minimalen Komplexität ausgehen müssen.

Von entscheidender Bedeutung ist dabei die Unterscheidung zwischen kontrollierten und unkontrollierten Prozessen. Eine ökonomische Gestaltung der mentalen Prozesse (und damit auch des Übersetzens) wäre gar nicht möglich, wenn nicht ein Großteil davon automatisiert bzw. intuitiv – und in diesem Sinn unkontrolliert – ablaufen würde. Allerdings bedeutet dies nicht, daß diese Prozesse unbewußt sind. Sie sind Teil des Bewußtseins, aber nicht unmittelbar verfügbar.

Im unkontrollierten Arbeitsraum entstehen und organisieren sich Daten durch nicht kontrollierbare Strukturen und Vernetzungen. Gleichzeitig ist es aber doch wieder der Übersetzer selbst, durch die Identität seines Ichs, der für diese Selektion und Organisation verantwortlich ist. Er ist sich dessen bewußt, daß etwas mit ihm geschieht, aber er ist nicht in der Lage, diese Prozesse zu steuern, zu beschreiben oder auszuschalten.

Der Gehirnphysiologe Bergström (1988) weist darauf hin, daß unsere "Denk"prozesse von einem chaotischen und einem systematisch geordneten Aggregat gespeist werden. Mehr noch: Aus diesen Bewußtseinsinhalten entsteht zunächst eine *possibility cloud*, eine nur verschwommen wahrgenommene Menge von potentiellen Daten, von denen dann einige selektiert und an der Bewußtseinsoberfläche wahrgenommen werden.

Unkontrollierte Prozesse sind bei Verstehensvorgängen also eher die Norm als die Ausnahme. Sie sind insofern bewußt, als wir von ihrer Existenz wissen. Sie sind jedoch insofern unbewußt (und unkontrollierbar), als wir ihre Inhalte nicht mental fixieren (und verbalisieren) können.

Der Erwerb und die Umsetzung übersetzerischer Kompetenz entscheidet sich also daran, ob – und wie – Übersetzer gelernt haben, mit dem unkontrollierten und dem kontrollierten Arbeitsraum zu arbeiten, und ob sie in der Lage sind, die von diesen Aggregaten in Gang gebrachten Prozesse zu koordinieren.

Noch eine kurze Bemerkung zu der Validität der Daten, die "aus dem Kopf" des Übersetzers erhoben werden. Bei diesen *Protokollen des lauten Denkens* werden die Versuchspersonen aufgefordert, alles zu verbalisieren, was ihnen beim Übersetzen durch den Kopf geht. Logischerweise kommt dabei nur zum Vorschein, was tatsächlich mental fixiert werden kann, also praktisch ausschließlich Daten aus dem Bereich des kontrollierten Arbeitsraums. Es ist bereits durch das Versuchsdesign ausgeschlossen, daß man Daten über nicht kontrollierte Prozesse erhält. Nicht kontrollierte Prozesse sind *per definitionem* für Verbalisierungen nicht verfügbar, sind also in den "Protokollen des lauten Denkens" nicht repräsentiert. Das heißt, der Beobachter muß zu dem Schluß kommen, daß alle mentalen Prozesse beim Übersetzen kontrolliert gesteuert werden, weil er in seinen Verbalisierungsprotokollen keinen Hinweis auf andere Daten finden kann.

So entsteht eine weitere Illusion: Der Übersetzungsprozeß läßt sich als eine vernetzte Sequenz kognitiver Handlungen darstellen. Und als Folge davon entstand der kostspielige Irrtum, daß man nur den richtigen Algorithmus finden muß, um diese kognitiven Handlungen einem Computer zu übertragen.

Andrerseits können die Anhänger der kognitiven Modellierung einwenden: "Selbst wenn wir nur einen Teil der Wirklichkeit erforschen, leisten wir doch einen wesentlichen Beitrag zur Erhellung der Vorgänge beim Übersetzen. Denn über die unkontrollierten Handlungen können wir nur spekulieren, deshalb bleiben wir lieber bei dem, was sich nachweisen läßt." (Zur weiteren Diskussion vgl. Kußmaul 1994b.)

Im nächsten Abschnitt wollen wir deshalb zunächst der Frage nachgehen, ob sich über die unkontrollierten Prozesse nicht doch einige spezifische Aussagen machen lassen, die Wesentliches über die Substanz der übersetzerischen Handlungen aussagen.

Damit sind wir bei dem eigentlichen Fundament der übersetzerischen Leistung angelangt – tief unter der Oberfläche, den Blicken jener Beobachter völlig entzogen, die ihr Augenmerk nur auf die horizontale Verbindung von A nach Z, vom Ausgangstext zum Zieltext, richten. Es mag für Laien – und für Sprachwissenschaftler – überraschend sein, daß sich eine fundierte Übersetzungsdidaktik mit psychologischen und neurophysiologischen Begriffen und Konzepten beschäftigt, aber der Weg zum eigentlichen Fundament übersetzerischer Tätigkeit führt zwangsläufig in die Tiefe der Person und Persönlichkeit, von der die übersetzerische Leistung erbracht werden muß.

Bevor wir uns damit im nächsten Kapitel beschäftigen, soll die Modellierung der Übersetzungsprozesse noch auf einige Beispiele bezogen werden.

4 Absolut falsch

Mit dem Konzept der *verabsolutierten Mikrostrategien* können wir vieles besser verstehen, was beim Übersetzen – besonders bei semi-professionellen Übersetzern – wirklich geschieht.

Das Phänomen soll zunächst mit einigen Beispielen belegt werden. Sie wurden in einem Experiment mit semi-professionellen Übersetzern (Studierenden im 6. bis 9. Fachsemester am FASK Germersheim) gewonnen, wobei einer Gruppe von acht VPs der Auftrag erteilt wurde, solange über die Übersetzung eines Textes zu diskutieren, bis sie sich auf eine von allen VPs akzeptierte Lösung geeinigt hatten (vgl. Hönig 1993a).

Der zweite Satz des Textes lautete:

Many ophthalmologists (doctors specialising in the eye) are excited by the prospect of correcting permanently the common vision problems – short sight, long sight and astigmatism – which affect about half of the world's population. (Clive Cookson, "Here's looking at you", *Financial Times,* 10th October 1989)

Der erste Entwurf einer Übersetzung (über den dann weiter diskutiert wurde) lautete:

Viele Augenärzte sind begeistert von der Aussicht, Sehschwächen wie Kurz- und Weitsichtigkeit und Astigmatismus (Stabsichtigkeit), von denen die Hälfte der Weltbevölkerung betroffen ist, auf Dauer zu korrigieren.

Dazu wurden folgende Korrekturvorschläge gemacht:

1. **Aussicht:** "Begeistert von der Aussicht gefällt mir nicht – also, da denke ich, man blickt da in ein Tal hinunter und ist von der Aussicht begeistert."

2. **Astigmatismus – Stabsichtigkeit.**

a) "Astigmatismus kennt doch jeder" – "Ja, aber unter Stabsichtigkeit kann sich jeder was vorstellen".

b) "Ist doch beides akzeptabel!" – "Ja, aber die Frage ist: Was ist das akzeptablere?"

3. **Korrigieren:** "Korrigieren ist nicht das gleiche wie beheben" – "Ja, aber das ist doch impliziert" – "Wenn wir hier etwas nur implizieren, dann können wir ja alles implizieren und uns darauf verlassen, daß der Leser das schon richtig versteht!"

Das erste Beispiel illustriert anschaulich, wie im *unko.Ar.* eine bildliche Vorstellung assoziiert wird. Gleichzeitig wird aber auch deutlich, daß der assoziierte Inhalt nicht in die Relation *prospektiver ZT – projizierter AT* eingebracht wird und sich deshalb auch nicht der Makrostrategie unterwirft. Die assoziierte Vorstellung gelangt sozusagen ohne Umweg in den *ko.Ar.* und wird dort dem (in diesem Fall von der Gruppe gemeinsam vollzogenen) *Monitoring* unterworfen – er hat sich **verabsolutiert.**

In 2.a. erkennen wir eine **Verabsolutierung** im Bereich des *ko.Ar.*: Die VPs fällen ein generalisierendes Urteil über die pragmatische Dimension eines Lexems. Sie bewegen sich beim *Monitoring* aus der mentalen Realität des Übersetzungsprozesses heraus und spekulieren auf die kommunikative Wirklichkeit außerhalb. Makrostrategisch gesteuert hätte die Problemstellung durch die Miteinbeziehung der Textsorte bzw. der Adressaten des *prospektiven ZT* differenziert werden müssen.

In 2.b. wird diese Mikrostrategie – die sich als *Mikrostrategie der hybriden Korrektheit* bezeichnen ließe – formuliert: Der Monitoring-Prozeß hat sich verselbständigt, es wird nicht mehr danach gefragt, was für den *prospektiven ZT* akzeptabel ist, sondern die VP befindet sich auf der Jagd nach einer semantischen Chimäre: **dem** korrekten Wort an sich. Das einzelne Zeichen wird entfunktionalisiert und verabsolutiert, es soll alle von der VP erkannten "Bedeutungen" abbilden. Die "Korrektheit" der Übersetzung soll durch eine semantische Äquivalenz bewiesen werden.

3. illustriert diese *hybride Korrektheit* an einem weiteren Beispiel. Die angeschlossene Kommentierung geht noch einen Schritt weiter: Hier wird deutlich, daß der Verabsolutierung von Mikrostrategien ein finiter, mechanistischer Verstehensbegriff zugrunde liegt – Verstehen wird mißverstanden als die zwangsläufige Folge der korrekten Dekodierung. Dem entspricht die Vorstellung, daß man durch die Auswahl des "richtigen" Worts den Adressaten zum "richtigen" Verstehen zwingen kann. Wie durch den Pfeil in Fig. 2 angedeutet, wendet sich der Übersetzer bei all diesen verabsolutierten Mikrostrategien von der *mentalen Realität* seiner Textgestaltung ab und versucht, den realen ZT durch die Anwendung von "absolut richtigen" Sprachsystemregeln zu gestalten.

Damit versucht der Übersetzer, der Ich-Bezogenheit seines Verstehens zu entrinnen und schafft gerade durch das Operieren mit einem "objektiven"

Wahrheitsbegriff Raum für willkürliche, die Intentionalität des sprachlichen Handelns negierende Entscheidungen.

Mit anderen Worten: Übersetzer, von denen die Fundamentierung ihrer Tätigkeit auf ihrer Persönlichkeit nicht durchschaut wird, empfinden die Subjektivität ihrer mentalen Prozesse als belastend und beschämend und sind deshalb immer auf der Suche nach "Wahrheitsbeweisen", besonders dann, wenn ihre Übersetzung von irgend jemand – und sei der/die auch noch so naiv – angegriffen wird. Gerade durch diese pseudo-wissenschaftlichen Argumente geben sie sich jedoch die Blöße, die leicht für Angriffe genutzt werden kann.

Gleichzeitig – und aus dem gleichen Grund – gibt es (sowohl bei semi- wie auch bei professionellen Übersetzern) eine Tendenz, die Komplexität der mentalen Realität zu vereinfachen. Sie wird als belastend empfunden, und so erklärt es sich, daß manche Übersetzer lieber aus ihrer L1 (Deutsch) in die L2 (Englisch) übersetzen, weil sie dann nicht das "Problem der Konnotationen" haben.

Kiraly (1990)zitiert einen professionellen Übersetzer:

> "In German, I am much more aware of connotations and the slight nuances that every word implies, so I find it much more difficult to produce a satisfying text in German because I expect more of myself than I do when I translate into English."
> (Kiraly 1990, 134)

Die angesprochenen "Konnotationsprobleme" können als der wahrgenommene Teil der Komplexität der mentalen Realität angesehen werden. Und diese Komplexität wird als belastend empfunden, weil sie aufgrund der Suche nach dem "akzeptabelsten" Wort (s.o.) zu immer neuen, und letztlich unproduktiven, Monitoring-Mikrostrategien führen.

Deshalb wird es als entlastend empfunden, wenn aufgrund der eingeschränkten Assoziationskompetenz im Bereich der ZS-Zeichen weniger Varianten im inneren Dialog diskutiert werden müssen.

Die Komplexität der mentalen Realität wird von vielen Übersetzern also zwar empfunden, aber nicht durchschaut. Sie empfinden diese Komplexität als frustrierend bei der endlosen Wiederholung von Such- und Entscheidungs(mikro)-strategien im Bereich des *ko.Ar.* Es fehlt ihnen gleichzeitig aber auch das übersetzerische Selbst-Bewußtsein, um sich auf eine (makrostrategisch gesteuerte) *Assoziationskompetenz* zu verlassen. Deshalb versuchen sie immer wieder, die Komplexität dieser inneren Realität zu reduzieren. Dies geschieht einmal, indem Mikrostrategien verabsolutiert werden, zum zweiten – und damit zusammenhängend –, indem die Komplexität des kommunikativen Sprachgebrauchs auf normative Sprachsystemregeln reduziert wird.

Das Modell erlaubt uns eine präzisere Antwort auf die Frage, ob jeder zum Übersetzen geboren sei (vgl. Kapitel III,1). Zunächst werden durch den AT Assoziationen ausgelöst. Diese Aktivierung findet im *unko.Ar.* statt und greift von dort aus in den eigentlichen Übersetzungsvorgang ein. Die Produkte dieses Aktivierungsvorgangs unterliegen jedoch grundsätzlich noch dem *Monitoring* im Bereich des *ko.Ar.* und werden nicht automatisch Teil des Endprodukts Z-Text.

Welche "Angebote" aus dem *unko.Ar.* dem *Monitoring* unterliegen und welche nicht, und welchen weiteren Verarbeitungsstationen sie gegebenenfalls durch das Monitoring zugeführt werden, hängt natürlich vom einzelnen Übersetzer ab – präziser gesagt davon, ob er/sie nach einer Makrostrategie vorgeht. Sie entscheidet darüber, ob und wie das aktivierte Potential tatsächlich Teil der aktuellen übersetzerischen Leistung wird.

Um diesen Unterschied zwischen dem natürlich vorhandenen übersetzerischen Potential und der eigentlichen Übersetzungskompetenz auch terminologisch zu verdeutlichen, schlage ich vor, erstere als *Assoziationskompetenz* zu bezeichnen und sie so von der eigentlichen (erworbenen) *Übersetzungskompetenz* zu unterscheiden.

Übersetzer brauchen die Assoziationskompetenz, sie ist der eigentliche Motor der übersetzerischen Prozesse, das Hauptaggregat im Bereich des *unko.Ar.* Aber die Assoziationskompetenz muß von einer Makrostrategie gesteuert werden, um das definierte übersetzerische Ziel zu realisieren.

Es geht also nicht darum, eine "angeborene" Assoziationskompetenz kategorisch zu bejahen oder zu verneinen. Sie existiert, sie muß sogar gestützt werden, um Teil des übersetzerischen Selbst-Bewußtseins zu werden.

Aber andrerseits darf diese Assoziationskompetenz nicht mit der erworbenen Übersetzungskompetenz verwechselt werden. Nur diese schafft das übersetzerische Selbst-Bewußtsein (= Selbstvertrauen), aus dem heraus Übersetzer ihre Assoziationskompetenz bewußt einsetzen können und es vermeiden, deren Produkte immer wieder dem Monitoring im Bereich des *ko.Ar.* zu unterwerfen.

Anders ausgedrückt: Die Makrostrategie bewirkt, daß die übersetzende Person so gut übersetzt, wie sie aufgrund ihrer Assoziationskompetenz übersetzen kann. **Ohne** Makrostrategie wird sie mit Sicherheit schlechter übersetzen, als sie übersetzen könnte.

Das heißt aber auch: Es ist durchaus möglich, daß Übersetzer ohne Makrostrategie (aber mit entsprechend ausgebauter Assoziationskompetenz) besser übersetzen als Übersetzer mit Makrostrategie (mit einer vergleichsweise schwach ausgebildeten Assoziationskompetenz).

Entscheidend ist, daß die "natürliche" Assoziationskompetenz durch eine übersetzerische Makrostrategie gestützt werden muß, um sich durchsetzen zu können. Fehlt diese Makrostrategie, so werden die (objektiv bereits völlig akzeptablen) Produkte aus dem *unko.Ar.* grundsätzlich (und unnötigerweise) einem weiteren systemanalytischen Verarbeitungsprozeß zugeführt. Diese weitere Bearbeitung im *ko.Ar.* führt in vielen Fällen zu Absicherungsstrategien bzw. Fehlervermeidungsstrategien, bei denen durch die Anwendung von Mikrostrategien (Rückgriff auf externe Hilfsmittel, Rekurrieren auf ZS-Normen) in einem inneren Dialog ein Beweisverfahren geführt wird, durch die das fehlende übersetzerische Selbst-Bewußtsein durch pseudo-wissenschaftliche Richtigkeitsnachweise ersetzt wird.

Gerade bei semi-professionellen Übersetzern können wir immer wieder beobachten, daß die Assoziationskompetenz bereits eine brauchbare Lösung anbietet, deren Qualität aber aufgrund des Fehlens einer übersetzerischen Makrostrategie nicht erkannt wird. Dies führt dazu, daß die bereits akzeptable Lösung im *ko.Ar.* weiter bearbeitet wird, ohne daß es dadurch zu einer subjektiv befriedigenden Lösung kommt. Im Gegenteil: In dem nun folgenden, zirkulären "inneren Monolog" wird die brauchbare Lösung wieder zerredet und von kognitiven Ersatzhandlungen verdrängt.

Je häufiger sich solche Abläufe wiederholen, desto mehr schwindet das übersetzerische Selbstbewußtsein mit dem Resultat, daß es immer mehr durch Absicherungs- und Fehlervermeidungsstrategien und die Verabsolutierung von Mikrostrategien verdrängt wird.

V Materialkunde

Im vorausgehenden Kapitel haben wir erfahren, wie komplex die innere Wirklichkeit des Übersetzungsprozesses wirklich ist. Und wir mußten akzeptieren, daß die einzelnen Prozesse notwendigerweise sehr subjektiv gesteuert werden, ja, daß diese Subjektivität im Bereich der Assoziationskompetenz die Voraussetzung dafür ist, daß Übersetzen überhaupt funktioniert.

Den meisten Nutzern von Übersetzungen (und einem Großteil der Übersetzer selbst) wird es schwerfallen, diese Subjektgebundenheit des Übersetzens zu akzeptieren. Das ist durchaus verständlich, denn die Konsequenzen sind für beide Seiten schwerwiegend:

- Auftraggeber haben keine andere Wahl, als den Übersetzern zu vertrauen;
- Übersetzer haben keine andere Wahl, als auf sich selbst zu vertrauen.

Bevor man sich zu einem solch weitreichenden und unangenehmen Zugeständnis bereit erklärt, wird man sich verständlicherweise nach Argumenten aus einem anderen Lager umsehen. Kann nicht die Sprachwissenschaft mit ihrem ganzen Apparat von Begrifflichkeit und Analysemethoden den Beweis dafür liefern, daß Sprache und ihre Verwendung durchaus auf objektive Kriterien zurückzuführen ist? Kann man denn nicht beweisen, daß die Wörter einer Sprache durchaus etwas Objektives bezeichnen, und dies sehr genau?

Sehen wir uns das "Material Sprache" unter diesem Gesichtspunkt etwas näher an:

1 Ralf und der Ballon

Wörter werden häufig als die Bausteine des Verstehens bezeichnet. Nach dieser Vorstellung hat ein Wort eine feste Bedeutungssubstanz, die sich dann mit der von anderen Wörtern in einem Satz zu einem Sinn verbindet. Für den sprachwissenschaftlichen Laien ist es eine Selbstverständlichkeit, daß ein Wort eine ganz bestimmte Bedeutung hat und daß sich der Sinn eines Textes aus der Summe der Bedeutungen der verwendeten Wörter ergibt.

Sehen wir uns einen kurzen Text an, und stellen wir uns die Frage, wie seine Bedeutung zustande kommt.

RALF UND DER BALLON
Ralf suchte seinen Ballon. Er hing in einem Ast, die Schnur war gerissen, aber er war noch prall und voll. Ralf versuchte, auf den Baum zu klettern, aber er war zu klein, um den untersten Ast zu erreichen. Niemand war auf der Straße zu sehen, da setzte sich Ralf auf die Erde. Er weinte und weinte. Plötzlich schüttelte ein

Windstoß die Zweige des Baums, und als Ralf wieder aufsah, sah er nur noch einen roten Punkt am blauen Himmel.

Niemand wird wohl behaupten, daß es sich hier um einen besonders anspruchsvollen oder schwierigen Text handelt. Und doch muß man einen beträchtlichen Wissensbestand aktivieren, um ihn verstehen zu können.

Im folgenden zählen wir einige Wissensbestände auf, die der Leser so automatisch aktiviert, daß ihm gar nicht klar ist, daß all dies eigentlich nicht im Text steht, oder, präziser gesagt, nicht in den Wörtern enthalten ist.

Folgende Tatbestände sind für uns Selbstverständlichkeiten, aber sie lassen sich den Wörtern nicht entnehmen:

1. Bei dem Ballon handelt es sich um einen Luftballon – nicht um einen Fesselballon oder einen bemannten/befrauten Ballon. Aber auch über den Luftballon muß man etwas wissen (wovon schon im 2. Kapitel die Rede war), nämlich daß er zwar *Luft*ballon genannt wird, aber eben nicht mit Luft gefüllt wird, sondern mit einem Gas (sonst könnte er nicht in die Luft steigen).
3. Ralf ist ein Kind.
4. Kinder spielen mit Ballons und halten sie an einer Schnur fest.
5. Obwohl ein Luftballon wenig kostet, kann er für Kinder sehr wertvoll sein.
6. Man kann nur auf einen Baum klettern, wenn man mit den Händen einen Ast erreichen kann (es sei denn, man verfügt über eine ausgefeilte Klettertechnik, die ein Kind aber meistens nicht hat).
7. Der Wind bewegte den Ast des Baums so, daß der Ballon wieder freikam und weiter steigen konnte.
8. ... *da setzte sich Ralf auf die Erde* stellt eine kausale Verbindung zu dem vorausgehenden *Niemand war auf der Straße zu sehen* her. Die kausale Verknüpfung ist nur verständlich, wenn man weiß, daß
   a) Ralf auf Hilfe von einem anderen Menschen hoffte;
   b) die Körpersprache *er setzte sich auf die Erde* Enttäuschung und Verzweiflung ausdrückt.
9. *Ralf weinte und weinte* heißt nicht, daß er zuerst weinte, und danach wieder weinte (vgl. Ralf wusch sich und putzte die Zähne), sondern es soll ausdrücken, daß Ralf besonders intensiv und lange weinte.
10. Ralf war traurig, weil er seinen Ballon verloren hatte.
11. Beim Weinen blickt man nach unten.
12. Der Ballon war rot.
13. Je weiter ein Gegenstand vom Betrachter entfernt ist, desto kleiner erscheint er ihm.

Selbstverständlich müssen wir beim Verstehen einer Äußerung oder eines Textes nicht bewußt und mühsam rekonstruieren, welches Vorwissen wir für das Verständnis brauchen. Es ist eher umgekehrt: Wenn wir eine Äußerung hören oder lesen, werden unwillkürlich bestimmte Bezirke unserer Bewußtseinsinhalte aktiviert. Man könnte sagen: Wir verstehen etwas, indem wir es in bereits vorhandene Wissensbestände integrieren.

Das heißt aber auch: Je mehr wir von einem bestimmten Thema schon verstanden haben, desto größer ist unsere Chance, einen weiteren Beitrag zu diesem Thema zu verstehen.

Verstehen ist also nicht das Dekodieren eines sprachlichen Codes, sondern eher ein Zusammenfügen von Puzzlestücken. Wie wir dieses Verstehenspuzzle in unglaublich kurzer Zeit lösen, läßt sich bisher gehirnphysiologisch oder sprachpsychologisch im Detail nicht beschreiben. Eines steht jedoch fest: Das Verstehen eines Textes ist ein Vorgang, bei dem sich das Ergebnis nicht aus den materiell vorhandenen Sprachzeichen vorausberechnen läßt. Das heißt dann aber auch: Das Verstehen eines Textes ist unsere höchsteigene Kreation, in die wir unsere Bewußtseinsinhalte so unkontrollierbar mit einbringen, daß das uns verfügbare Verständnis immer auch unsere Persönlichkeit mit in dieses Verstehen integriert.

Sagen wir es also ganz unmißverständlich und so, daß es möglicherweise provozierend klingt: Das Verstehen eines Textes ist eine subjektive Angelegenheit. Schon bei Texten minimaler Komplexität müssen wir davon ausgehen, daß zwei verschiedene Leser/innen ihn unterschiedlich verstehen.

Das wirft natürlich für das Übersetzen gewaltige Probleme auf: Denn woran soll sich der Übersetzer dann halten? Und – vielleicht noch wichtiger – worauf kann der Auftraggeber einer Übersetzung dann noch vertrauen? Denn er will sich ja nicht den subjektiven Verstehensprozessen der Übersetzer ausliefern, sondern er/sie möchte eine "korrekte" Übersetzung in den Händen halten.

Es lassen sich so zwei extreme Positionen formulieren, die beide wenig für die Definition übersetzerischer Kompetenz hergeben:

- "Ein guter Übersetzer übersetzt genau das, was dasteht!"
- "Jeder versteht einen Text anders, deshalb sind Übersetzungen Akte der Willkür."

Irgendwo zwischen diesen Extrempositionen muß die Wahrheit, die übersetzerische Realität, liegen. Aber es kann keine simple Wahrheit sein – wenn wir wissen wollen, wie Bedeutung von einer Sprache in eine andere "übertragen" werden kann, müssen wir uns auch mit der Frage beschäftigen, wie Bedeutung zustande kommt. Und die Antwort darauf ist recht kompliziert.

Wir kommen auf diesen zentralen Punkt gleich wieder zurück, aber zunächst ist noch zu klären, wie Texte angesichts dieser Subjektivität des Verstehens überhaupt noch als verbindlich angesehen werden können – ganz unabhängig von ihrer Übersetzung.

2 Autor und Autorität

Dieses Problem läßt sich von zwei Seiten angehen: Einmal von der gesellschaftlichen, zum anderen von der psychologischen. Zunächst die gesellschaftliche Seite:

Bei der Mehrzahl der Millionen von Texten, die täglich konsumiert und produziert werden, kommt es nicht darauf an, ob sie unterschiedlich verstanden werden, zumindest wird nicht überprüft, wer nun was wie verstanden hat.

Aber es gibt auch Verordnungen, allgemeine Geschäftsbedingungen, Verträge und technische Anleitungen, bei denen es sehr wohl darauf ankommt, daß alle Leser das gleiche verstehen. Wie wird dieses Problem gelöst?

Im Grunde dadurch, daß der Leser die Verantwortung dafür trägt, daß er auch alles richtig versteht. Er/sie muß nämlich Fachmann/Fachfrau sein, damit er die Terminologie und die angesprochenen Tatbestände richtig versteht. Wenn ich z. B. das Kleingedruckte auf der Rückseite meines Versicherungsscheins nicht richtig verstanden habe – also so, wie es ein juristisch vorgebildeter Leser verstehen kann –, so ist das mein Problem. Kein Gericht wird die Versicherung zur Leistung verurteilen, weil ich nachweisen kann, daß mir die nötigen Vorkenntnisse fehlen, um den Vertrag zu verstehen.

Wer derartige Texte liest – nennen wir sie der Einfachheit halber pauschal Fachtexte –, geht also eine Verpflichtung ein. Nämlich die Verpflichtung, das zum Verständnis nötige Vorwissen zu besitzen und an den relevanten Textstellen zu aktivieren.

Dieser Grundsatz gilt vor allem dann, wenn wir mit der Bürokratie in Berührung kommen – und wer könnte dies vermeiden. Deshalb haben wir alle auch schon die Erfahrung gemacht, daß bei den uns dort zugemuteten Texten immer wir die Verpflichtung haben, für Verständnis zu sorgen – auch dann, wenn die Behörde nicht sehr um Verständlichkeit bemüht war.

Ein eklatantes Beispiel dafür sind die Formulare der Finanzämter zur Erhebung der Einkommenssteuer. Wenige werden hier das Vorwissen haben, das nötig wäre, um diese Formulare "richtig" zu verstehen. Trotzdem sind alle gezwungen, sie auszufüllen – und wenn sie dabei Fehler zu ihren eigenen Gunsten machen, können sie sogar dafür bestraft werden. Denn auch hier gilt der Grundsatz: Dann hätten Sie sich eben informieren müssen!

Die Verständigung durch einen Text ist also eingebettet in die Beziehung zwischen den Kommunikationspartnern: Entweder verpflichtet der Textsender den Empfänger dazu, die Voraussetzungen zum Verstehen zu erfüllen, oder der Sender fühlt sich dazu verpflichtet, alle Verstehenshindernisse aus dem Weg zu räumen. Ob er das eine oder das andere tut, hängt entscheidend davon ab, in welcher sozialen Relation die Kommunikationspartner zueinander stehen: Der oder die – beruflich oder gesellschaftlich – Höherstehende wird in der Regel dem/der Tieferstehenden die Verpflichtung zur Schaffung der Verständlichkeitsvoraussetzungen auferlegen (und als höherstehend verstehen sich offenbar auch Ämter und Behörden), während niedriger Eingestufte gegenüber den Höherstehenden verpflichtet sind, sich verständlich zu machen (indem sie z.B. in der mündlichen Kommunikation versuchen, keinen Dialekt zu sprechen).

Diese zwei unterschiedlichen Positionen lassen sich an der Entwicklung des Wetterberichts im Rahmen der *Tagesschau* des *Ersten Deutschen Fernsehens (ARD)* verdeutlichen: Bis Mitte 1993 waren die Texte dieses Wetterberichts deutlich von fachsprachlichen Elementen geprägt. Die Wetterlage wurde in ihrer ganzen Komplexität und unter Verwendung von meteorologischen Fachausdrücken dargestellt, erst danach erfolgte eine konkrete Voraussage für den nächsten Tag, in der aber immer noch die meteorologischen Fachausdrücke (*Durchzug eines Frontensystems, starke Luftdruckgegensätze, geringe Luftbewegung, Niederschlagsneigung gering* u.ä.) verwendet wurden.

Da viele andere Fernsehprogramme schon seit längerer Zeit einen wesentlich "verständlicheren" (und kürzeren) Wetterbericht ausstrahlten, sah sich offensichtlich auch die Redaktion der Tagesschau veranlaßt, den Stil des Wetterberichts zu ändern. Seit Mitte 1993 heißt es nun auch dort: *Morgen wird es vermutlich den ganzen Tag regnen, im Süden schaut ab und zu die Sonne durch die Wolken,* wo es früher wohl geheißen hätte: *Durchzug eines Niederschlaggebiets mit stellenweisen Auflockerungen im Süden.*

Man fragt sich: Warum nicht gleich so? Die Antwort könnten die Fernsehzuschauer geben, die mit Protestbriefen auf die Veränderung des Wetterberichts reagiert haben. Tenor ihrer Einwände ist: Dieser "simple" neue Wetterbericht sei kein Wetterbericht mehr, denn man wisse ja gar nicht mehr, ob er wirklich von Fachleuten gemacht würde. So könne schließlich jeder über das Wetter reden, man wolle einen autoritativen und autorisierten Wetterbericht, auf den man sich dann auch verlassen könne.

Das heißt: Wenn der Textsender sich selbst verpflichtet, verständlich zu sein, muß er auf die Textsignale verzichten, die ihn als Experten ausweisen, denn er darf ja keine Verstehensvoraussetzungen beim Kommunikationspartner einfordern; er muß sich im Rahmen des "allgemein Verständlichen" bewegen. Er darf sich nicht als "Besser-Wissender" darstellen, und damit ist er dann auch keine Autorität mehr.

Es gibt aber sehr viele Texte, die wir nur akzeptieren, wenn sie diese Signale der Autorität tragen. Wenn wir uns bei einem Experten über ein Thema oder einen Sachverhalt informieren wollen, so erwarten wir gar nicht, daß wir alles sofort verstehen. Wir wären sogar enttäuscht, wenn dies der Fall wäre und wenn der Autor uns Lesern keine Wissensvoraussetzungen zumuten oder zubilligen würde.

"Verständlichkeit" ist also keineswegs das einzige Kriterium zur Beurteilung der Qualität eines Textes. Von einem ansprechenden Text im Bereich der Belletristik erwarten wir sogar, daß er uns zwingt, unsere "Verstehenskategorien" zu adaptieren, unsere Denkschemata zu erweitern und neu zu strukturieren.

Entscheidend – und für das Übersetzen wichtig – ist vor allem die Erkenntnis, daß wir niemand durch die Auswahl der "richtigen Wörter" zum Verstehen zwingen können. Wer wem Verstehen oder Verständlichkeit abverlangen darf, ist weitgehend durch soziale Bezüge und Machtverhältnisse (vgl. Kap. III,3) geregelt: Ich kann niemand ohne seinen Willen zur Kooperation zum Verstehen zwingen; der Nachweis der Unfähigkeit, etwas zu verstehen, schützt nicht vor den negativen Folgen des Nichtverstehens.

3 Ausgefranste Logik

Nun aber zur psychologischen Seite. Erinnern wir uns an die Diskussion der zusammengesetzten Hauptwörter in Kapitel III,4, die zu der Feststellung führte, daß Wörter keine Instruktionen für die Herstellung ihrer "richtigen" Bedeutung enthalten. Nun könnte man einwenden, daß diese Komposita eben einen "Sonderfall" der deutschen Sprache darstellen, daß aber in der Regel die Dinge doch viel einfacher sind: "Normalerweise" sagt uns ein Wort doch ganz genau, was es bedeutet, ohne daß wir lange interpretieren müssen, wie sich diese Bedeutung zusammensetzt.

Diese Ansicht wurde einige Zeit in der Linguistik vertreten, präziser gesagt, in einer Zeit, als die Linguistik vom Strukturalismus bestimmt wurde. Die strukturalistische Semantik – eng verknüpft mit dem amerikanischen Wissenschaftler Noam Chomsky – ging davon aus, daß man jedes Wort, also jedes Lexem, in seine Merkmale (Seme) zerlegen kann. Diese Seme sind so etwas wie Bedeutungsatome: Die kleinsten, nicht mehr weiter teilbaren semantischen Merkmale eines Lexems.

So können wir z.B. das Lexem <MANN> in die folgenden Merkmale zerlegen:

+ <menschlich>
+ <männlich>
+ <erwachsen>.

Daraus ließe sich der Schluß ziehen: Wenn etwas die Merkmale <menschlich>, <männlich> und <erwachsen> hat, so wird es in der deutschen Sprache als *Mann* bezeichnet. Hat es dagegen die Merkmale

+ <menschlich>
- <männlich>
+ <erwachsen>,

so bezeichnen wir es als *Frau*.

Hat es die Merkmale

+ <menschlich>
+/- <männlich>
- <erwachsen>,

so handelt es sich um ein *Kind*.

Das klingt zunächst überzeugend, zumindest bei diesen Beispielen. Schwieriger wäre eine solche Merkmalanalyse sicher, wenn wir nicht mehr *Haus* oder *Auto* in seine semantischen Bestandteile zerlegen, sondern Wörter wie *Freiheit* mit der gleichen Methode zu analysieren versuchen.

Doch die Schwächen dieser semantischen Dekomposition lassen sich auch an einem ganz konkreten Begriff zeigen, nämlich an dem Lexem <JUNGGESELLE>. Wenn wir es analysieren, erhalten wir die Seme:

+ <menschlich>
+ <männlich>
+ <erwachsen>

Um den <JUNGGESELLEN> nun aber auch noch vom <MANN> zu unterscheiden, brauchen wir noch ein distinktives Merkmal:

- <verheiratet>
(bei <MANN> wäre es +/- <verheiratet>).

Betrachten wir diese Merkmale einmal etwas näher (vgl. auch Kußmaul 1994a): Was bedeutet zum Beispiel in diesem Merkmalkomplex *verheiratet*? Verwitwete Männer haben das Merkmal – <verheiratet>, aber sie sind mit Sicherheit keine Junggesellen. Und wie ist es mit Männern, die mit einer Frau zusammenleben, aber nicht verheiratet sind? Auch auf sie treffen die Merkmale + <menschlich>, + <männlich>, + <erwachsen>, – <verheiratet> zu, aber wir bezeichnen sie nicht als Junggesellen.

Und wie sieht es mit dem Merkmal +<*erwachsen*> aus? Ab wann ist man erwachsen? In Deutschland würde man zur Beantwortung dieser Frage auf das Alter der Volljährigkeit (18 Jahre) verweisen. Aber mit Sicherheit würde niemand einen Neunzehnjährigen als Junggesellen bezeichnen – eher wohl als *Single*. Also müßten wir in unsere Merkmalliste noch ein Sem aufnehmen, das eine Altersgrenze bestimmt, z.B. + <mehr als 30 Jahre alt>. Oder sollten es vielleicht besser 32 Jahre sein, oder nur 29? Jede Zahl dürfte hier Widerspruch provozieren, d.h. es läßt sich kein quantifizierendes Merkmal finden (so nötig es wäre), um das Problem der Differenzierung zwischen *Junggeselle* und *Single* mit dieser Methode zu lösen.

Denken wir aber auch daran, daß die Volljährigkeitsgrenze keineswegs in allen Ländern bei 18 Jahren liegt. Das Merkmal *erwachsen* ist also keineswegs über-kulturell und eindeutig zu definieren. Und die Grenze lag auch nicht immer bei 18 Jahren – vor 20 Jahren waren junge Menschen erst mit 21 erwachsen.

Das scheinbar eindeutige Merkmal *erwachsen* erweist sich also bei näherer Betrachtung als äußerst interpretationsbedürftig, geradezu als ein schillernder Begriff, der zu verschiedenen Zeiten und in unterschiedlichen Kulturen keineswegs mit den gleichen Inhalten gefüllt wurde und wird.

Das läßt sich auch für unser drittes Merkmal *männlich* sagen. Die Problematik wird deutlich, wenn wir den Papst als Junggesellen bezeichnen. Er erfüllt mit Sicherheit die oben genannten Merkmale, aber niemand würde ihm den Status des Junggesellen zusprechen. Um dieser Schwierigkeit zu entgehen, müßten wir noch ein zusätzliches Merkmal + *heiratsfähig* hinzufügen, aber damit kommen wir nur in noch größere Schwierigkeiten.

Wer ist heiratsfähig? Sind Kinder in der indischen Kultur heiratsfähig? Sind Homosexuelle in unserer Kultur heiratsfähig? Wir müßten uns bei Juristen und Ethnologen erkundigen, was *heiratsfähig* eigentlich bedeutet, und wir würden mit Sicherheit keine übereinstimmenden Definitionen erhalten.

Und um das Problem noch weiter zu komplizieren, könnten wir schließlich noch auf den konkurrierenden Begriff *Single* eingehen. Er wird – in bezug auf "männliche Unverheiratete" – quasi synonym zu *Junggeselle* verwendet. Aber von einer ganz anderen Gruppe von Sprachverwendern, nämlich von der jüngeren Generation, die den Ausdruck *Junggeselle* so gut wie gar nicht gebraucht.

Die Analyse ergibt also einmal, daß die Merkmale so atomistisch nicht sind, wie sie zunächst scheinen mögen. Auch ihre Bedeutung zerfällt bei näherer Betrachtung in weitere Komponenten, die dann wiederum weiter zu definieren wären. Dieses Spiel ließe sich *ad infinitum* fortsetzen – oder besser gesagt, bis zur Erstellung einer Kultur- und Sprachgeschichte "hinter" dem jeweiligen Wort. Damit sind wir aber genau beim Gegenteil dessen angelangt, was uns dieses Analysemodell zu versprechen schien: Eine prägnante, eindeutige Definition der Wortbedeutung.

Diese Einwände zeigen, daß es keine Bedeutungsatome, keine qualitativ eindeutigen Merkmale gibt, daß diese vielmehr quantitativ zu definieren sind. Mit anderen Worten: Junggesellen sind nicht entweder gar nicht heiratsfähig oder völlig heiratsfähig, sondern sie sind eher heiratsfähig als nicht. Das gleiche gilt für das Merkmal *erwachsen*: Man ist nicht entweder ganz erwachsen oder gar nicht erwachsen, sondern Junggesellen sind eher (oder häufiger) erwachsen als nicht.

Das bedeutet: Die Merkmalsemantik geht insofern von einer falschen Annahme aus, als sie – wie ein elektronischer Rechner – nur zwei Stellungen kennt: Elektrischer Impuls – ja oder nein. Unsere Analyse zeigt jedoch, daß es in der sprachlich-mentalen Wirklichkeit dazwischen noch eine Vielzahl anderer Einstellungen gibt, die man etwa auf einer Skala von 0 (Merkmal überhaupt nicht vorhanden) bis 10 (Merkmal voll ausgeprägt) darstellen könnte.

Um eine solche quantifizierende Beschreibung bemüht sich eine modernere Semantiktheorie, die unter dem Namen *Prototypensemantik* bekannt wurde (Näheres dazu in leicht verständlicher Form bei Hörmann 1981). Sie setzt sich das Ziel, der psychologischen Wirklichkeit des Verstehens gerechter zu werden als die Merkmalsemantik.

Wenn wir kompetente Sprecher des Deutschen fragen, ob denn ein *Huhn* ein *Vogel* sei, kommt die Antwort in aller Regel recht zögerlich. Manche Befragte sind sogar der Meinung, Hühner seien gar keine Vögel, andere wiederum sagen, sie seien wohl Vögel, aber irgendwie auch wieder nicht.

Orientieren wir uns an dem Klassifikationssystem der Zoologie, so ist ganz unzweifelhaft klar, daß Hühner zu den Vögeln gehören. Aber offensichtlich arbeitet unser Gehirn nicht mit dieser wissenschaftlichen Klassifikation, sondern mit **Prototypen**: Manche Tiere (oder Gegenstände) sind typischer für ihre Klasse als andere. In diesem Sinne könnte man die Aussage wagen (die sicher jeden Zoologen ärgern würde): "Eine Amsel ist ein typischerer Vogel als ein Huhn." Oder: "Eine Kuh ist ein typischeres Säugetier als ein Walfisch." Oder: "Ein rechteckiger Tisch ist ein typischerer Tisch als ein ovaler."

So ist z.B. für viele Italiener ein blonder, wohlhabender, ein großes Auto fahrender Deutscher ein "typischerer" Deutscher als ein untersetzter, schwarzhaariger, der einen Kleinwagen fährt. Das heißt natürlich nicht, daß die Staatsbürgerschaft "Deutsch" an derartige Merkmale geknüpft ist, sondern eben, daß wir bei der Wahrnehmung von typischen Merkmalen ausgehen, die wir irgendwann einmal gelernt haben.

Das Problem *Junggeselle* läßt sich so recht einfach lösen: Es gibt typische, weniger typische und atypische Junggesellen – auch wenn dies nach den strengen Gesetzen der Logik gar nicht möglich sein mag.

Wer sich mit den Regeln der formalen Logik beschäftigt hat, wird Aussagen wie: "Eine Eiche ist ein typischerer Baum als eine Pappel" als unsinnig abtun und darauf hinweisen, daß man ein absolutes Urteil wie "typisch" nicht durch Steigerung differenzieren kann. Aber genau dies geschieht täglich, weil unser Verstehen sprachlicher Äußerungen nicht den Gesetzen der Logik folgt, sondern den Regeln der **fuzzy logic**.

Als *fuzzy* bezeichnet man im Englischen Gegenstände, denen klare Konturen fehlen, die sozusagen an den Rändern ausgefranst sind. **Fuzzy logic** soll also bedeuten, daß wir nicht "streng logisch" wahrnehmen und verstehen, sondern von einem typischen Bedeutungskern ausgehen und die Ränder nur sehr unscharf wahrnehmen und auch nicht mehr definieren können.

Damit wird deutlich, daß die qualitativ aufgebauten Klassifikationssysteme der Wissenschaft (z.B. der Zoologie) nicht den Verstehenskategorien entsprechen. Unser Gehirn operiert offenbar eher mit quantifizierenden und unscharfen (fuzzy) Merkmalen, und keineswegs immer nach den Gesetzen der formalen Logik.

Von diesem Wissensstand aus erkennen wir noch einmal, wie gefährlich es ist, die Sprache als ein "Instrument" zu bezeichnen (vgl. Kap. III,3). Denn offenbar hat sie ihre eigenen Gesetze, die sich eben nicht mit denen der naturwissenschaftlich-exakten Disziplinen decken.

Damit wird auch verständlich, daß die Methode der Komponentenanalyse nicht in der Lage ist, die psychologische Realität des Verstehens abzubilden.

Fairerweise muß man natürlich hinzufügen, daß dies auch nie ihre Absicht war. Überhaupt geht es nicht darum, die strukturalistische Sprachwissenschaft zu kritisieren oder abzulehnen – das wäre mehr als naiv. Es geht jedoch um die Frage, was die von ihr entwickelten Methoden zur Erhellung der Übersetzungsprozesse beitragen können. Und ob es gerechtfertigt ist, die wissenschaftliche Beschäftigung mit dem Übersetzen als eine Teildisziplin der klassischen Sprachwissenschaft – gar als "angewandte" Sprachwissenschaft zu verstehen.

Die sprachlichen Zeichen bilden nicht eine Wirklichkeit ab, kondensieren und abstrahieren sie auch nicht in einem *Code*, sondern sie geben recht ungenaue und oft willkürlich erscheinende (weil historisch gewachsene und kulturell geprägte) Hinweise auf das, was jeweils zu verstehen ist.

Wörter können also so wenig mit Bausteinen verglichen werden, wie Äußerungen sich mit Mauerwerken vergleichen lassen. Denn wenn Wörter keine semantisch klar konturierten "Bedeutungsbausteine" sind, dann läßt sich der Sinn einer Äußerung auch nicht aus der Summe der in ihr enthaltenen "Bedeutungseinheiten" berechnen.

Fazit: Auch die moderne Sprachwissenschaft bestätigt mit ihrer Semantiktheorie von den "ausgefransten" Bedeutungen der Wörter, daß subjektive Elemente ein wichtiger und unvermeidbarer Teil der Verstehensprozesse sind. Unser kleiner Exkurs in die Materialkunde hat also bestätigt, was wir schon bei der Analyse der Verstehensprozesse beim Übersetzen beobachten konnten.

VI Statik

1 Konstruktive und destruktive Elemente

Der größte Teil unserer bisherigen Ausführungen waren eigentlich Aufräumungsarbeiten: Das Ansprechen und argumentative Ausräumen von Vorurteilen, Illusionen und falschen Analogien. Dabei wurde deutlich, daß es sich beim Übersetzen um einen wesentlich komplexeren Vorgang handelt, als ihn sich der Laie – auch viele Übersetzer – vorstellt.

Nach dieser Destruktion wird es jetzt Zeit, konstruktiv zu werden. Wir greifen also die Frage aus dem vorigen Kapitel auf: Wie kann Übersetzen angesichts der notwendigen Subjektivität der Textrezeption und -produktion überhaupt zu objektiv brauchbaren Resultaten führen? Wie können Auftraggeber Übersetzern noch vertrauen, wenn sie die Individualität der übersetzerischen Leistung anerkennen?

Es geht also nach so vielen Aufräumungsarbeiten um die Statik, auf der die Tragfähigkeit der Verständigungsbrücke gegründet ist. Bei Bauwerken läßt sich die statische Festigkeit empirisch ganz einfach prüfen: Wenn sich das Gebäude auch bei starker Belastung als standhaft erweist, wenn sich auch nach längerem Gebrauch keine inneren Spannungen ergeben, die zu Rissen oder Verwerfungen führen, so ist das Bauwerk statisch solide gegründet.

So gesehen ließe sich die Frage nach der Solidität einer übersetzerischen Leistung ganz einfach beantworten: Solange alle damit zufrieden sind, ist die Übersetzung auch gut.

Das Problem liegt hier in dem Wort "alle". Sind damit alle angesprochen, die Zugang zu dem übersetzten Text haben? Wie steht es zum Beispiel mit der Meinung anderer Übersetzer – ist ihre Beurteilung einer übersetzerischen Leistung ein Gradmesser der Qualität? Und dürfen sich zu den "allen" auch Sprachwissenschaftler oder Literaturkritiker rechnen? Und ist schließlich und endlich auch die Meinung des Übersetzers/der Übersetzerin selbst gefragt – muß er/sie zufrieden mit seinem/ihrem Werk sein?

Die Antwort lautet: Nein. Sagen wir es so klar wie möglich: Die Übersetzung eines Textes ist brauchbar, wenn sie funktioniert. Und zwar für diejenigen, die ein berechtigtes Interesse am Gebrauch des übersetzten Textes nachweisen können.

Wer gehört zu dieser Personengruppe?

Zweifellos der Käufer eines Geräts, der eine (übersetzte) Gebrauchsanleitung liest; zweifellos die Leser eines (übersetzten) Romans; zweifellos die Kinogänger, die einen (synchronisierten) Film sehen.

Das heißt natürlich nicht, daß nur die Nutzer einer Übersetzung das Recht und die Fähigkeit haben, die Qualität einer Übersetzung zu beurteilen. Es heißt aber sehr wohl, daß man die Qualität einer Übersetzung nicht beurteilen kann, wenn man die Interessen dieser Textnutzer nicht berücksichtigt.

Diese Feststellung ist von einiger Brisanz, denn sie steht in deutlichem Widerspruch zu der Praxis der weitgehend üblichen Übersetzungsbewertung und -kritik. Üblich ist es nämlich, lediglich A-Text und Z-Text miteinander zu vergleichen, und meistens ist dieser Vergleich die Summe der Vergleiche auf Wortebene. Etwa so:

> Es geht nicht um den Tonfall und den Rhythmus der Prosa Bellows, um ihre Aura (davon ist im Deutschen nichts geblieben) und auch nicht um stilistische Finessen. Denn es stellt sich heraus, daß der Übersetzer weder des Englischen noch des Deutschen hinreichend mächtig ist, daß die Aufgabe seine Möglichkeiten weit übersteigt. Oft versteht er nicht den Originaltext. Und wenn er ihn versteht, kann er ihn nicht Deutsch ausdrücken. Es wimmelt von Fehlern und Schnitzern auf nahezu allen Seiten des Romans.
>
> ...
>
> Was soll heißen: "Die Polizei ist da sehr bestimmt"? Im Original lautet der Satz: "The cops are definite about it", also etwa: "Die Bullen sind davon überzeugt". Oder: "... haben da keinen Zweifel". – "Er war einer von globalen Millionen" hat keinen Sinn. ("He was one of global millions", also etwa: "Er war einer von Millionen auf dieser Erde".)
>
> ...
>
> Die Formulierung "She was still decently covering up" versteht der Übersetzer nicht. Bei ihm heißt es: "Sie hielt sich noch immer geziemend bedeckt". Nein, sie hielt sich nicht bedeckt, sondern wollte die Sache "vertuschen" oder "verbergen" oder "verschleiern".
>
> (Marcel Reich-Ranicki, *Der Dolchstoß des Übersetzers – Saul Bellows Roman "Der Dezember des Dekans" und seine deutsche Fassung*, Frankfurter Allgemeine Zeitung vom 4.12.1982)

Bleiben wir gleich bei dem letzten Beispiel. Saul Bellow spielt hier mit zwei sprachlichen Ebenen: *cover up* ist in der Tat eine *Verschleierung/Vertuschung* eines Tatbestands (wie Reich-Ranicki bemerkt), aber *decently* paßt nicht dazu. Es stammt aus Formulierungen wie *cover yourself, be decent*, womit gesagt wird, man solle sich anständig kleiden und "bedecken". "Bedecken Sie sich, mein Herr!" sagte man auch in Deutschland vor rund 200 Jahren.

Bellow bringt nun diese zwei Ebenen zusammen: *She was still decently covering up.* Offenbar wollte er damit spielen: *Sie vertuscht etwas, aber aus Gründen des Anstands, vielleicht sogar eines veralteten Ehrenkodex'.*

Der Übersetzer hält diese Ebene des Anstands offenbar für die wichtigere, aber seine Formulierung schließt auch das *Vertuschen* mit ein: *Sie hielt sich noch immer geziemend bedeckt. Sich bedeckt halten* steht hier für das Vertuschen und Verschleiern, so wie "Halten Sie sich bedeckt" heute ab und zu gebraucht wird, nämlich im Sinne von "Reden Sie nicht zu viel, sagen Sie nicht alles!"

Zusammengefaßt bringt also die Übersetzung zum Ausdruck: Sie sagte nichts – aber mehr aus Gründen des Anstands als der Raffinesse. Eigentlich keine schlechte Übersetzung, zumindest eine, die versucht, den Interessen der Leser des Romans gerecht zu werden.

Denn hier handelt es sich um ein sprachliches Kunstwerk, das ganz entschieden davon lebt, daß mit der Sprache gearbeitet und gespielt wird. Niemand weiß dies besser als Marcel Reich-Ranicki, aber seine Übersetzungskritik ist gerade deshalb so laienhaft und falsch, weil er – wider besseres Wissen – davon ausgeht, daß eine Äußerung immer nur **eine** Bedeutung haben kann.

Ähnliches gilt für das von ihm zitierte Beispiel: *The cops are definite about it.* Was ist nun eigentlich der Unterschied zwischen: *Die Polizei ist da sehr bestimmt* und Reich-Ranickis Vorschlägen: *Die Bullen sind davon überzeugt/...haben da keinen Zweifel?* Eine fundierte Übersetzungskritik müßte den Nachweis führen, daß die berechtigten Interessen der Leser durch Hasenclevers Übersetzung geschädigt werden, aber dieser Nachweis fehlt völlig. *Was soll das heißen?* ist keine Kritik, sondern lediglich eine polemische Bemerkung, denn jeder Leser – auch Reich-Ranicki – kann diesen Satz mühelos verstehen.

Es ist schon eigenartig, zugleich aber auch typisch: Selbst ein geistreicher und im Umgang mit sprachlichen Kunstwerken mehr als erfahrener Experte wie Marcel Reich-Ranicki operiert bei der Beurteilung einer Übersetzung mit unreflektierten und im obigen Sinne *illusionären* Normen und Regeln, die man einem erstsemestrigen Studenten nicht nachsehen würde: *Sätze haben immer nur eine (richtige) Bedeutung; ein Autor muß die Sprache beherrschen und darf nicht mit ihr spielen.*

Wenn man solches bei Reich-Ranicki liest – wie kann man dann dem Laien noch böse sein, der übersetzerische Leistungen mit Sätzen wie: *Das steht aber nicht so im Wörterbuch – Das gefällt mir vom Stil her nicht – Das Original klingt aber irgendwie besser* kritisiert?

Die entscheidende Qualifikation der Übersetzerpersonen liegt demnach nicht auf dem Gebiet der Fremdsprachenkenntnisse und des fachlichen Expertenwissens, sondern darin, daß sie etwas darüber wissen, wofür Texte benutzt werden und wie ihre Wirkung zustande kommt – z.B., wie Bedeutung entsteht, was Wörter bedeuten, ob die Sprache ein Instrument zur Sinnvermittlung ist. Genau davon war in den vorausgehenden Kapiteln schon die Rede – und davon wird noch detaillierter die Rede sein.

Übersetzer und Übersetzerinnen müssen also vor allem wissen, welches Interesse spezifische Benutzer(gruppen) an einem Text haben. Das setzt zunächst einmal voraus, daß sie überhaupt wissen, für wen sie übersetzen. Und das ist keineswegs von vornherein klar oder geklärt.

Denn eine unheilvolle Konsequenz der Illusionen über das Übersetzen ist die weitverbreitete Meinung, daß es **eine** richtige Übersetzung gibt – ganz unabhängig davon, welches Interesse die Textnutzer an dem übersetzten Text haben. Wir haben bereits ausführlich dargelegt (Kap. III und V), auf welche Mißverständnisse diese Fiktion der Eindeutigkeit von Texten zurückzuführen ist.

Es gehört deshalb zur entscheidenden vorbereitenden Übersetzertätigkeit, sich in diesen Punkten Klarheit zu verschaffen:

- Für wen soll dieser Text übersetzt werden?
- Welche Interessen verknüpft dieser Benutzerkreis mit diesem Text?
- Welchen Gebrauch will er davon machen?

Bei den zur Beantwortung dieser Fragen notwendigen Recherchearbeiten muß sich die Übersetzerperson jedoch auf Widerstände gefaßt machen: Manche Auftraggeber werden auf derartige Fragestellungen mit Unverständnis und Ablehnung reagieren – bis hin zu Reaktionen wie: "Das braucht Sie doch gar nicht zu interessieren – Sie sollen den Text doch nur übersetzen!"

Damit sind wir wieder bei der Vertrauensfrage (vgl. III,4) die so entscheidend für den Erfolg der übersetzerischen Tätigkeit ist.

> **Man könnte allerdings leicht den Eindruck gewinnen, daß der Markt leichter eine schlechte Übersetzung akzeptiert als selbstbewußte Übersetzer.**

Die Grundlage für das Selbstvertrauen des Übersetzers ist das Vertrauen, das ihm sein Auftraggeber entgegenbringt. Das eine ist die Voraussetzung für das andere: Ein Übersetzer ohne Selbstbewußtsein wird niemals das Vertrauen seines Auftraggebers gewinnen; ein Auftraggeber ohne Vertrauen in seinen Übersetzer verhindert eine selbst-bewußte Übersetzung.

Wer Übersetzern einen "linguistischen" (oder einen anderen) Richtigkeitsnachweis für ihre Übersetzung abverlangt, zwingt sie zur Produktion jener gestammelten Texte, die wir alle kennen. Übrigens: Wer nur Übersetzungen gelten lassen möchte, bei denen jeder einzelne Schritt der Lösungsfindung algorithmisch nachvollziehbar ist, der müßte doch eigentlich an maschinellen Übersetzungen seine reine Freude haben. Die Ergebnisse sind jedenfalls kein reines Vergnügen (vgl. Schmid 1992).

Noch einmal: Wer Übersetzer zwingt, die Richtigkeit ihres Textes mit Gleichungen und Äquivalenzen zu beweisen, will eigentlich Macht demonstrieren.

Es gibt jedoch auch eine Kehrseite der Medaille:

> **Wenn Übersetzer und Übersetzerinnen Vertrauen fordern, müssen sie es auch rechtfertigen. Und das heißt: Sie sind dafür verantwortlich, daß ihre Texte funktionieren. Sie können nicht einerseits fordern, daß man ihrer übersetzerischen Expertise vertraut, aber andrerseits die Verantwortung dafür ablehnen, daß ihre Texte funktionieren.**

Das bedeutet zum Beispiel, daß ein Auftraggeber einen Eintrag im zweisprachigen Wörterbuch sowenig als Schwert benutzen sollte, wie sich ein Übersetzer dahinter wie hinter einem Schild verstecken darf.

Kehren wir zu unserer zentralen Metapher von der Übersetzung als der Brücke für Verständigung zurück: Statische Festigkeit kann die Konstruktion nur unter folgenden Bedingungen gewinnen:

- Der Auftraggeber vertraut dem Übersetzer.
- Der Übersetzer fühlt sich für das Funktionieren seines Textes verantwortlich.

Damit ist das Problem der Subjektivität des Verstehens zwar nicht verschwunden, aber dialektisch aufgehoben:

- Indem der Auftraggeber dem Übersetzer vertraut, erlaubt er diesem das Bekenntnis zu der – sowieso unvermeidlichen – Subjektivität seiner Verstehensprozesse;
- indem jedoch der Übersetzer sich zur Verantwortung für seinen Text bekennt, wird seine Subjektivität wieder in die objektivierbare Interessenslage der Übersetzungsrezipienten (und damit auch in die wohlverstandenen Interessen des Auftraggebers) eingebunden.

Anders ausgedrückt: Wenn Auftraggeber ihr Vertrauen in die Subjektivität der Übersetzerperson setzen, so heißt das nicht, daß sie sich deren Willkür aussetzen. Und: Übersetzer werden von dem (fiktiven) Nachweis der Korrektheit ihrer Übersetzung entbunden und müssen dafür in Kauf nehmen, die Verantwortung für ihren ganzen Text zu übernehmen.

Die Problematik des Verhältnisses zwischen Übersetzer und Auftraggeber läßt sich mit einem weiteren Vergleich verdeutlichen: Wer sich als Sozius auf ein Motorrad setzt, muß dem Fahrer vertrauen. Deshalb empfiehlt es sich, den Fahrer sorgfältig auszusuchen und sich nur mit solchen Personen in eine Partnerschaft zu begeben, die nachweislich verantwortungsbewußt handeln und die Technik beherrschen. Wenn diese Wahl jedoch einmal getroffen ist, hat es wenig Sinn, dem Fahrer während der Fahrt Anweisungen zu geben, sich ängstlich an ihm festzuklammern, ihn durch Kritik zu verunsichern oder gar aus Existenzangst in den Kurven das Körpergewicht nach außen zu verlagern. Um sicher ans gemeinsame Ziel zu gelangen, muß man sich mit ihm in die Kurve legen – auch wenn dies gegen den eigenen Sicherheitsinstinkt geht.

2 Die übersetzerrelevante Textanalyse

Wer sich mit Übersetzungen beschäftigt, kann mühelos in kurzer Zeit ein Gruselkabinett mit bizarren Übersetzungen ausstatten – von den deutschen Speisekarten in den südlichen Urlaubsländern bis zu den Bedienungsanleitungen für elektronisches Spielzeug aus Japan.

Die Diagnose ist in diesen Fällen recht einfach: Diese grotesken Übersetzungen sind darauf zurückzuführen, daß die deutsche Version von einer Person erstellt wurde, die keine kulturelle und sprachliche Kompetenz im Deutschen hatte und glaubte, diesen Mangel durch das Nachschlagen einzelner Wörter im Wörterbuch ausgleichen zu können.

Ein kurzes Beispiel soll dazu dienen, die Erinnerung an Texte dieser Art aufzufrischen:

WIE SPIELEN GUT MIT DIE FERNGESTEUERTEN WAGEN

1   Schachteln und ferngesteuerten Systemen sind mit Bestimmung in unsere Fabrik hergestellt und mit Besorgung geprüft. Wenn Sie spielen, seien Sie so sorgfältig wie uns.

2   Die Richtung der Räder entspricht an dieser eines echten Wagen. So ist es unnötig das Lenkrad zwingen wann es ist vollständig gedreht. Drehen es leichtend ohne plötzliche Bewegung,

3   Niemals das Lenkrad drehen, so lange den Kabel nicht gerollt ist, zum beispiel wann das Wagen in der Verpackung ist.

4   Die schachteln haben 2.3 oder 4 Knöpfen. Die beide erste obene Knöpfen befehlen die Vorwärts- und Rückwartsfahrt. Niemals drücken auf Ihnen zusammen. Die andere befehlen: Hupen, Scheinwerfer, Schaufel... nach der Modelle.

5   Falls das Wagen nicht funktioniert, prüfen Sie erst die Batterie. Sie können abgenutzt oder in falscher Kontakt sein.

6   Die Schachtel ist für 3 Batterien von 1,5 v. hergestellt. Setzen diese gemäss Zeichnung am Grunder der Schachtel ein.

7   Wir empfehlen 3 LECLANCHE R 14 zu benutzen.

8   Mit weniger Besorgung, Sie werden best spielen ... und mehr lange.

(Übersetzung aus dem Französischen der Fa. *Jouets Mont Blanc*)

Oder wie heißt es so schön in einem Werbeprospekt der Fa. *Second User Systeme (SUS)*:

UNBESIEGBARE PREISE

Wir bieten die eifrigste der eifrigen Preise, manchmal eben mehr eifrige als diese. Unsere Hilfe Gesellschaft in der USA existiert ausschließlich um die Quellen der letzten Technischen Erforschungen zu entdecken befor sie für Europa geeignet sind–, für Preise welche unmöglich sind um niederzuschlagen.

Derartige Übersetzungen gibt es, es gibt sogar eine ganze Menge davon. Sie sind so grotesk, daß man sie als Übersetzung von vornherein gar nicht ernst nimmt, und deshalb richten sie auch wenig Schaden an. Ganz offensichtlich wurde hier nach der Devise gearbeitet: "Wozu brauche ich einen Übersetzer, wenn ich ein Wörterbuch habe?". Sicher ist es bedenklich, daß es eine solche Devise überhaupt geben kann, aber es lohnt sich nicht, derartige "Übersetzungen" weiter zu analysieren, da die Fehlerursache offenkundig ist.

Lohnend ist dagegen die Analyse einer durchschnittlich schlechten Übersetzung, wie sie im folgenden Beispiel vorgestellt wird. Sie wurde von einer professionellen Übersetzerin gefertigt, die für die Zeitschrift FORUM arbeitet und dort regelmäßig Übersetzungen veröffentlicht. Ganz offensichtlich ist also noch niemand aufgefallen, wie schlecht ihre Übersetzungen sind. Und genau deshalb sind derartige Übersetzungen so gefährlich, denn im Gegensatz zu den grotesken Fehlübersetzungen wirken sie marktprägend.

Wir nutzen dieses Beispiel nicht nur für eine fundierte Übersetzungskritik, sondern wir wollen auch zeigen, wie die Übersetzerin durch eine geeignete Übersetzungsstrategie diese Fehler hätte vermeiden können. Wir erklären damit im Detail, was unter einer *übersetzerischen Makrostrategie* (vgl. IV,3) konkret zu verstehen ist, wie sie angewendet wird, welche Ergebnisse sie bringt und welche Grundlagen für die Beurteilung der Qualität einer Übersetzung damit gewonnen werden.

Der Text **Screening – the miracle cure** und seine Übersetzung (s. 82–85) erschienen in der Zeitschrift FORUM (1989). Diese Zeitschrift ist eine Publikation des Europarats (*European Council*) – nicht zu verwechseln mit den Organen der Europäischen Union. Der Europarat sieht seine Aufgabe darin, wichtige europäische Fragen aufzugreifen oder Diskussionen dazu zu initiieren, aber er hat keine exekutiven Organe, mit denen er in der Lage wäre, die Mitgliedsländer zur Übernahme von Resolutionen in ihre nationale Gesetzgebung zu zwingen.

Der Europarat setzt also auf die Macht der öffentlich ausgetragenen Debatte, auf Empfehlungen und Konventionen, denen die Mitgliedsländer beitreten können. Insofern drückt der Titel der Zeitschrift FORUM programmatisch genau die zentrale Aufgabe des Europarats aus: Öffentlichkeit herzustellen, Diskussionen und Meinungsaustausch zu stimulieren.

FORUM erscheint vierteljährlich simultan in vier verschiedenen Ausgaben: englisch, deutsch, französisch, italienisch. Der englische Originalbeitrag von Adrian Griffith wurde also für die deutsche Ausgabe übersetzt; aufgrund der Charakteristik des Mediums ist davon auszugehen, daß die deutsche Leserschaft von FORUM das gleiche Interesse an dem Beitrag hat wie die britische. Dieses Interesse läßt sich durch eine genauere Betrachtung der Relationen in dem Bezugsdreieck Medium – Autor – Thema spezifischer beschreiben:

Aufgrund der beschriebenen Eigenschaften des Mediums muß es sich um ein Thema handeln, das für die staatliche Gesundheitspolitik von Wichtigkeit ist. Es kann nicht darum gehen, wie der einzelne sich gegen die Gesundheitsrisiken absichert, denn dies wäre kein Thema für FORUM.

Es muß sich außerdem um ein gesundheits**politisches** Thema handeln – es kann also nicht um medizinische Therapie oder Diagnostik gehen.

In welcher Beziehung steht nun der Autor des Beitrags zu diesem Thema? Sein Name sagt uns nichts, aber wichtig ist die Beschreibung seiner beruflichen Funktion: *Director of research, Health Management Institute, Geneva.*

Griffith ist also Wissenschaftler, aber er ist kein Mediziner (zumindest arbeitet er nicht auf dem Gebiet der medizinischen Forschung). Worin genau die Aufgabe des Genfer Instituts besteht, läßt sich aus seiner Bezeichnung nicht präzise ablesen, aber offenbar beschäftigt man sich mit der Frage, was Menschen präventiv für ihre Gesundheit tun können.

Wenn wir diese Daten zu Autor, Medium und Thema zusammenführen, gewinnt der Beitrag schon recht deutliche Konturen: Es wird um präventive Maßnahmen im Rahmen der staatlichen Gesundheitspolitik gehen, also um *Vorsorgeuntersuchungen*. Wir haben damit schon ein ganz wichtiges Wort für die Übersetzung gewonnen (das zum Beispiel die Übersetzerin nicht gefunden hat, wie wir noch sehen werden).

Überfliegen wir nach dieser ersten Positionierung den Text. Auffällig ist die Liste von Krankheiten, die das letzte Drittel des Beitrags ausmachen und die durch zwei Zwischenüberschriften voneinander abgesetzt sind:

Examples of conditions recommended for screening
Examples of non-recommended conditions

Hier wird also zwischen Krankheiten unterschieden, die sich für Vorsorgeuntersuchungen eignen, und solchen, die dafür nicht geeignet sind.

Auch diese klare Unterscheidung gewinnen wir mehr durch unsere Analyse als durch die Wörter des "Heiligen Originals". Denn die Formulierung *Examples of non-recommended conditions* ist eigentlich alles andere als glücklich. Es geht ja nicht um Beispiele für *nicht zu empfehlende Krankheiten* (welche Krankheiten könnte man guten Gewissens empfehlen?), sondern um Empfehlungen zur Institutionalisierung von Vorsorgeuntersuchungen für bestimmte Krankheiten. Aufgrund unserer Analyse haben wir an dieser Stelle (und an anderen) den Text besser verstanden, als es die Wörter eigentlich zulassen, wenn wir sie als kanonische Verstehensbausteine akzeptieren würden. Was wir natürlich nicht tun (vgl. V,3).

Was ist das Kriterium der Unterscheidung zwischen *recommended* und *non-recommended*? Wir finden die Antwort unter der Zwischenüberschrift *A case for screening*, denn dort werden die Kriterien genannt. In der Auflistung finden sich sowohl medizinische als auch wirtschaftliche Kriterien, es geht also vor allem um die Frage: "Welche Vorsorgeuntersuchungen sind für welche Krankheiten medizinisch sinnvoll und wirtschaftlich vertretbar?"

Diese Fragestellung paßt sehr gut zum Medium FORUM und zum Aufgabenbereich des Europarats: Den Mitgliedsländern – oder präziser: den für Gesundheitspolitik zuständigen Fachleuten der einzelnen Länder – wird gesagt, für welche Krankheiten es aus der Sicht eines unabhängigen Fachmanns sinnvoll ist, Vorsorgeuntersuchungen einzurichten. Diese Vorschläge aus der Feder des Experten können jetzt als Diskussionsgrundlage für die erforderlichen – und finanziell machbaren – Maßnahmen der Gesundheitspolitik in den Mitgliedsländern herangezogen werden.

Damit ist das Verstehensinteresse der Adressaten der Übersetzung beschrieben. Daraus ergibt sich die Makrostrategie, durch die der eigentliche Übersetzungsprozeß gelenkt wird. Bevor dieser jedoch näher beschrieben wird, wollen wir einen Blick auf die Übersetzung werfen:

Screening – the miracle cure?

Adrian Griffiths, Director of research, Health Management Institute, Geneva.

Health check-ups have become a fashionable status symbol with the managerial-classes, but it is a long step from there to the implementation of national screening programmes. These must first be carefully "screened" themselves before health authorities are prepared to apply them.

Screening programmes have become immensely popular during the last fifteen years. Yearly check-up clinics have been mushrooming to soothe the anxiety and stress of VIP managers who, after a series of minute examinations in luxurious last-century palaces converted into high-technology clinics, are told – in the best of cases – that there is a positive gap between their "birth" and their "health" date, and – in the worst of cases – that some preventive treatment will reverse the tendency.

As stated in Peter D. O'Neill (Health Crisis 2000, WHO, 1982), the glittering attraction of high technology and the public's demand for "miracle cures" have meant that we have almost abandoned the principle of a "caring community". In other words, we work, eat, dine as we think best and expect a sophisticated "garage" (the health care system) to screen and repair the often self-inflicted damage.

While the attractiveness and thus the demand for such procedures is easily understood, health authorities are faced with the ethical dilemma of allocating scarce resources. For a rational decision, screening programmes have to be "screened" before their implementation at population level.

What are the conditions for which adults could and should be screened and how do we decide? These were essentially the two questions put to the Select Committee of Experts of Preventive Screening of Adults.

The case for screening

The basic case for screening is that there are some health conditions which have a relatively long latent or early stage, during which treatment would be more effective (or cheaper), but that they present no symptoms at this stage, and can be detected only by testing apparently healthy people. Inviting large numbers of healthy people to be tested means the evaluation criteria must be rigorous and have clear cut advantages for both the individuals and the health care system.

A review of the results of mass screening programmes throughout the world showed that the essential evaluation criteria were satisfied only for a limited number of conditions. Not all conditions are a heavy burden, nor would they benefit from early intervention; lack of effective treatment, as is the case for AIDS, is often another serious limitation; finally the tests themselves should not only be safe and reliable but also acceptable to individuals.

Vorsorge: das Allheilmittel?

Adrian Griffiths, Wirtschaftsexperte in Gesundheitsfragen, Genf
Die Praxis der Generaluntersuchung hat sich seit einigen Jahren verbreitet, aber
systematische Vorsorgeuntersuchung verlangt gründliche Überlegungen, bevor sie
auf die Bevölkerung angewandt wird.

Seit etwa 15 Jahren sind die Programme für Vorsorgeuntersuchungen (auch Reihenuntersuchungen) sehr beliebt. Die Praxis der Generaluntersuchung hat fast überall
Schule gemacht. Sie beruhigt unter anderem die Angst von überlasteten Managern,
die nach einer Anzahl genauer Untersuchungen in einem zur hochmodernen Klinik
umgebauten Palast aus dem Ende des vorigen Jahrhunderts zu hören bekommen –
wenn alles gut ausgefallen ist – man habe einen positiven Abstand zwischen ihrem
chronologischen Alter (am Geburtsjahr gemessen) und dem physiologischen Alter
(dem Alterungsprozeß des Organismus) festgestellt, und andernfalls könnte eine
vorbeugende Behandlung gegen die Entwicklung helfen.

Peter D. O'Neill (Health crisis 2000, Weltgesundheitsorganisation, 1982) hat
geschrieben, das hohe Ansehen der modernen Technologie und die Einstellung
des Publikums, das immer auf "Wunderheilmittel" aus sei, habe dazu geführt,
daß der Grundsatz, daß in einer Gemeinschaft jeder auch selbst für seine Gesundheit sorgen soll, völlig vergessen worden ist. Mit anderen Worten, wir
arbeiten, essen und trinken, wie es uns gefällt, in der Hoffnung , daß die "per-
fekte Werkstatt" des Gesundheitssystems die Schäden aufdeckt und repariert,
für die wir eigentlich selbst verantwortlich sind.

Die Beliebtheit und die weite Verbreitung dieser Methoden sind leicht verständlich, aber die Gesundheitsbehörden stehen vor dem ethischen Problem der
Entscheidung, wofür sie ihre begrenzten Mittel verwenden sollen. Um zu einer
rationellen Entscheidung zu kommen, müssen die Programme zur Vorsorgeunters-
chung genau geprüft werden, bevor sie bei der Bevölkerung angewandt werden.

Wie soll man entscheiden?

Auf welche Krankheiten können und sollen Vorsorgeuntersuchungen in der
Erwachsenenbevölkerung sich richten und, wie kann man entscheiden? Das
waren die entscheidenden Fragen, die dem vom Europarat eingesetzten engeren
Expertenkomitee für Vorsorgeuntersuchung bei Erwachsenen gestellt wurden.

Die erste Rechtfertigung einer Vorsorgeuntersuchung liegt darin, daß
gewisse Krankheiten im Anfangsstadium oder in einer relativ langsamen Entwicklung wirkungsvoller und billiger zu behandeln sind. In diesen Stadien zeigen
sich jedoch keine Symptome, und sie könnten nur aufgespürt werden, wenn
man scheinbar völlig gesunde Menschen solchen Kontrollen unterzieht. Dafür
eine große Anzahl von Menschen zu gewinnen, setzt voraus, daß man über
genaue Kriterien der Bewertung verfügt, und daß die Vorteile für die Interessierten und das Gesundheitssystem klar definiert sind.

The above criteria having been applied to 34 different screening programmes, only 10 conditions received the "gold medal" (all high-risk or antenatal groups or both). For another 9 conditions the evidence available does not allow a recommendation.

For the 13 conditions not recommended, the main reasons are: the frequency is too low, the screening test fails to meet the criteria, the relative advantage of early intervention is marginal or that no effective treatment exists, as in AIDS.

Examples of conditions recommended for screening
- Pulmonary tuberculosis in high-risk groups;
- Rubella in unvaccinated women before pregnancy (but 100% vaccination better);
- Hepatitis A in high-risk groups, Hepatitis B in high-risk occupations;
- Congenital syphilis antenatally;
- Gonorrhea antenatally;
- Cervical cancer;
- Sickle cell anaemia and
- Cooley's anaemia, both in high-risk populations;
- Down's syndrome (for older women and those with family history).

Examples of non-recommended conditions
- Genital herpes;
- Hepatitis non-A, non-B;
- AIDS;
- Stomach cancer;
- Bronchus/lung cancer (better to prevent smoking);
- Prostate cancer;
- Bladder cancer;
- Multiphasic sreening (yearly check-ups!)

Preventive Screening of Adults: an evaluation of methods and programmes, by D.A.T. Griffiths and E.J.Ruitenberg, Maisonneuve, 1987.

Eine Studie der Ergebnisse groß angelegter Vorsorgeuntersuchungen in aller Welt hat gezeigt, daß die wesentlichen Bewertungskriterien nur für eine kleine Zahl von Krankheiten gegeben sind. Nicht alle Krankheiten sind eine schwere Bürde und erfordern eine prophylaktische Behandlung. Ein weiteres Hindernis ist oft auch das Fehlen von Behandlungsmethoden wie zum Beispiel bei AIDS. Schließlich müssen die Untersuchungen ungefährlich und zuverlässig, aber für alle Interessierten auch annehmbar sein.

Grünes Licht für 10 Krankheiten
Nach Anwendung der genannten Kriterien auf 34 verschiedene Programme wurde nur für zehn Krankheiten grünes Licht gegeben (in allen Fällen handelt es sich dabei um Gruppen mit hohem Risiko und/oder vorgeburtliches Aufspüren). In 9 anderen Fällen erlauben die Elemente, über die man verfügt, keine Empfehlung zur Vorsorgeuntersuchung.

15 Krankheiten wurden für die Vorsorgeuntersuchung nicht empfohlen; die Gründe dafür sind: geringe Häufigkeit, Untersuchungen entsprechen nicht den Kriterien, unbedeutende Vorteile bei frühzeitiger Behandlung und, wie im Falle von AIDS, das Fehlen wirksamer Behandlungsmethoden.

Beispiele für Krankheiten, die sich zur Vorsorgeuntersuchung eignen
- Lungentuberkulose in Gruppen mit hohem Risiko
- Röteln bei Frauen, die vor der Schwangerschaft nicht geimpft worden sind (aber die 100%ige Impfung ist vorzuziehen)
- Hepatitis A in Gruppen mit hohem Risiko, Hepatitis B in Berufen mit hohem Risiko
- Vererbte Syphilis (im vorgeburtlichen Stadium)
- Gonorrhöe (im vorgeburtlichen Stadium)
- Krebs am Gebärmutterhals
- Sichelzellenanämie
- Trisomie 21 (bei älteren Frauen oder mit mongoloiden Vorfahren)

Beispiele für Krankheiten, für die die Vorsorgeuntersuchung nicht empfohlen wird
- Genitalherpes
- Hepatitis, weder A noch B
- AIDS ausgenommen bei Blutspende, Organspende und Gewebespende
- Magenkrebs
- Lungenkrebs (Besser ist Enthaltsamkeit beim Rauchen)
- Prostatakrebs
- Blasenkrebs
- Generaluntersuchung

Vorsorgeuntersuchung bei Erwachsenen: Bewertung der Methoden und Programme, von Adrian Griffith und E. J. Ruitenberg, Maisonneuve 1987 (nur in Französisch und Englisch erhältlich)

Ein erster Blick auf die Überschrift(en) und auf den Vorspann des Textes zeigt, daß die Übersetzerin ohne Makrostrategie gehandelt hat. Schon bei der klaren Identifikation des Themas des Beitrags verwirrt sie die Leser ihrer Übersetzung. Der Terminus *Vorsorgeuntersuchung* (und nicht nur *Vorsorge*) müßte bereits in der Überschrift auftauchen, denn Vorsorge kann durchaus auch im privaten Bereich durchgeführt werden, während Vorsorgeuntersuchungen dem staatlichen Gesundheitswesen zugeordnet sind.

Mißverständlich, wenn nicht geradezu irreführend, ist auch *Generaluntersuchung* (Vorspann und erster Textabschnitt). Generaluntersuchungen finden allenfalls bei technischen Geräten statt, so daß der Leser die Bildlichkeit dieses Ausdrucks auf den Gesundheitsbereich übertragen muß. Dabei wird jedoch das entscheidende semantische Merkmal nicht erkennbar: *private* Maßnahmen zur Kontrolle des gesundheitlichen Zustands, die im Gegensatz zu den *staatlichen* stehen.

Daß es sich dabei nicht nur um einen terminologischen Mißgriff handelt, wird in der Übersetzung des ersten Abschnitts deutlich, dessen Textfunktion von der Übersetzerin nicht erkannt wurde. Es handelt sich dabei nämlich um eine Einleitung oder Hinleitung zum eigentlichen Thema.

Die Rede ist vom jährlichen *Gesundheits-Checkup*, den sich manche Manager leisten und der in luxuriösen Privatkliniken durchgeführt wird. Mit dem eigentlichen Thema *Vorsorgeuntersuchung* hat dies nur insofern etwas zu tun, als es auch dabei um vorsorgliche Maßnahmen zur Erhaltung der Gesundheit geht, allerdings im **privaten** – und damit für staatliche Maßnahmen irrelevanten – Bereich.

Mit anderen Worten: Der Experte Griffiths äußert sich in diesem ersten Abschnitt nicht zum eigentlichen Gebiet seiner Expertise – typisch für eine Einleitung. Und typisch für eine Einleitung ist es auch, daß thematisch ein Randbereich aufgegriffen wird, der dem Publikum aus eigener Anschauung vertrauter ist als das eigentliche Sachthema: Von Gesundheits-Checkups hat jeder schon gehört, aber worin die Problematik der Vorsorgeuntersuchungen liegt, ist dem Durchschnittsleser unbekannt.

Insofern ist dieser erste Abschnitt – sind eigentlich die ersten drei Abschnitte des Textes – ein Zugeständnis an den Laien, ein Bemühen um Verständlichkeit (vgl. Kap. IV,2). Diese textliche Dimension wird von der Übersetzerin nicht erkannt, kann von ihr auch gar nicht erkannt werden, weil sie sich die Funktionszusammenhänge zwischen Thema, Autor und Medium nicht klargemacht hat.

Die logische Konsequenz ist eine Übersetzung, die sich an einzelnen Wörtern orientiert und diese problematisiert, z.B. *screening programmes* im ersten Abschnitt. Und das ist besonders fatal, weil die Gedankenführung in den ersten beiden Sätzen des Abschnitts nicht sehr logisch ist:

Screening programmes have become immensely popular during the last fifteen years. Yearly check-up clinics have been mushrooming to soothe the anxiety and stress of VIP managers who...

Hier scheint postuliert zu werden, daß die zunehmende Anzahl der Privatkliniken mit Gesundheits-Checkups ein Beweis – oder ein Beleg – für die zunehmende Popularität von staatlichen Vorsorgeuntersuchungen ist. Das eine hat mit dem anderen nur indirekt etwas zu tun: Der Gedanke, präventiv etwas für die Gesundheit zu tun ("bevor es zu spät ist"), liegt beiden Erscheinungen zugrunde, und es ist durchaus möglich, daß dieser Gedanke durch den Ausbau staatlicher Vorsorgeuntersuchungen auch im privaten Sektor zu einem Aufschwung geführt hat. Die Gedankenführung ist also an dieser Stelle etwas "unsauber", wenn wir streng logisch analysieren. Das tut jedoch ein Leser eines derartigen Textes in aller Regel nicht, er wird diesen "logischen Defekt" nicht als solchen wahrnehmen. Akzeptieren können wir einen solchen "Defekt" jedoch nur deshalb, weil wir wissen, daß die Sprache kein Instruktionsinstrument ist (vgl. III,4).

Der Übersetzerin fehlt jedoch beides: Die generelle Einsicht in die Natur sprachlicher Kommunikationsprozesse, und das spezifische Verständnis für die Textfunktion des Abschnitts "Einleitung". Weil ihr dieser Überblick fehlt – und sie offensichtlich nicht gelernt hat, wie man ihn gewinnt –, ist sie auf das Entschlüsseln einzelner Wörter zurückgeworfen, z.B. *screening programmes*. Sie schreibt ab, was das Wörterbuch anbietet: *Programme für Vorsorgeuntersuchungen (auch Reihenuntersuchungen)*. Besonders unprofessionell wirkt der Zusatz *(auch Reihenuntersuchungen)*. Damit wird dem Leser lediglich achselzuckend mitgeteilt: "Auch das hab' ich im Wörterbuch gefunden – such' dir halt aus, was hier am besten paßt."

3   Die Erfolgsstrategie

Wir sehen hier ein Beispiel für professionelle Inkompetenz, denn – wie gesagt – hier hat sich nicht eine Elevin am Übersetzen versucht, sondern diese Übersetzung wurde publiziert, und es ist nicht die einzige Übersetzung dieser Qualität, die von der gleichen Übersetzerin in *FORUM* veröffentlicht wurde.

Wir wollen hier nicht eine Liste der weiteren "Fehler" aufstellen, sondern auf den entscheidenden Mangel hinweisen: Die Übersetzerin hat keine Vorstellung davon, für wen sie diesen Text eigentlich übersetzt, ihr fehlt jede Makrostrategie. Das Spiegelbild dieser Prinzipienlosigkeit ist die Verantwortungslosigkeit, dieses achselzuckende "So steht es halt im (Original-)Text, da kann ich doch nichts dafür!", durch die dem Leser der Übersetzung nicht nur ein funktionierender Text vorenthalten wird, sondern durch die er auch noch durch entsprechende Formulierungen immer wieder darauf hingewiesen wird, daß er von einer Übersetzung keinen "normalen" Text erwarten darf.

So liest er als Zwischenüberschrift im zweiten Teil des Textes *Grünes Licht für 10 Krankheiten*. Selbstverständlich geht es hier um die Vorsorgeuntersuchungen für 10 Krankheiten, für die – wenn man diesen bildlichen Ausdruck unbedingt bemühen will – "grünes Licht" gegeben wurde. Hier wird gegen ein anderes textliches Prinzip verstoßen: Zwischenüberschriften sollen der schnellen inhaltlichen Orientierung dienen – diese wirkt eher desorientierend.

Doch es kommt noch wesentlich schlimmer. Ein Blick in die Liste der Krankheiten zeigt, daß hier unbekümmert Wörter ausgetauscht wurden:

Gruppen mit hohem Risiko anstelle von *Risikogruppen*; *eine 100%ige Impfung* anstelle von *Impfschutz für alle Frauen*; *Krebs am Gebärmutterhals* anstelle von *Gebärmutterhals-Krebs*; (Frauen) *mit mongoloiden Vorfahren* anstelle von *erblich vorbelasteten* (Frauen).

Eine Erkenntnis, die durch eine übersetzungs-vorbereitende Textanalyse gewonnen wird, ist die, daß diese Auflistung für medizinische Experten geschrieben wurde. Daraus leitet sich für kompetente Übersetzer eine strategische Maßnahme ab: Sie überprüfen selbstkritisch, ob es ihnen ihre Wissensbestände erlauben, die geforderten Normen für einen medizinischen Fachtext zu erfüllen. Wenn dies nicht der Fall ist, müssen sie die erkannten Defizite durch die Inanspruchnahme von Hilfe ausgleichen – durch die Befragung von Experten oder durch die Verwendung der einschlägigen Hilfsmittel (in diesem Fall: Medizinische Lexika).

Ein ganz wesentlicher Effekt des makrostrategischen Vorgehens liegt also darin, daß es Übersetzer in die Lage versetzt, ihre Kompetenz für die Übersetzung des jeweiligen Textes kritisch zu überprüfen. Aufgrund der vorbereitenden Analyse weiß er/sie, daß hier terminologisches und fachliches Wissen auf dem Gebiet der Medizin gefordert wird. Wenn ihm/ihr dieses nicht verfügbar ist – und innerhalb der festgelegten Zeit nicht verfügbar gemacht werden kann –, so wäre es durchaus eine übersetzerisch kompetente und verantwortungsvolle Entscheidung, die Übersetzung des Textes abzulehnen.

Die Übersetzerin des vorliegenden Textes kann jedoch zu solchen Überlegungen gar nicht vorstoßen, da ihr die methodischen Grundlagen fehlen, um sich den geforderten Überblick über den Text und die von ihm gestellten Anforderungen an die Übersetzung zu verschaffen. Sie geht offensichtlich von der – für Laien typischen – Vorstellung aus: "Ich kann Englisch, Deutsch kann ich sowieso, also kann ich auch einen Text aus dem Englischen ins Deutsche übersetzen!"

Ihr fehlt wiederum ein wichtiges Stück "Materialkunde": Niemand ist hundertprozentig sprachlich kompetent – nicht nur in der Fremdsprache nicht, sondern auch nicht in der Muttersprache. "Die deutsche Sprache" ist ein Sammelbegriff für eine große Anzahl von Sprachvarianten (wie z.B. Fachsprachen, Soziolekte, Dialekte), die kein kompetenter Verwender der deutschen Sprache gleichermaßen verstehen und verwenden kann. Wer von uns könnte einen juristischen Schriftsatz abfassen (oder auch nur verstehen), eine technische Beschreibung formulieren, alle regionalen Varianten der Umgangssprache verstehen?

Das heißt: Wir sind – auch in unserer Muttersprache – nur **relativ** kompetent. Das reicht zwar, um uns als kompetente Verwender der deutschen Sprache auszuweisen, aber es reicht nicht für die Übersetzung fremdverfaßter Texte, die uns Varianten aufzwingen, die möglicherweise außerhalb – oder am Rande – unserer sprachlichen Kompetenz liegen.

Für Übersetzer ist es deshalb von entscheidender Wichtigkeit, daß sie ihre sprachliche Kompetenz realistisch einschätzen können. Dies gilt nicht nur für den Ausgangstext (und damit in der Regel für die "Fremdsprachenkenntnisse"), sondern auch – sogar noch mehr – für den prospektiven Text, den Zieltext.

Fassen wir zusammen, welche praktischen und praxisrelevanten Ergebnisse ein makrostrategisches Vorgehen bei der Übersetzung des Textes gebracht hat:

- Es setzt Übersetzer in die Lage, ihre sprachliche Kompetenz für die zu erbringenden Leistungen zu beurteilen und entsprechend gezielt zu ergänzen.

- Dadurch wird es für sie möglich, den zeitlichen Aufwand abzuschätzen und vor dem Eintritt in die eigentliche Arbeit das Verhältnis von Kosten und Nutzen zu beurteilen.

- So können Übersetzer auch als Berater tätig werden, die das zu erwartende Produkt und seine Kosten abschätzen, um so dem interessierten Auftraggeber eine fundierte Entscheidung darüber zu ermöglichen, ob sich für ihn überhaupt eine Übersetzung lohnt, und was er möglicherweise durch Bereitstellung von Material oder den Verzicht auf die Übersetzung des ganzen Textes tun kann, um den Aufwand zu verringern und damit Kosten zu sparen (nähere Beschreibung der Beratertätigkeit in XI,3).

- Auf der Grundlage der eigenen, fundierten Makrostrategie läßt sich auch eine fundierte Übersetzungskritik formulieren, die sich nicht darauf beschränkt, die Übersetzung einzelner Wörter zu kritisieren. Wer selbst eine Makrostrategie aufbauen kann, kann auch beurteilen, ob der Übersetzer strategisch vorgegangen ist und sich für den ihm formulierten Text verantwortlich gefühlt hat (zur Übersetzungskritik vgl. auch Kap. IX).
  Auch diese Fähigkeit ist in der Praxis sehr gefragt. Viele Übersetzerabteilungen in großen Unternehmen oder bei Behörden sind so organisiert, daß berufserfahrene Übersetzer als Kontrolleure bzw. Überprüfer arbeiten. Diesen Personen fällt die undankbare Aufgabe zu, die Übersetzungen der Kollegen und Kolleginnen zu überprüfen, d.h. zu kritisieren. Dies sachlich und fachlich fundiert zu tun, ist nicht möglich, wenn man selbst keine Vorstellung davon hat, wie übersetzerische Kompetenz aufgebaut wird und wie sie sich manifestiert (vgl. dazu auch Kap. XII).

- Mit dem Instrument der makrostrategischen Analyse kann der Übersetzer den eigenen Recherchebedarf abschätzen und definieren. Dies ist deshalb so wichtig für die Praxis, weil es dort so gut wie nie vorkommt, daß man sich sofort nach Erhalt des zu übersetzenden Textes ohne weitere Vorbereitung daran macht, den zielsprachlichen Text zu formulieren. In der Praxis sind fast immer Vorab-Recherchen nötig (wovon – und das ist typisch für ihren Zustand – die Didaktik der Übersetzerausbildung kaum Notiz genommen hat).

Darüber hinaus nutzen große Übersetzerabteilungen, aber auch Agenturen, zunehmend die Möglichkeit, Recherche mit Hilfe des Computers zu betreiben: Durch Nutzung von Datenbanken, von Datenfernübertragung oder von kommerziellen CD-ROMs. Ob sich der Einsatz dieser Hilfsmittel lohnt, wie man sinnvoll die eigene Terminologiebank anlegt und ausbaut – dies sind in der modernen Übersetzerpraxis wichtige Fragen, auf die wiederum nur auf der Grundlage einer bewußt angewandten Übersetzungsstrategie eine Antwort gegeben werden kann. (Detaillierte Auskünfte gibt z.B. Schmitt 1993.)

VII Unter der Brücke

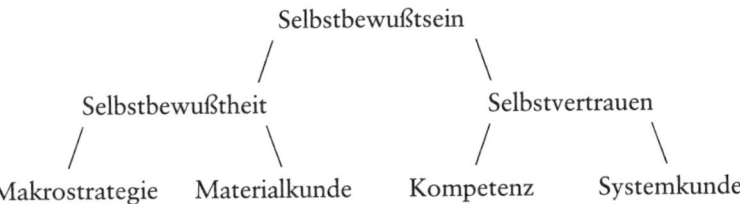

Diese schematische Skizze soll noch einmal die Faktoren darstellen, die für das selbst-bewußte Übersetzen entscheidend sind. Mit einigen haben wir uns schon eingehend beschäftigt, vor allem mit denen auf der linken Seite. Wir haben uns mit dem "Material" Sprache beschäftigt, wir haben die Entwicklung einer Makrostrategie beschrieben. Auch das Stichwort "übersetzerische Kompetenz" ist schon gefallen, vor allem wurde in Kapitel II ausführlich begründet, weshalb man nicht von einer "natürlichen Übersetzungskompetenz" sprechen sollte.

In diesem Kapitel soll nun ausführlich von dem System die Rede sein, das die sprachlichen Zeichen verarbeitet und das gleichzeitig der Sitz unseres Selbstvertrauens und unseres Bewußtseins ist, nämlich von unserem Gehirn.

Gleichzeitig führen wir damit die Diskussion zur Semantik weiter, die wir in Kapitel IV mit der Darstellung der Prototypen-Semantik und der *fuzzy logic* vorläufig zum Abschluß brachten. In Kapitel V wurden die sprachlichen Zeichen zunächst so dargestellt, als sei ihre Bedeutung ganz unabhängig von ihrem "Betriebssystem", also den Verstehensstrukturen, definierbar. Doch schon bei der Vorstellung der Prototypen-Semantik (V,3) wurde deutlich, daß dies nicht möglich ist: Wenn wir übersetzungs- (und übersetzer-)relevante Aussagen über das Zustandekommen von Bedeutung machen wollen, müssen wir die Verstehensstrukturen, so, wie sie in unserem Gehirn angelegt und von jedem uns ausgebaut wurden, mit einbeziehen.

1 Schemes und Frames

Wir können also Sprache und Gehirn nicht voneinander trennen – wir bestehen sogar darauf, daß sie untrennbar zusammengehören. Das ist übrigens eine Erkenntnis, die auch für die Entwicklung der maschinellen Übersetzung (und eines elektronischen Dolmetschgeräts) von entscheidender Wichtigkeit wurde. Dazu später mehr.

Wenn wir die "Psychologisierung" der Semantik noch einen Schritt weiter treiben, als es in der Prototypen-Semantik schon geschehen ist, so kommen wir

zu dem Modell der *schemes und frames*. Es handelt sich dabei um psycholinguistische Konzepte zur Beschreibung kognitiver Basisoperationen.

> Die Bausteine eines solchen konstruktiven Bewußtseinbegriffs werden in der
> Psychologie meist mit dem Terminus "Schema" (Bartlett, Piaget, Mandler),
> "Plan" oder mentale bzw. kognitive "Struktur" (Miller, Galanter, Pribram)
> bezeichnet, wobei häufig auch auf die weitgehende Übereinstimmung dieser
> Begriffe untereinander hingewiesen wird. Schemata, Pläne, kognitive Strukturen
> sind keine Abbilder oder Kopien von Ereignissen, Gegenständen oder Sach-
> verhalten der Umgebung, sondern abstrakte Operationseinheiten, die unsere
> Erfahrungen von Ereignissen aktivieren, indem sie diese strukturieren und
> zugleich von ihnen strukturiert werden (...).
> (Oeser/Seitelberger 1988,144)

Mit diesen Worten versuchen die Gehirnphysiologen Oeser und Seitelberger
etwas detaillierter zu beschreiben, was wir uns unter den Instrumenten des
Verstehens im einzelnen vorzustellen haben, die auch als *kognitive Strukturen*
bezeichnet werden.

Die amerikanische Psycholinguistin Deborah Tannen(1979, 171) nennt die
epistemischen Strukturen *structures of expectation* (= Erwartungsstrukturen).
Innerhalb dieser unterscheidet sie zwischen *schemata, scripts and frames*, Begriffen, die aus der Psychologie kommen und die sowohl von der Gehirnphysiologie
als auch von der psychologisch orientierten Linguistik aufgenommen und zum
Teil neu definiert wurden.

Eine Reihe von Psychologen benutzten diese Termini verschieden, einige
auch mehr als einen Terminus gleichzeitig, so daß ein terminologisches Durcheinander entstanden ist, das heute kaum mehr aufgelöst werden kann.

Es erscheint deshalb angebracht, eher die einzelnen Differenzierungen innerhalb des Konzepts der Erwartungsstrukturen zu betrachten, als sich auf eine
terminologische Diskussion einzulassen.

Entscheidend ist, daß – noch radikaler als bei der Prototypen-Semantik – die
schon bestehenden Verstehensstrukturen zum Ausgangspunkt des Verstehens-
vorgangs gemacht werden. Was wir verstehen, ist also nur zu einem Teil davon
abhängig, was "von draußen" hereinkommt – mindestens genauso wichtig ist,
mit welchen Erwartungen wir dieses "Material" aufnehmen. Damit wird die
aktive Beteiligung des individuellen Bewußtseins am Verstehensprozeß noch
stärker betont.

2   Trinken Kühe Milch?

Zunächst kann man mit dieser Modellierung sehr elegant erklären, wieso wir uns
so häufig "verlesen" oder "mißverstehen". Wenn etwa ein älterer Zeitungsleser,
der gerade gestern zum ersten Mal Opa wurde, in einem Leitartikel seiner

Tageszeitung liest, in der deutschen Wirtschaft ginge es jetzt mit *Großelternkraft* weiter, und erst später merkt, daß hier eigentlich *mit gedrosselter Kraft* stand, so ist die Erklärung mit Hilfe der Erwartungsstrukturen ganz einfach: Sein Bewußtsein ist zur Zeit des Lesens stark von der neuen Großvaterrolle geprägt, möglicherweise auch von dem Gefühl, jetzt zur weniger vitalen Generation der "Senioren" zu gehören, und so erklärt sich sein "Verlesen" aus seinen dominanten Bewußtseinsinhalten.

Ein anderes Beispiel soll verdeutlichen, daß nicht nur Inhalte des Bewußtseins den Verstehensprozeß lenken, sondern auch bestimmte Assoziationsmuster.

Ich sage zu meinem Gesprächspartner: "In letzter Zeit höre ich von meinen Studentinnen und Studenten immer wieder das Wort *Knilch*. Ehrlich gesagt – ich bin nicht ganz sicher, was damit gemeint ist. Ich glaube, ich weiß nicht einmal, wie man das schreibt."

Der Partner buchstabiert hilfsbereit: "K – N – I – L – C – H". Aber ich bohre weiter: "Kannst Du mir *Knilch* irgendwie definieren?"

Auch das ist für das Opfer kein Problem: "Ein junger Bursche, so ein Halbwüchsiger. Mädchen sagen das etwas abfällig über junge Burschen. Ich glaube, früher hat man *Macker* dazu gesagt. Aber *Knilch* ist eigentlich auch schon relativ alt. Ich weiß, in meiner Jugend gab es so einen Schlager: 'Süß ist die Liebe in der Milchbar, manches Mädchen trifft so gerne ihren Knilch da!'"

An dieser Stelle unterbreche ich unvermittelt: "Sag mal, was trinkt eigentlich eine Kuh?"

Und das Opfer sagt prompt: "*Milch* – warum?"

Die Manipulation gelingt fast immer – Menschen, die sehr gut wissen, daß Kühe keine Milch trinken, sondern Wasser, lassen sich durch eine geschickte Lenkung der Assoziation zu der Äußerung "Kühe trinken Milch" manipulieren. Die Assoziationslenkung geschieht bei dieser Manipulation auf zwei Pfaden:

Einmal durch den phonetischen Anklang *KNILCH – MILCH*; zum anderen aber auch durch die Nutzung der Assoziation *KUH – MILCH*. Die Kuh ist sozusagen das prototypische Milch-Tier, so daß es nur des kleinen Anstoßes durch den phonetischen Anklang *KNILCH* bedarf, um diese latente Assoziation auszulösen.

Diese Manipulation – und es gibt noch viele andere Formen davon, die nach dem gleichen Prinzip funktionieren – zeigt, daß unsere Wissensbestände keineswegs semantisch oder logisch geordnet abgespeichert sind. Sie sind vielmehr vielfältig vernetzt, sozusagen in Schaltkreise integriert. Wie diese Schaltkreise, diese Vernetzung der Assoziationen, bei jedem einzelnen individuell gestaltet ist, hängt sicher auch von seiner Biographie ab, von der Art und Weise, wie er/sie die verschiedenen Wissensbestände erworben hat. Aber es gibt offenbar auch über-individuelle Schaltkreise – wir können sie auch als Erkennungsmuster bezeichnen –, die kulturspezifisch und insofern innerhalb einer Kultur- und Sprachgemeinschaft allgemein verbindlich sind.

Gerade an dem Beispiel *Kuh* läßt sich dies zeigen: In Indien gehört die sprachliche Entsprechung für dieses Wort in einen ganz anderen "Schaltkreis",

nämlich in den religiösen – die "heilige Kuh". Und diese kulturgeprägte Assoziation hat in Indien sogar so große Verbindlichkeit, daß sich ganz dezidierte
Verhaltensregeln gegenüber Kühen daraus ableiten.

Unser Verstehensapparat arbeitet also nicht nur mit logisch-analytischen
Strukturen, die sequentiell die anströmenden Daten abtasten und evaluieren.
Vielmehr scheint es eher so zu sein, daß – zumindest beim ersten Erkennungs-
versuch – ganzheitliche (holistische) Erwartungsstrukturen aktiviert werden, mit
deren Hilfe die ganze Gestalt eines Objekts (oder einer sprachlichen Äußerung)
identifiziert wird.

Dieses holistische, gestaltorientierte Erkennen hat den Vorteil, wesentlich
schneller zu sein als das analytische, sequentielle Abtasten der einzelnen Bestandteile des Datenmaterials. Der Nachteil liegt darin, daß es dabei zu Irrtümern und
Täuschungen kommen kann, weil manchmal Details nicht "richtig" beachtet
werden.

"Richtig" ist also ein relativer Begriff: Es kommt nicht darauf an, alles detail-
liert oder "genau" zu erfassen, sondern so, wie es in der jeweiligen Situation
zweckdienlich ist. Unser Verstehensapparat arbeitet nach dem Prinzip der Opportunität.

Der Verstehensprozeß verläuft automatisch, solange unsere Erwartungsstrukturen bestätigt werden. Zu eigentlich kognitiven Reflexionsprozessen
kommt es erst, wenn diese Erwartungen nicht erfüllt werden.

3 Erwartungsstrukturen

Der Linguist Fillmore (1977) benutzt seine *scene-and-frame*-Theorie dazu, um
bisher unklar definierte Gebiete der Linguistik schärfer auszuleuchten. Er verwendet *frame* für jedes System sprachlicher Möglichkeiten, das mit prototypi-
schen Szenen in Verbindung gebracht werden kann (the *word* **frame** *for any*
system of linguistic choices ... that can get associated with prototypical instances of
scenes) und *scene* für jede Art von zusammenhängenden Segmenten menschlicher
Überzeugungen, Handlungen, Erfahrungen und Vorstellungen (*any kind of*
coherent segment of human beliefs, actions, experiences or imaginings).

Entscheidend ist für ihn, daß – und wie – *scenes* mit *frames* verknüpft werden.

Was all diese Forschungsgebiete zusammenführt, ist die Erkenntnis, daß
Menschen nicht Reizen ausgesetzt sind, die in irgendeiner unabhängigen und
objektiven Art und Weise existieren, sondern daß wir auf diese Reize als erfahrene Verstehensveteranen reagieren, die ihre früheren Erfahrungen als "organisierte
Menge" abgespeichert haben und die Ereignisse und Objekte der Welt in deren
Relation zueinander und gleichzeitig in Relation zu früheren Erfahrungen wahrnehmen. Diese früheren Erfahrungen oder diese organisierten Wissensbestände
formieren sich als Erwartungen in bezug auf die Welt, und in der überwiegenden

Mehrzahl der Fälle bestätigt die Welt (systematisch geordnet, wie sie nun einmal ist) diese Erwartungen, wodurch wir uns die Mühe sparen, jedesmal wieder bei Null zu beginnen.

Während also einerseits die Erwartungsstrukturen es ermöglichen, daß wir die Objekte und Ereignisse unserer Welt schnell erkennen und interpretieren, werden andrerseits durch sie unsere Wahrnehmungen nach diesem Bilde modelliert.

Wir verstehen – und selektieren bereits aus der unendlichen Menge potentiell vorhandener Daten – durch und mittels der uns bereits zur Verfügung stehenden, individuell strukturierten Bewußtseinsinhalte. Gleichzeitig aber stabilisieren und perpetuieren wir dieses vorhandene Bewußtsein dadurch, daß wir in den anströmenden Daten immer wieder die bereits existierenden Erkenntnisstrukturen und -inhalte entdecken. Die vitale Aufgabe des erkennenden Bewußtseins ist es, sich selbst zu bestätigen und damit die Identität der erkennenden Person immer wieder neu zu begründen.

Da dieses Konzept der *frames* und *schemes* von solch zentraler Bedeutung ist, soll es noch einmal an einem Beispiel illustriert werden:

In einem Fernsehwerbespot der Firma Krups für Mikrowellenherde sehen wir einen festlich gedeckten Tisch, darauf eine knusprig gebratene Ente. Die Gäste kommen, die kurze Abwesenheit der Gastgeber benutzt der Hund, um die Ente vom Tisch zu zerren und zu verschlingen. Wir sehen das ratlose Gesicht der Gastgeberin, dann den Mikrowellenherd. Schnitt: Eine neue Ente wird in das Gerät geschoben, Schnitt: Sie ist bereits halbgar, Schnitt: Sie ist knusprig braun, Schnitt: Alle sitzen fröhlich beim Entenbraten am Tisch.

Es wird nicht **gesagt**, daß das Gerät so schnell ist, daß die Gäste auf die zweite Ente kaum zu warten brauchten. Aber durch die Sequenz der Szenen wird der Betrachter stimuliert, genau dies anzunehmen, denn er sieht eine Hausfrau in einer peinlichen Situation, die sich – dank des Geräts – innerhalb kürzester Zeit in Harmonie verwandelt.

Nicht nur die Szenenfolge, auch das befreite Lächeln der Hausfrau, die fröhlichen Gäste, der niedliche Hund stimulieren den Betrachter, selbst ein Schema zu entwerfen, in dem die unglaublich kurze Bratzeit in einem Mikrowellenherd Ursache der dramatischen Peripetie ist.

Der Effekt des Spots beruht also darauf, daß der Betrachter sich selbst gerade das vormacht, was in der Werbung (aus Wettbewerbsgründen) niemand behaupten dürfte, nämlich, daß in einem Mikrowellengerät innerhalb weniger Minuten aus einer tiefgefrorenen eine knusprig gebratene Ente wird.

Man könnte nun empört dagegen protestieren, daß wir durch diese Werbung manipuliert werden. Aber man darf dabei nicht vergessen, daß es sich um eine ganz alltägliche Manipulation handelt, denn wenn wir uns der Sprache in der Kommunikation bedienen, setzen wir auf diese aktive Schematisierung durch den Kommunikationspartner. Dies wird besonders in der mündlichen Kommunika-

tion deutlich, wo wir uns selten in syntaktisch wohlgeformten Sätzen ausdrük-
ken, sondern häufig abbrechen, Konstruktionspläne ändern, schiefe Ausdrücke
verwenden usw. Darunter leidet die Kommunikation selten, denn wir setzen
darauf, daß uns der andere schon verstehen wird.

Und das müssen wir auch, denn selbst bei größter semantischer und syntakti-
scher Präzision können wir unseren Gesprächspartner oder Leser niemals durch
sprachliche Mittel allein bindend darauf verpflichten, das zu verstehen, was er aus
unserer Absicht verstehen soll. Wir müssen deshalb nicht nur verstehen, wozu
ein Mensch die Sprache benutzt, sondern auch, wozu die Sprache den Menschen
benutzt (vgl. Kap. III,4 und XII).

4 Wörter an sich

Die überwiegende Mehrzahl der Texte, die übersetzt werden, sind von Laien-
textern hergestellt. Laientexter sind Menschen, die nicht deshalb das Wort
ergreifen, weil sie besonders gut oder reflektiert damit umgehen können, sondern weil sie aufgrund ihrer beruflichen Qualifikation oder ihrer Stellung in der
Gesellschaft etwas zu sagen haben. Typische Vertreter dieser Art sind Politiker,
die sich zu einer breiten Vielfalt von Themen äußern, ohne auf diesen Gebieten
als Experten ausgewiesen zu sein.

Sie sind auch keine reflektierten Sprachbenutzer, zumindest nicht in dem
Sinne, daß man sie als Textbaufachleute ansehen könnte. Sie sehen die Sprache
als ein Vehikel, mit dem sie Botschaften und Emotionen transportieren können,
also als ein Instrument, das ihren Zwecken dient.

Insofern repräsentieren sie die verbreitete Ansicht der linguistischen und
kommunikationswissenschaftlichen Laien, nämlich daß Sprache ein Mittel zum
Zweck sei, das dazu diene, Gedanken und Botschaften, also "Inhalte", zu transportieren. Sie "beherrschen" in diesem Sinne ihre Muttersprache, d.h. sie erwarten
vom Medium Sprache, daß es ihnen gehorcht. Und sie würden selbstverständlich
behaupten, daß sie die deutsche Sprache in Wort und Schrift beherrschen.

Daß nicht nur wir etwas mit der Sprache, sondern daß die Sprache etwas mit
uns macht, haben wir oben (III,4) ausführlich dargestellt. Um zu verstehen, wozu
und wie wir Sprache benutzen, muß man verstanden haben, wie überhaupt
sprachliche Begrifflichkeit in unser Gehirn "hineingeraten" ist. Unsere Sprache ist
viel mehr als nur ein Instrument, das unseren kognitiv verfügbaren Zwecken
dient. Sie entwickelt ihre eigene Dynamik, spricht ihre eigene Sprache, weil sie
nicht von unserem Bewußtsein getrennt werden kann. Die sprachlichen Zeichen
stehen nicht für eine "objektive" Welt draußen, sondern sie sind das – vorläufige
– Produkt der Verstehensprozesse, mit denen wir diesen jeweiligen Weltausschnitt in unser Bewußtsein integriert haben. Von diesem Prozeß lassen sich die
sprachlichen Zeichen nicht mehr säubern, er ist Teil der Bedeutung, die sie für
uns haben.

Das heißt aber auch: Wenn wir sprachliche Zeichen, etwa bei der Produktion von Texten, verwenden, unterwerfen wir uns wieder den Bedeutungen, die sie für uns gewonnen haben. Wir können sie nicht anders verwenden als so, wie sie für uns verfügbar geworden sind. Damit wird noch einmal deutlich, daß wir, als sprechendes Individuum, in einem gewissen Maße auch das Instrument unserer Sprache sind – wir drücken aus, was sie uns sagt.

Noch radikaler Stolze:

> Der einzelne "beherrscht" nicht seine Sprache, er ist vielmehr in sie hineingeboren und ihr fast restlos unterworfen. Sein internalisierter Sprachbesitz ist durch die sprachliche Umwelt und die spezifische Kultur bedingt.
> (Stolze 1992,30)

Den gleichen Tatbestand drücken die Gehirnphysiologen Oeser/Seitelberger so aus:

> Die (sprachlichen) Zeichen sind keine Signale mehr, sie dienen lediglich der Selbstinstruktion des intentionalen Bewußtseins, das mit seinen eigenen kognitiven Zuständen in diskreter argumentativer Weise interagieren kann. Wie ... dargestellt, liegt bei der Sprache als Gehirnleistung kein neurophysiologischer Code vor, sondern nur ein eigenes funktionales Codesystem, das die Resultatkomplexe der Gehirntätigkeit vertritt.
> (Oeser/Seitelberger 1988, 163)

In beiden Zitaten wird deutlich, daß Bewußtsein und Selbst-Bewußtsein (in der doppelten Bedeutung von Selbst-Vertrauen und Selbst-Bewußtheit) eng verknüpft sind und daß die Ursache dafür die physiologischen Grundlagen des Bewußtseins sind. Das Bewußtsein ist nicht als schon gegeben zu sehen, sondern als Produkt der Gehirntätigkeit, und damit ist es an diese gebunden.

Man könnte etwas dramatisch sagen, das Bewußtsein sei das Produkt eines Kampfes, in dem sich das "Ich" gegen die Daten, die über die neuronalen Bahnen kontinuierlich anströmen, immer wieder neu selbst etabliert und selbstreferentiell, d.h. auf sich selbst Bezug nehmend, seine Identität errichtet.

Welche der anströmenden Daten Teil unseres intentionalen Bewußtseins werden, hängt von dem Ausgang eines Kampfs ab, dessen wir uns aus gehirnphysiologischen Gründen nicht bewußt sein können. Bergström spricht von einer geradezu "darwinistischen" Selektion der überlebensstärksten Daten und gebraucht – auf C. G. Jung anspielend – den Vergleich, daß die "Daten in unserem Bewußtsein existieren wie die wilden Tiere im Wald, die um das Überleben kämpfen *(our thoughts live in our mental world like the animals in the woods struggling for their lives.* (Bergström 1988,33)

Eine wesentliche Aufgabe des Bewußtseins ist also die Behauptung der Identität des "Ichs". Dies ist nur möglich, indem stabilisierende Strukturen dafür sorgen, daß ein wesentlicher Teil der Daten wiedererkannt wird, also in schon bestehende Erkenntnisstrukturen integriert wird.

Unser Bewußtsein ist also nicht ein leerer Raum, der je nach der Richtung unserer Aufmerksamkeit mit Teilen der Außenwelt gefüllt wird, sondern es ist in jedem Fall ein sich selbst schaffendes, konstruiertes Bewußtsein.

Darin liegt die Dialektik der "Bewußtheit" von den mentalen Prozessen: Im unkontrollierten Arbeitsraum entstehen und organisieren sich kognitive Daten durch nicht kontrollierbare Strukturen und Vernetzungen. Gleichzeitig sind es aber doch wieder wir selbst, durch die Identität unseres Ichs, die für diese Selektion und Organisation verantwortlich sind. Wir sind – um es paradox auszudrükken – uns dessen bewußt, daß etwas mit uns geschieht.

Dies bedeutet gleichzeitig, daß unser neuro-epistemologisches System darauf ausgerichtet ist, funktionale Wertigkeiten zu errichten. Es ist keinesfalls ein Abbildungs-, sondern ein Datenbearbeitungssystem:

> Kein Gegenstand der Erkenntnis sendet Signale fürs Bewußtsein aus. Keine Lichtwellen, Strahlen oder chemische Substanzen dringen als solche ins zentrale Nervensystem. Keiner dieser energetischen Vorgänge trägt schon Bedeutung, auch nicht für ein bestimmtes Sinnesorgan. Was Bedeutung oder Relevanz hat und was Bedeutung ist, entsteht erst im Innern des Systems, das heißt im Gehirn. (Oeser/Seitelberger 1988, 186)

Auch die Bearbeitung von Daten darf man sich nicht als mechanistisches "Dekodieren von Informationen" vorstellen, bei dem bestimmte semantische oder semiotische Inhalte aus den Objekten gelöst und in den "Gehirninhalten" gespeichert werden. Neurophysiologisch betrachtet stellt jeder Erkenntnisprozeß ein Ereignis dar, an dem die schon vorhandenen Erkenntnisstrukturen beteiligt sind, und zwar in zwei verschiedene Richtungen: Sie machen etwas aus den bearbeitenden Daten, und sie verändern sich wiederum selbst unter dem Einfluß dieses Bearbeitungsprozesses.

Mit einem Wort, und sicher sehr vereinfachend, gesagt: Unser Bewußtsein arbeitet vorzugsweise mit opportunistischen Strategien, und keineswegs immer mit den Regeln und Normen der formalen Logik. Welche Konsequenzen diese Erkenntnis gerade für die modernsten Ansätze zur Simulation der Übersetzungsprozesse auf Computersystemen hat, werden wir noch ausführlich besprechen.

Die Gehirnphysiologie weist nach, daß jede Form des Bewußtseins das "Ich" zur Voraussetzung hat. Und daraus ergibt sich, daß weder das "Ich-an-Sich" beobachtbar ist, noch "Bewußtsein-an-sich". Noch – und das ist für uns entscheidend wichtig – das "Wort-an-sich".

Damit sind wir wieder bei dem Phänomen der Sprache, das man als das Medium des selbstreferentiellen Bewußtseins definieren könnte.

> Die (sprachlichen) Zeichen sind keine Signale mehr, sie dienen lediglich der Selbstinstruktion des intentionalen Bewußtseins, das mit seinen eigenen kognitiven Zuständen in diskreter argumentativer Weise interagieren kann. Wie ... dargestellt, liegt bei der Sprache als Gehirnleistung kein neurophysiologischer

Code vor, sondern nur ein eigenes funktionales Codesystem, das die Resultat-
komplexe der Gehirntätigkeit vertritt.
(Oeser/Seitelberger 1988, 163)

Bedeutung kann deshalb nur systemrelativ entstehen, nicht als Merkmalkomplex
eines außerhalb des Bewußtseins existierenden "Worts-an-sich". Ganz entschieden äußert sich in diesem Sinne Bergström (1988). Er benutzt den bildlichen
Ausdruck *possibility cloud*, um damit den Zustand verständlich zu machen, in
dem die anströmenden Daten eine "Wolke von Möglichkeiten" darstellen, die
vom rezipierenden Bewußtsein auch nur sehr "nebulös" wahrgenommen wird.
Bevor eine Entscheidung gefallen ist, sind alle Daten potentiell bedeutend und
können im selbstreferentiellen Prozeß ins Bewußtsein gehoben werden. So
stellen sie sich in ihrer Gesamtheit vor diesem "Gehirnereignis" der Entscheidung (an dem wiederum unser Ich über die stabilisierenden Strukturen des
Bewußtseins beteiligt ist) als eine nur sehr vage wahrgenommene Menge poten-
tieller Bedeutungen dar, die introspektiv nicht fixiert werden kann.

Das zentrale Paradox des sprachlichen Verstehens besteht nun darin, daß ein
Wort sich auflösen muß, um Bedeutung zu gewinnen. Es gewinnt nämlich
dadurch Bedeutung, daß es sich in ein größeres Schema einfügt oder dieses
assoziativ verfügbar macht. Dieser Prozeß der Integration in größere Bedeu-
tungsstrukturen ist die einzige Chance für ein Wort, Bedeutung zu erlangen. Und
das bedeutet: Das (Bedeutung erlangende) Wort ist ein Gehirnereignis – nur was
einen Prozeß im Gehirn auslöst, kann Bedeutung erlangen.

Mit den Worten Bergströms:

We can see that the existence of a word depends on the united whole to which
it belongs. For this it is not sufficient that it forms a PART of this unity: it has to
be "SOLVED" into the wholeness. So the precondition for a word to exist is its
disappearance. This paradoxical conclusion can be logically understood in the
context of a language only insofar as words as such do not MEAN anything
(they have no value); only the purpose to which they are used possesses a
meaning.
(Bergström 1988,32–33)

Gerade der letzte Satz mag für viele Ohren sehr provozierend klingen: ...*Wörter
an sich haben keine Bedeutung (sie stellen keinen Wert dar); nur der Zweck, für
den sie verwendet werden, hat eine Bedeutung.*

Dieses Prinzip gilt natürlich auch für die schriftliche Kommunikation durch
Texte. Ein Wort, das von einem Gehirn an das andere gesendet wird, muß sich
zunächst in der Wolke von Möglichkeiten auflösen, die sich das rezipierende
Gehirn schafft. Das hat zur Konsequenz, daß sich nicht präzise voraussagen läßt,
welche Bedeutung diesem gesendeten Wort zugesprochen wird. Wir können
allenfalls Aussagen über die wahrscheinliche Bedeutung des Worts machen.

Die gehirnphysiologischen Erkenntnisse zur Natur der Verstehensprozesse
machen zweierlei deutlich:

1. Daß der Vorgang des Übersetzens höchst artifiziell und hoch-komplex ist: Setzt schon die Schaffung des Bewußtseins die selbstreferentiellen Fähigkeiten des Gehirns voraus, so beschäftigt sich der Übersetzer beim Übersetzen selbstreferentiell mit seinem selbstreferentiellen System – seiner Sprache. Soll er nun gar noch darüber Auskunft geben, was er macht, wenn er übersetzt, so macht er selbstreferentiell Aussagen über die selbstreferentielle Benutzung des selbstreferentiellen Systems Sprache.

2. Die in den vorigen Kapiteln dargestellten Illusionen über das Übersetzen, die gängigen Urteile und Vorurteile, die Ineffektivität der traditionellen Didaktik bei der Übersetzerausbildung – all dies beruht darauf, daß wir ohne einen ganz erheblichen Aufwand nicht wissen (können), was eigentlich beim Übersetzen geschieht und wie der Übersetzungsprozeß mental erlebt wird. Es gibt keinen anderen Weg, Übersetzungsprozesse effizient zu fundamentieren, als diese Grundlagen des Verstehens zu klären.

Die Subjektivität des Übersetzens und die Individualität der Übersetzer ist also keine Übersetzer-Willkür, kein Ego-Trip, kein Versuch, die aufgestaute schriftstellerische Kreativität in Übersetzungen einzubringen – nein, sie ist Ausdruck der notwendigen Subjektgebundenheit der Verstehensvorgänge, die nur selbstreferentiell funktionieren können.

Die Vorurteile gegenüber Übersetzern, die Fehleinschätzungen dessen, was beim Übersetzen geschieht, die Hilflosigkeit und Orientierungslosigkeit bei der Beurteilung von Übersetzungen – all dies läßt sich auf dieses zentrale Mißverständnis zurückführen. Andrerseits ist es geradezu unvermeidlich, daß diese Mißverständnisse und Fehleinschätzungen entstehen, denn der scheinbar so zugängliche und leicht verständliche Untersuchungsgegenstand "Übersetzen" erweist sich bei näherer Betrachtung als so komplex und vielschichtig, daß Außenstehende geradezu gezwungen sind, an ihren vereinfachenden Modellbildungen und Illusionen festzuhalten.

Erkenntnisfortschritte werden auf vielen Gebieten nur durch die Zerstörung von Illusionen erzielt. Je eindrucksvoller und einfacher die akzeptierte Illusion wirkt, desto schwerer hat es die neue Idee, sich dagegen durchzusetzen – man denke an die grandiosen Illusionen des geozentrischen Weltbilds oder der Vor-Einsteinschen Physik.

Die Illusionen sind auch in diesen Wissensgebieten noch keineswegs verschwunden: Wir lassen immer noch "die Sonne aufgehen", wir sprechen immer noch von der Anziehungskraft der Erde, aber wir wissen, daß dies laienhafte Ausdrücke sind, die von Experten nicht verwendet werden – und die wir auch selbst nicht verwenden, wenn wir uns als ernstzunehmende Gesprächspartner innerhalb dieses Wissensgebiets darstellen möchten.

Der entscheidende Unterschied zwischen diesen Wissensgebieten und dem der Übersetzung liegt darin, daß auf dem Gebiet der Übersetzungen die Illusionen heute noch genauso dominieren wie vor zweihundert Jahren. Der Erkenntnisfortschritt in den Bereichen der Verstehenspsychologie, der Psycholinguistik, der Gehirnforschung und der Kommunikationswissenschaften hat die zentralen – und unheilvollsten – Illusionen nicht zu erschüttern vermocht: Übersetzen sei eine symmetrische Abbildungsfunktion, beim Übersetzen werde eine kostbare Wortfracht von einem Gestade zum anderen befördert usw.

Die Ignoranz der meisten Laien auf dem Gebiet der Übersetzung ist sogar so groß, daß sie nicht einmal wissen, daß sie Laien sind. Und so perpetuieren sich die Illusionen weiter – auch bei denen, die es besser wissen könnten und müßten. Wenn aber praktizierende Übersetzer den Wert der Reflexion über die Grundlagen des Übersetzens leugnen, kann man es den Laien nicht übelnehmen, daß sie sich für genauso gut – oder genauso schlecht – qualifiziert halten, Aussagen über Übersetzungen zu machen, wie praktizierende Übersetzer.

Die Konsequenz dieser Entwicklung ist eine eigentümliche Spaltung: Das öffentliche Bewußtsein bleibt auf seinem mittelalterlichen Stand, während jedoch auf dem Gebiet der anwendungsbezogenen Technologie – maschinelle Übersetzung, elektronische Dolmetschgeräte – längst ein Umdenken eingesetzt hat, veranlaßt durch genau die Erkenntnisse, von denen in diesem Kapitel die Rede war. Das nächste Kapitel wird zeigen, daß gerade Computerexperten und Informatiker paradoxerweise viel eher bereit sind, die Subjektgebundenheit des Verstehens zu akzeptieren, als viele praktizierende Übersetzer, die sie täglich erleben.

Während also viele "Humanübersetzer" bemüht sind, auf der Jagd nach "Objektivität", "Verifizierbarkeit" und "Äquivalenz" das menschlich-subjektive Element möglichst auszuschalten, haben Experten der maschinellen Übersetzung die analytisch deduzierbare "richtige" Übersetzung als Illusion erkannt und versuchen zunehmend, den Übersetzungsprozeß auf dem Computer "menschlich" und subjektiv zu modellieren.

VIII Bodenproben

1 Die suprakulturelle Tasse Kaffee

Wenn Sie in einem deutschen Restaurant eine Tasse Kaffee bestellen, bekommen Sie eine Tasse Filterkaffee, vielleicht auch eine Tasse Nescafé. In sehr noblen Gaststätten kann es Ihnen allerdings passieren, daß man Ihnen erklärt, eine Tasse Kaffee gäbe es nicht – nur "Kännchen" oder "Portionen". Für Ausländer wird unser System schon an dieser Stelle recht kompliziert.

Nun gehen Sie nach Italien und bestellen dort – da Sie des Italienischen mächtig sind – *un caffè*. Sie bekommen aber – einen Espresso, also weder einen Filterkaffee noch einen Nescafé. Sie stellen fest, daß dieses Getränk trotz der korrekten (?) Übersetzung wenig Ähnlichkeit mit dem Ihnen vertrauten Getränk hat, und Sie machen dem Kellner klar, daß Sie einen Kaffee wollen – und nicht einen Espresso. Und bei dieser Diskussion stellen Sie fest, daß nur Italiener in Deutschland von Espresso sprechen, während Italiener in Italien caffè sagen, wenn sie – aus unserer Sicht – Espresso meinen.

Aber so schnell wollen Sie nicht aufgeben. Es müßte doch möglich sein, auch in Italien eine richtig gute Tasse Kaffee zu bekommen, und nicht nur einen Fingerhut voll, den man in einem Zug hinuntergießt. Also bedeuten Sie dem Kellner, daß sie einen großen Kaffee wollen.

Jetzt bekommen Sie wahrscheinlich einen *caffè lungo*. Der enthält zwar nicht mehr Kaffeemehl, dafür etwas mehr Wasser. Aber auch er wird in einer kleinen Tasse serviert, die allerdings etwas mehr Flüssigkeit enthält.

Da Sie logisch denken, verlangen Sie nun entschlossen einen *caffè doppio* – einen doppelten Kaffee, weil der ja nach den Gesetzen der Logik doppelt so groß sein müßte und so sich zumindest im Volumen an die deutsche Tasse Kaffee annähern müßte. Sie erhalten jedoch einen doppelt so starken "Espresso", der auch nicht größer ist als ein *caffè lungo*.

Sollten Sie nun in einem letzten Versuch einen *caffè corretto* verlangen, weil Sie der Meinung sind, daß ein "korrekter Kaffee" schließlich überall auf der Welt gleich korrekt sein müßte, so erleben Sie erneut eine Überraschung. Sie erhalten nämlich einen "espresso" mit einem Schuß *grappa*, denn der Kaffee ist keineswegs korrekt, sondern zum Alkoholischen hin *korrigiert*.

Es hätte jedoch noch schlimmer kommen können – nämlich beim Frühstück in einer italienischen Familie. Dort bekommen Sie nämlich nicht nur keinen Kaffee, sondern auch kein Frühstück (wenn man einmal von ein paar Keksen oder einem Espresso absieht).

Ähnlich befremdende Erfahrungen lassen sich im Herkunftsland des Kaffees machen, nämlich in der Türkei. Bestellen Sie dort nach dem Essen einen *kahve*, so wird Sie der Kellner fragen, mit wieviel Zucker Sie Ihren Kaffee wünschen. Nun könnten Sie natürlich sagen, daß ihm das doch eigentlich egal sein könnte, er solle den Kaffee bringen, dann sei es ihm unbenommen, Ihnen dabei zuzusehen, wie Sie vom Zucker Gebrauch machen – aber dabei fällt Ihnen auf, daß es auf dem Tisch keinen Zucker gibt.

Kahve – also türkischer Kaffee – wird individuell in einem kleinen Gefäß gekocht, in dem Kaffeemehl, Zucker und Wasser gemischt werden. Deshalb die berechtigte Frage des Kellners. Übrigens – sagen Sie nicht *orta*, was soviel wie *mittel* heißt, wenn er Sie nach der Zuckerquantität fragt. Denn was für den türkischen Gaumen mittelsüß schmeckt, wird Ihnen mit Sicherheit zu süß sein. Sagen Sie *az* – das heißt im türkischen System *wenig*, und in unserem System bedeutet es *mittel*.

Eigentlich ist Kaffee ein universales Getränk und als solches leicht zu definieren: Es wird aus heißem Wasser und dem Mehl der gerösteten Kaffeebohne zubereitet, auf Wunsch gesüßt oder mit Milch verdünnt.

Aber diesen inter-kulturellen Kaffee gibt es nicht – es gibt nur die individuelle Kaffeekultur der verschiedenen Sprach- und Kulturgemeinschaften. Man kann in Frankreich nicht zu "Kaffee und Kuchen" einladen und man sollte tunlichst in Griechenland keinen "türkischen Kaffee" bestellen (der heißt nämlich dort hellenischer Kaffee). Man mag in Norddeutschland den Nachmittagstee mit feiner Lebensart verknüpfen, aber man sollte dies nicht in England tun – dort ist es eher ein Zeichen feiner Lebensart, nicht Tee, sondern Kaffee zu trinken. Man sollte von einem amerikanischen Kaffee nicht erwarten, daß er wesentliche Mengen an Koffein enthält, und man darf sich in den meisten Ländern der Welt nicht wundern, wenn man Nescafé erhält, wenn man "amerikanischen" Kaffee bestellt hat.

Kurz: Es gibt keinen Kaffee *an sich*, es gibt nur die jeweilige regionale Variante dieses Getränks, die wieder eingebettet ist in das ganze System der Eß- und Trinkgewohnheiten, aus denen es seine Bedeutung erhält.

Wir können weder die suprakulturelle Tasse Kaffee definieren, noch können wir naiv erwarten, daß das Getränk außerhalb unseres Kulturkreises die gleiche Bedeutung hat.

Als erfahrene Reisende tun wir dies auch nicht. Aber wir reden immer noch von der Bedeutung von Wörtern und davon, daß und wie sie die Wirklichkeit abbilden.

Unser Beispiel illustriert aber auch, daß nicht die Wörter allein Bedeutungen schaffen, sondern immer auch das System, in dem sie eine Funktion haben. Bei einem *caffè doppio* wissen wir nicht, was nun *doppelt* ist – der Kaffee- oder der Wasseranteil. Das Wort gibt uns keinen Aufschluß darüber; wenn wir das Wörterbuch konsultieren, erfahren wir nur, was *doppio* bedeuten kann, aber nicht, was es an dieser Stelle im sprachlich-kulturellen Gefüge bedeutet. Das gleiche gilt für *lungo* – wir können dem Wort nicht entnehmen, was nun an dem Kaffee *lang* ist – ganz abgesehen davon, daß ein Kaffee ja "eigentlich" gar nicht lang sein kann.

Bedeutung entsteht also durch ein Zusammenspiel von Sprachsystem und Bedeutungspotential. Die meisten Benutzer von (Fremd-)sprachen orientieren sich jedoch nur am Bedeutungspotential, das sie meistens noch auf *eine* Bedeutung reduzieren. Für das Sprachsystem interessieren sie sich wenig – das, so meinen sie, sei Sache der Linguisten. Und um so ärgerlicher reagieren sie dann, wenn ihnen Linguisten zu erklären versuchen, daß das Sprachsystem Bedeutung schafft.

Andrerseits schafft das Sprachsystem aber auch Verwirrung, besonders dann, wenn zwei Sprachsysteme kontrastiert werden, wie dies bei der Übersetzung unvermeidlich ist. Dies illustriert unser *caffè corretto*, der – sozusagen aus der Sicht des deutschen Sprachsystems wahrgenommen – zu dem Mißverständnis *corretto = korrekt* führt.

Es gibt so wenig eine absolute Bedeutung außerhalb – oder oberhalb – der Kulturen und Sprachgemeinschaften, wie es eine *Interlingua* oder eine *Inter-Logik* gibt. Davon wird nun genauer die Rede sein.

2 Die Illusion der Interlingua

Unter maschineller Übersetzung (= MÜ) wollen wir im folgenden den Einsatz von Computersoftware verstehen, die bei der Übersetzung eines Textes den eigentlichen Transfer von sprachlichen Zeichen einer Ausgangssprache (AS) in die einer Zielsprache (ZS) übernimmt. Die MÜ ist also zu unterscheiden vom Einsatz des Computers zur Unterstützung des Übersetzungsvorgangs, wobei vor allem Daten- und Terminologiebanken eingesetzt werden, die sprachliche Transferleistung jedoch weiterhin von Menschen erbracht wird.

Das heißt nicht, daß die MÜ als "vollautomatisierter" Prozeß vorzustellen ist, bei dem nur noch der zu übersetzende Text eingelesen und dann eine druckreife Übersetzung von der Software erstellt wird. Auch an der MÜ sind Menschen beteiligt, und zwar im Bereich des *pre-* und *postediting*, also bei der Vorbereitung des AS-Textes und der Bearbeitung des ZS-Textes. Im Unterschied zur computergestützten Übersetzung unterstützt jedoch bei der MÜ der Mensch die Maschine, während er sich bei der computergestützten Übersetzung der Hilfestellung durch den Computer bedient.

Die Zielvorstellung der Forscher auf dem Gebiet der MÜ war ursprünglich ein System, das folgende Eigenschaft haben sollte: Es ist in der Lage, jeden beliebigen Text einer im Programm vorhandenen Sprache in jede im Programm vorhandene Sprache zu übersetzen.

Das System sollte im Prinzip aus zwei Teilen bestehen:

■ Einem Analyse-Teil, der in der Lage ist, die sprachlichen Zeichen des eingegebenen Texts so zu abstrahieren, daß sie sozusagen nur noch rein "logische" Zeichen sind, die ganz von der Sprache befreit sind.

■ Einen Syntheseteil, der diese, in einer sprachbefreiten *Interlingua* gespeicherten, Zeichen wieder in sprachliche Zeichen einer beliebigen (im Programm
vorhandenen) Sprache verwandelt.

Wir wissen heute, daß dieses Vorhaben eine Illusion ist – aber eine grandiose
Illusion. Denn wenn MÜ so funktionieren könnte, wäre in der Tat der menschliche Übersetzer ein entbehrliches Relikt. Ein so gestaltetes MÜ-Programm
könnte nämlich – wenn der Analyse-Teil funktioniert – um jede beliebige Sprache modular erweitert werden, man könnte also je nach Bedarf das zentrale
Programm mit einem Modul der jeweils erwünschten Ziel- oder Ausgangssprache ergänzen.

Daß es diese MÜ-Systeme nicht gibt – und so auch nie geben wird – , liegt
daran, daß sich die Idee der sprachbefreiten Informationsspeicherung in einer
Interlingua als eine Illusion erwies. Wir sind also wieder bei einer Illusion angelangt, und sie ist eng mit den Illusionen verbunden, die schon diskutiert
wurden – der Illusion vom instrumentellen Charakter der Sprache und der
Illusion von der Symmetrie zwischen AS- und ZS-Text (vgl. Kap. III).

Wir erkennen, daß das Konzept der *Interlingua* wiederum von einer symmetrischen Zuordnung von AS- und ZS-Text ausgeht, wobei sie, die *Interlingua*,
gleichsam die Symmetrieachse darstellen würde. Oder anders – und mit dem in
den siebziger Jahren populären Modell der strukturalistischen Sprachwissenschaft
– dargestellt:

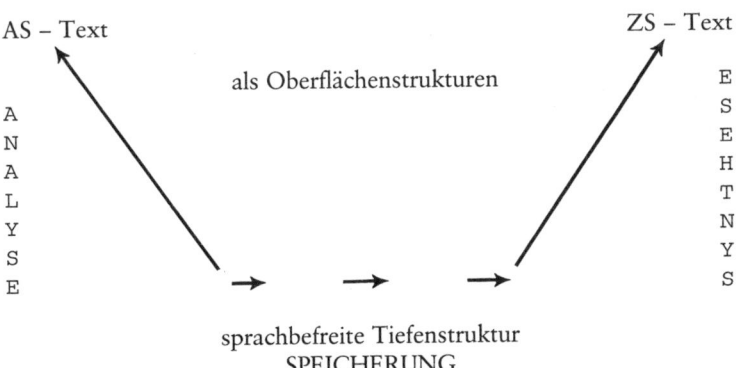

Obwohl bereits in den Kapiteln MATERIALKUNDE (V) und UNTER DER
BRÜCKE (VII) deutlich wurde, daß es keine von dem Rezipienten abstrahierbare,
"absolute" Bedeutung von sprachlichen Zeichen geben kann, und daß die Sprache keineswegs ein präzises Instrument unserer Kommunikationsabsichten ist,
soll hier noch einmal ausführlich auf das Konzept der *Interlingua* eingegangen
werden – diesmal aus der Sicht der Informatik und der Erforschung der künstlichen Intelligenz.

Schauen wir uns einen winzigen Ausschnitt aus der vergleichenden Lexik der
englischen und der deutschen Sprache an, nämlich die Beziehung zwischen *open*
und *offen.*

Dieses und die folgenden Beispiele für die vertrackten Probleme der system-
verursachten Mehrdeutigkeit entnehme ich der Evaluationsstudie für das *VERB-
MOBIL*-Projekt, die von Wissenschaftlern der Stanford-University (U.S.A.)
erstellt wurde (Kay et.al. 1991):

Wenn wir die Wörter

offen (Dt.) und *open* (Engl.)

vergleichen, könnte man zunächst davon ausgehen, daß sie "das gleiche bedeuten". Der Laie würde vielleicht von einer definierten Kongruenz *open = offen*
ausgehen. Doch die folgenden Beispiele zeigen, daß die Beziehung wesentlich
komplizierter aussieht:

a)   an *open question* ist eine *offene Frage,* also **open = offen.**
b)   *an open job* ist eine *freie Stelle,* also **open = frei.**
c)   Über einem neu errichteten Kaufhaus weht eine Fahne, darauf steht in gro-
     ßen Lettern *open.* Das heißt: Das Kaufhaus ist *eröffnet,* es muß aber nicht
     notwendigerweise zum Zeitpunkt der Betrachtung auch geöffnet sein.
     Also: **open = eröffnet.**
d)   Wir sehen ein Schild an einer Ladentür, darauf steht *open.* Das bedeutet, daß
     das Geschäft jetzt *geöffnet* ist.
     Also: **open = geöffnet.**

Jetzt stehen dem englischen *open* schon vier verschiedene "Bedeutungen" gegenüber, und jedes zweisprachige Wörterbuch gibt darüber Auskunft, daß es noch
wesentlich mehr "Bedeutungen" gibt (z.B. *an open town, an open tournament,
the open sea, an open session, ... open to temptation, ... open to criticism, an open
character* usw.).

Bleiben wir jedoch einmal nur bei den genannten vier:

offen   = o
frei   = <o
eröffnet = ô
geöffnet = o>

Wir versuchen, jede dieser "Bedeutungen" sprachbefreit in einer *Interlingua*
darzustellen, etwa mit den von mir erfundenen Zeichen. Das Analysesystem
unserer idealen Übersetzungssoftware hätte nun die Aufgabe, jedem vorkom-
menden *open* eines dieser vier Zeichen zuzuteilen, um so seine Bedeutung in die
sprachbefreite, interlinguale Repräsentation zu übernehmen.

Um diese Zuordnung leisten zu können, muß die Analyse nicht nur ganze
Sätze oder Aussagen umfassen, sondern sie müßte sogar die Situation identifizie-
ren können, in der *open* gebraucht wird. Denn unsere Beispiele zeigen, daß nicht

nur die sprachliche Umgebung (der *Ko-Text*) an der Bedeutungskonstitution beteiligt ist, sondern auch die Kommunikationssituation (der *Kontext*).

Dafür noch ein weiteres Beispiel:

e) Wir sehen neben den Türgriffen von Eisenbahnwaggons die Wörter *open* und *closed. Open* bedeutet hier nicht, daß etwas offen ist oder daß wir etwas öffnen sollen, sondern daß dies *die Position offen* ist. Das Wort *open* an dieser Stelle enthält also eine sehr komplexe Instruktion: "Wenn Du die Tür öffnen willst, dann bewege den Hebel auf diese Position!"

Das Wort *open* ist also nicht der alleinige Informationsträger, sondern auch seine Plazierung, seine sprachliche und situative Umgebung, tragen zu seiner Bedeutung bei. Es kommt – einfach gesagt – nicht nur darauf an, welches Wort gebraucht wird, sondern wo, wie und von wem es gebraucht wird.

Um diese Einbettung in die sprachliche und situative Umgebung zu erfassen, müßte das Analysesystem nicht nur über sprachlich-semantische Komponenten verfügen, sondern auch über eine *Wissenskomponente*. Im Grunde müßte es über das ganze Weltwissen verfügen, wenn es aus allen Sprachen in alle Sprachen übersetzen sollte.

Dabei wäre die Speicherung des ganzen Weltwissens noch nicht einmal ein unüberwindliches Problem, da die Speicherkapazitäten der Rechner immer größer werden. Groß wäre aber schon das Problem, alle Wissensbestände der Welt zu erfassen, und unüberwindlich, wenn dieses Wissen nun operativ eingesetzt werden soll.

Denn die Speicherung riesiger Wissensbestände hilft wenig, wenn es um das Problem geht, die relevanten Ausschnitte aus diesem Weltwissen zum richtigen Zeitpunkt zu aktivieren, also operativ einzusetzen. Wir erinnern hier noch einmal nachdrücklich an all das, was wir bei der Analyse unseres kleinen Textes *Ralf und der Ballon* gesagt haben – Kap. V,1.

Noch ein weiteres Beispiel für die Verwendung von *open*:

f) Auf einer Einwegverpackung aus Kunststoff steht *open*. Das bedeutet nicht, daß die Packung offen ist, auch nicht, daß sie eröffnet oder geöffnet ist. Ich erhalte durch dieses *open* vielmehr den Hinweis: "Wenn Du die Packung öffnen willst, dann an dieser Stelle." Auf einer deutschen Packung würde *hier öffnen* stehen, auf keinen Fall nur *öffnen* oder gar *offen*. Der Grund dafür ist leicht zu erkennen: Im englischen Sprachsystem deckt sich die Wortgestalt des Verbs *open* mit der des Adjektivs *open,* so daß *open* auch da verwendet werden kann, wo im Deutschen zwischen *öffnen* und *offen* (zwei unterschiedlichen Wortgestalten) zu unterscheiden ist. Bei der Abspeicherung in der Interlingua muß also auch die Wortart berücksichtigt werden, denn sie enthält ja ein Stück semantischer Information: "Hier wird nicht ein Zustand dargestellt, sondern eine Empfehlung ausgesprochen."

Das bedeutet, daß die Analyse auch die Struktur der Sprachen berücksichtigen muß; sie müßte also die syntaktischen und morphologischen Strukturen aller bearbeiteten Sprachen gespeichert haben und – schon das allein ein unmögliches Unterfangen – in "sprachbefreite" Univeral-Informationen umsetzen können.

Es ist eben eine Illusion, zu glauben, daß ein Wort auf **eine** Bedeutung (oder x definite Bedeutungskomponenten) festgelegt werden kann. Ein Wort ist ein funktionaler Bestandteil eines Systems, und dieses System wiederum kennt nur **systemrelative**, d.h. nur für dieses System gültige Bedeutungen.

Dafür noch ein einfacheres Beispiel:

g) I found your gloves in that chair
h) I found your gloves on that chair

In g) ist *chair* mit *Sessel* zu übersetzen, in h) (wahrscheinlich) mit *Stuhl*. Entscheidend dafür ist nicht das Wort *chair,* sondern entscheidend sind die unterschiedlichen Präpositionen – *in* und *on.* Aber daraus können wir noch keine formale Regel ableiten: *Wenn* **chair** *nach* **in,** *dann* **Sessel**, denn z.B.

i) Mr. Miller... in the chair, was soviel bedeutet wie: *Den Vorsitz hat heute Mr. Miller.*

Und bei der Übersetzung von h) käme es entscheidend darauf an, ob der Sprecher die Sitzgelegenheit als *Sessel* oder als *Stuhl* sieht – beides ist möglich. Vielleicht meint er durchaus einen *Sessel,* deutet aber auf die Armlehne oder das Kopfteil. Vielleicht ist aber auch das Sitzmöbel so *fuzzy* (vgl. V,3), daß es weder eindeutig den Sesseln noch den Stühlen zugeordnet werden kann.

Und möglicherweise kommt es bei der Übersetzung gar nicht darauf an, ob von einem Sessel oder einem Stuhl die Rede ist.

3 Logische Probleme

Das eigentliche Problem beim "Wegabstrahieren" der Sprache und dem Versuch, "Informationen" sprachbefreit und interlingual zu speichern, ergibt sich aus der Tatsache, daß das jeweilige sprachliche System Teil der Bedeutung ist. Oder anders ausgedrückt: Wenn wir uns einer Sprache bedienen, unterwerfen wir uns zwangsläufig der systemimmanenten Obligatorik dieser Sprache: Wir sind – wie schon ausgeführt – ein Instrument dieser Sprache.

Auch dafür noch zwei Beispiele (nach Kay et. al. 1991):
Für:

i) He asked where he should stand

können wir in den meisten Situationen im Französischen verwenden:

j) Il a demandé ou il devait se mettre

i) und j) entsprechen sich in den meisten Situationen, aber zum Beispiel nicht, wenn ein Patient geröntgt werden soll und vor dem Besteigen des Tischs eine

entsprechende Frage stellt, die dann in der indirekten Form von der Assistentin an den Arzt weitergeleitet wird. Dann wäre i) nicht möglich, denn jetzt widerspricht eine – sozusagen bisher unbemerkte – semantische Komponente von *stand* (<aufrecht stehen>) der Situation. Andrerseits zwingt aber das lexikalische System der englischen Sprache den Sprecher dazu, dieses *stand* zu verwenden, auch dann, wenn er es – in den meisten Situationen, nämlich dann, wenn j) = i) – "gar nicht so meint".
Ähnlich:

   k) He gets up early

entspricht in den meisten Situationen:

   l) Il est matinal

Wenn durch k) ausgedrückt werden soll, daß jemand zur Zeit in der Frühschicht arbeitet und deshalb früh aufsteht, kann l) nicht dafür eintreten. Wohl aber, wenn in beiden Sätzen thematisiert wird, daß jemand freiwillig früh aufsteht, also ein Frühaufsteher oder eine Frühaufsteherin ist.

   Doch nicht nur das Konzept der Interlingua hat sich inzwischen als eine Illusion erwiesen, sondern darüber hinaus auch die Vorstellung von einer "Inter-Logik", also von übereinzelsprachlich gültigen logischen Konzepten. Zur Illustration dafür zwei einfache Beispiele:

   m) "So you didn't leave your apartment all evening?"
      "No"
   n) *"Sie haben also während des ganzen Abends ihre Wohnung nicht verlassen?"*
      "Nein"

Jedes Kind lernt in der Schule, daß *nein* auf Englisch *no* heißt. Doch unser Beispiel beweist, daß es auf den Stellenwert dieses *no – nein* ankommt:

   No wäre im englischen Beispiel eine durchaus befriedigende Antwort auf die gestellte Frage. Aus ihm geht für den Fragesteller hervor: Meine Annahme ist richtig, sie hat die Wohnung nicht verlassen.

   Ganz anders im Deutschen. *Nein* wäre keine befriedigende Antwort; es würde sofort die Nachfrage auslösen: "Nein – Sie haben – oder nein – Sie haben nicht?" Denn dieses *Nein* könnte sich sowohl auf die Gesamtaussage beziehen ("Nein – das stimmt nicht") als auch auf die in sie eingebettete Annahme ("Das stimmt – ich habe die Wohnung *nicht* verlassen").

   Der Stellenwert dieses *No – Nein* ist also in den verschiedenen Sprachkulturen unterschiedlich. Beide Denk- und Redeweisen sind in sich logisch und schlüssig – innerhalb des jeweiligen Sprach- (und Denk-)systems. Es läßt sich jedenfalls nicht sagen, welches der beiden applizierten Logikmodelle das verbindliche oder universale ist, und wenn wir noch weitere Sprachkulturen zum Vergleich heranziehen würden, so könnten wir mit Sicherheit noch weitere Logikmodelle entdecken.

Betrachten wir einen anderen kleinen Weltausschnitt (vgl. Kay et. al. 1992, 127) der uns allen vertraut erscheint: In vielen westeuropäischen Ländern gibt es in den städtischen öffentlichen Verkehrsmitteln keine Fahrkartenkontrolleure mehr, dafür aber Apparate in den Straßenbahnen, U-Bahnen und Bussen, in die man den Fahrausweis vor Antritt der Fahrt stecken muß, damit er einen Stempelaufdruck erhält.

Wie ist nun der Hinweis an die Fahrgäste formuliert, mit dem sie aufgefordert werden, diesen "Stempelapparat" zu bedienen?

Vor Antritt der Fahrt Fahrschein *entwerten* (Deutschland)
Validate your ticket (Großbritannien)
Valider ... (Franz. Schweiz)
Entwerten ...(Deutschspr. Schweiz)
Validare – Invalidare (Italien)

Auch dieses Beispiel zeigt, daß nicht nur die Wortwahl unterschiedlich ist, sondern mit unterschiedlichen Logikmodellen operiert wird:

In dem einen Land wird der Fahrausweis erst dadurch **gültig**, daß er mit Datum und Uhrzeit abgestempelt wird, in dem anderen wird er dadurch **ungültig**. Wiederum gilt: Beides ist logisch, zumindest innerhalb der jeweiligen Sprachkultur. Aber es ist unmöglich, eines der beiden Modelle zum "universalen" zu erheben – es gibt sowenig eine Inter-Logik wie es eine Inter-Lingua (und eine Inter-Maus, vgl. V,3) gibt.

Nebenbei bemerkt: Wie würden wohl die Verfechter der "Übersetzen-was-dasteht"-These reagieren, wenn *validate your ticket* mit *Fahrschein entwerten* übersetzt wird?

Noch ein ganz einfaches Beispiel dafür, daß Menschen-Logik und Maschinen-Logik nicht dasselbe ist:

Stellen Sie sich folgende Situation vor: Sie haben zwei Karten für insgesamt 60 Mark gekauft und wollen heute abend ins Theater. Am Theater angelangt, stellen Sie mit Schrecken fest: Sie haben die Karten zu Hause liegen lassen. Zwar gibt es an der Kasse noch Karten, auch solche für 30 Mark, aber würden Sie jetzt wirklich noch einmal die Karten kaufen?

Und nun stellen Sie sich folgende Situation vor: Sie fahren mit dem Auto zum Theater, die Theaterkarten haben 60 Mark gekostet. Auf dem Weg dorthin geraten Sie in eine Radarfalle und müssen 60 Mark bezahlen. Wäre dies für Sie ein Grund, nun auf den Theaterbesuch zu verzichten?

Die meisten Menschen reagieren auf beide Fragen mit "Nein", was einigermaßen unlogisch erscheint. Denn rein finanziell betrachtet beträgt der Verlust in beiden Fällen 60 Mark. Aber trotzdem würden die meisten Menschen nicht noch einmal für die Karten bezahlen, den Strafzettel über 60 Mark aber nicht als Grund ansehen, auf den Theaterbesuch zu verzichten.

Offenbar geht es also bei der Entscheidung nicht um die 60 Mark allein, sondern um das Umfeld des Verlustes. Dabei spielt offensichtlich eine Rolle, daß ich die Theaterkarten ja eigentlich habe und sie deshalb nicht noch einmal bezahlen möchte, während ein Strafzettel zu den normalen Risiken des Autofahrens gerechnet wird.

Unsere Entscheidungen basieren also nicht immer auf einer mathematischen Gewinn-und-Verlust-Rechnung, sondern auch darauf, wie Gewinne und Verluste entstehen, also auf ihrer Geschichte. Und danach werden sie unterschiedlich bewertet.

Das heißt: Unser Gehirn kann zwar nach den Gesetzen der logischen Abstraktion arbeiten, aber es ist nicht an sie gebunden. Es entscheidet sich nach schwer faßbaren Regeln kasuistisch, von Fall zu Fall unterschiedlich. Genau das können Computersysteme bisher nicht – und das ist ihre Schwäche.

All diese Beispiele unterstreichen die Wichtigkeit der Erkenntnis, daß sprachliche Bedeutung eine systemrelative und damit auch selbst-referentielle Bedeutung ist. Bedeutung kommt einerseits erst durch die Integration in dieses System zustande, andererseits existiert diese Bedeutung auch nur relativ zu diesem System.

Es gibt keinen Weg, diesem Systemzwang zu entrinnen – deshalb ist die Interlingua eine Illusion, allerdings eine Illusion der Experten. Sie unterscheidet sich im Grunde nicht von der Illusion der Laien im Umgang mit fremden Völkern und Kulturen – auch da wird naiv von der Systemgebundenheit fremder Sitten und Gebräuche abstrahiert, und so entstehen Vorurteile.

Von einem relativ harmlosen berichtet Lado (1976):

> In der Mensa einer mittelamerikanischen Universität stellt eine Mitarbeiterin fest, daß die südamerikanischen Studenten besonders viel Zucker verbrauchen, denn sie muß die Zuckerstreuer auf ihren Tischen auffällig häufig nachfüllen. Ihr Urteil: Die Südamerikaner mögen es süß.
>
> Die gleichen südamerikanischen Studenten klagen darüber, daß in den USA den Speisen zuviel Zucker zugesetzt wird. Sie verweisen auf die *baked beans* (Bohnen in einer süßen Soße), oder auf die süße Preiselbeersoße zum Truthahn, oder auf eingemachte Früchte in einem süßen Sirup. Ihr Urteil: Die Amerikaner mögen es süß.
>
> Der hohe Zuckerverbrauch der Südamerikaner ist damit zu erklären, daß sie Getränke, besonders Kaffee, aber auch Milch, stark gesüßt trinken. Dies ist eine südamerikanische kulturelle Gepflogenheit, wie *baked beans* oder Preißelbeersoße eine nordamerikanische sind.
>
> So erklärt sich die Paradoxie, daß beide Gruppen der jeweils anderen unterstellen, sie kenne das rechte Maß im Umgang mit Zucker nicht.
>
> (Lado 1976, 87–88)

Auch kulturelle Bedeutungen sind systemrelativ. Und sobald naive Beobachter von dieser Systemgebundenheit abstrahieren und absolute Urteile fällen, entstehen Vorurteile. Wobei das hier genannte zweifellos zu den harmlosen gehört.

4 Selbstreferentielle Bedeutung

Wörter sind bereits das Resultat eines sprach- und kulturgebundenen Verarbeitungsprozesses "der" Realität; ihre Bedeutung läßt sich von ihrer Systemrelevanz nicht trennen. Bedeutung ist ein Knotenpunkt in einem Geflecht von Vernetzungen und Beziehungen, die kulturell-historisch gewachsen und individuell geprägt sind. Seine Bedeutung erhält der einzelne Knoten nicht durch das, was er abbildet – denn es gibt nichts, das außerhalb dieses Beziehungsnetzes beschreibbar wäre –, sondern durch die Relevanz, die er in diesem Beziehungsgeflecht für das individuelle Bewußtsein gewinnt.

Mit diesen bildlichen Ausdrücken – Geflecht, Vernetzung, Knoten – zeichnen wir ein metaphorisches Bild des Sprachsystems, das sehr stark an die neuronale Vernetzung im Gehirn erinnert. Durch Sprache vermittelte Bedeutung ist immer systemrelevante und damit auch system-relative Bedeutung. Eine vom System abstrahierende, "absolute" Bedeutung kann es deshalb nicht geben.

> Eine nur linguistische Theorie des intentionalen Bewußtseins könnte sich daher bloß auf die sprachlich fixierten, aussagenlogischen Relationen beziehen und von den neuronalen Prozessen abstrahieren, durch die diese zustande gekommen sind. Die Aussagenlogik liefert daher schon von ihrer Struktur her gesehen nur ein statisches Abbild von bereits fertigen Erkenntnisprodukten in Form von Sätzen.
>
> Wir können also die Sprache als das Medium des selbstreferentiellen Bewußtseins definieren.
>
> Die (sprachlichen) Zeichen sind keine Signale mehr, sie dienen lediglich der Selbstinstruktion des intentionalen Bewußtseins, das mit seinen eigenen kognitiven Zuständen in diskreter argumentativer Weise interagieren kann. Wie ... dargestellt, liegt bei der Sprache als Gehirnleistung kein neurophysiologischer Code vor, sondern nur ein eigenes funktionales Codesystem, das die Resultatkomplexe der Gehirntätigkeit vertritt.
> (Oeser/Seitelberger 1988,163)

Mit anderen Worten: Die Sprache ist das naturgegebene Betriebssystem des Gehirns. Gerade deshalb, weil sie nicht nach formal logischen Prinzipien funktioniert.

Diese Erkenntnis hat der Erforschung der *Künstlichen Intelligenz* eine völlig neue Richtung gegeben, die als *Konnektionismus* bekannt geworden ist. Das Vorbild des intelligenten Verhaltens ist nicht mehr die sequentielle Analyse auf der Grundlage naturwissenschaftlicher Logik, sondern opportunistisches Verhalten unter Nutzung der selbst-regulierenden Kräfte des Systems.

Wir werden gleich darauf näher eingehen, aber wir wollen dabei unseren eigentlichen Gegenstand, das Übersetzen, nicht aus den Augen verlieren. Unter großen Schwierigkeiten ist es der Übersetzungstheorie gelungen, sich von der "bedeutungsfixierten" und systemischen Linguistik zu emanzipieren. In den letzten Jahren erhält sie nun Bestätigung von zwei Seiten: Einmal von der neurologischen Erforschung der Verstehensleistungen des Gehirns, und zum anderen – zunächst etwas überraschend – von Informatikern, Computerfachleuten und Erforschern der künstlichen Intelligenz, die sich um die maschinelle Übersetzung bemühen.

Zunächst ein Auszug aus der *Verbmobil-Projektstudie*:

Dolmetschen kann als ein funktionaler *Approximationsprozeß* aufgefaßt werden, wobei die jeweils angemessene Güte der Approximation stark von der Gesprächssituation abhängt.

... Da *Sprachen erhebliche Unterschiede in bezug auf die Objekte und Relationen* aufweisen, für die sie Lexeme und grammatische Konstrukte bereitstellen, ist Dolmetschen oftmals ein *Approximationsprozeß*.

Bezüglich der Semantikkomponente des Lexikons in VERBMOBIL ergeben sich folgende Anforderungen:
– Sie muß die *unterschiedliche semantische Struktur* der zu übersetzenden Einzelsprachen widerspiegeln und muß diese *Strukturierungsunterschiede bei der Bedeutungsabbildung* von der Quellsprache in die Zielsprache einbeziehen, wobei immer *nur eine Annäherung* der Bedeutung der Zielsprache an die Bedeutung der Quellsprache erreicht werden kann.
(VERBMOBIL Konsortium 1991,91) (M.H.)

Welches Umdenken der Experten auf dem Gebiet der Computersimulation des Übersetzens und Dolmetschens solche Formulierungen bedeuten, kann nur ermessen, wer die früheren Versuche auf dem Gebiet der maschinellen Übersetzung kennt.

Wenn in der Evaluationsstudie (Kay et. al. 1991) zum *VERBMOBIL-Projekt* von *different interlingual representations* die Rede ist, so lösen sich die Autoren mit dieser paradoxen Formulierung bewußt vom Konzept der Interlingua, denn selbstverständlich läßt eine Interlingua *per definitionem* nur *eine* sprachunabhängige semantische Repräsentation zu.

Die Konsequenz aus diesen Erkenntnissen bei der Simulation von "Intelligenz" durch Computer ist die Entwicklung eines neuronalen Netzwerks, das nicht mehr mit Regeln arbeitet.

Dazu heißt es in der bereits zitierten Evaluation des VERBMOBIL-Projekts (meine Übersetzung):

Kurz gesagt: Eine Übersetzung kann nur in Ausnahmefällen Bedeutung exakt erhalten ohne etwas hinzuzufügen oder zu löschen. Deshalb müssen entweder Original und Übersetzung verschiedene interlinguale Repräsentationen haben, oder es muß systematisch Information gelöscht werden, um zu einer interlingualen Repräsentation zu gelangen, damit die Chance größer wird, zu einer gemeinsamen Form zu kommen. Auf der Bedeutungsebene kann es – abgesehen von einer verschwindend kleinen Anzahl von Fällen – bestenfalls eine partielle Kongruenz zwischen Original und Übersetzung geben.

...

Wir gehen davon aus, daß eine Übersetzung ihrem Wesen nach auf Kompromissen gegründet ist, so daß die eigentlich entscheidenden Operationen die sind, durch die in der Zielsprache eine Wortfolge gefunden wird, die der Bedeutung des Originals so weit als möglich entspricht.

(Briefly, translation can only exceptionally preserve meaning exactly, without adding or deleting something. Therefore, either the original and the translation must have different interlingual representation, or information must be systematically thrown away in arriving at an interlingual representation so as to increase the likelihood of finding a common form. On the level of meaning, there can be at best a partial match between original and the translation in all but a vanishingly small proportion of the cases.

...

We take it that translation is, in its very essence, a matter of compromise so that the core operation must be that of seeking a string in the target language that is as close in meaning to the original as possible.)

(Kay et. al. 1991,187)

5 Konnektionismus und Opportunismus

Die Stärke des Computers sah man bisher in seiner Fähigkeit zur Reproduktion identischer Handlungen, denn menschliche Gehirne können keine identischen Handlungen produzieren. Die Stärke des Menschen liegt dagegen in der Opportunität seiner Handlungen; Computer können bisher keine opportunen, kasuistischen Handlungen produzieren.

Bisher – denn inzwischen arbeitet man mit einem neuen Ansatz bei der Modellierung künstlicher Intelligenz, die als Konnektionismus bekannt geworden ist. Intelligenz gilt jetzt vor allem als die Fähigkeit zur Improvisation in einer variablen Welt. Sie ist also nicht mehr Ausdruck analytischen Denkens nach den Gesetzen der formalen Logik. Im Gegenteil – gerade weil wir nicht starren Regeln folgen, sind wir so erfolgreich.

Auch das Wissen, mit dem wir unsere Alltagsprobleme bewältigen, ist vor allem ein "implizites" Wissen über Handlungszusammenhänge, das wir intuitiv gebrauchen, ohne es in Regeln fassen zu können.

Kognitive Prozesse werden nicht mehr auf linear-sequentielle Informationsverarbeitung zurückgeführt, sondern als "emergente" – neue, unvorherberechenbare – Eigenschaft komplexer Netzwerke betrachtet, in denen viele Einzelkomponenten in dynamische Wechselwirkung treten.

Deshalb bedarf unser kognitives System Gehirn keiner Steuerungszentrale, es braucht keinen lenkenden "Homunculus" in der Maschine. Die Strukturen der Vernunft – so lautet das Fazit der Konnektionisten – sind nicht programmiert, wie die Erfinder der KI geglaubt haben. Sie organisieren sich selbst.

(GEO 3/92,24–25)

Ein *neuronales Netzwerk* ist eine Kombination von Rechnern, die durch Leitungen miteinander vernetzt sind, wobei die Stärke (oder Intensität) der Verbindung zwischen ihnen stufenlos verstärkt oder vermindert werden kann – ähnlich wie bei den neuronalen Verbindungen im Gehirn. Ein neuronales Netzwerk wird trainiert, indem man eine Anzahl von richtigen (bzw. erwünschten) Reaktionen eingibt und nun die Verbindungen zwischen den Prozessoren in dem gleichen Maß verstärkt oder vermindert, wie sie zu der erwünschten Lösung beitragen.

Dem neuronalen Netzwerk wird also niemals ein Regelwerk gegeben, an das es sich "unter allen Umständen" halten muß. Sein Programm besteht sozusagen selbst-regulativ aus der Schwäche und Stärke der neuronalen Verbindungen, wobei niemand – auch der Programmierer und Trainer nicht – genau (im Sinn einer "absoluten" Regel) sagen kann, welche Folge die einzelnen Schwächungen und Verstärkungen für das Ergebnis haben.

Es handelt sich also um ein auf Opportunität ausgelegtes, selbstadaptives System, und man könnte das Übersetzen als das Paradigma eines derartigen Systems verstehen: Wörter, Äußerungen oder Texte wirken wie ein ins Wasser geworfener Stein. Er bildet Ringe (eigentlich: Netze) aus, verschwindet aber selbst sehr schnell wieder. Was wir haben, womit wir handeln, ist die Wirkung auf unser System, die Weitergabe der Impulse in der Breite und Tiefe der Vernetzungen. Aus dem Gewicht und der Beschaffenheit des Steins läßt sich nicht voraussagen, welche Strukturen sich auf der Wasseroberfläche bilden werden, denn dafür sind auch Strömung, Windgeschwindigkeit, Dünung verantwortlich – also unsere eigene situative und emotionale Disposition. Und aus der Chaos-Theorie wissen wir, daß subtilste Änderungen bei der Einwirkungsquantität oder -qualität zu unvorhersehbaren Reaktionen des Systems führen können.

Ein auf uns einwirkender sprachlicher Reiz – nennen wir ihn der Einfachheit halber ein Wort – schafft also nicht ein Bild dieses Objekts, sondern leitet diesen Reiz in ein Netz von neuronalen Verbindungen ein, wo ihm – je nach Situation und Kontext – Bedeutungen verliehen werden. Dabei gilt nach der *Hebb'schen Regel*, daß jene Schaltkreise dominieren, die am häufigsten benutzt wurden.

Entscheidend ist, daß – genau wie die "Software" Sprache – auch die "Hardware", das Gehirn, nicht auf die Definition eines stabilen Zustands angelegt ist, sondern daß seine Verarbeitungszustände Bedeutungen **ins Spiel bringen**. Die neuronalen Zustände liefern nicht **eine**, determinierte Bedeutung, sondern sie produzieren sozusagen immer mehr, als eigentlich gebraucht wird – genau wie das System Sprache.

Es ist also eine bestimmende Eigenschaft sowohl unserer Gehirnhardware als auch unserer sprachlichen Software, daß das System mehr Bedeutungen anbietet als eigentlich für die Herstellung des Sinns einer Äußerung nötig sind.

6 Übersetzen als opportune Handlung

Sowohl in unserem Umgang mit Sprache als auch – und daraus resultierend – in unseren übersetzerischen Handlungen sind wir damit an das Prinzip der Opportunität gebunden. Die Expertise der Übersetzer liegt darin, Möglichkeiten und Ziele aneinander anzupassen. Sie können – und müssen – lernen, die Ziele zu definieren, und sie müssen über das ganze Spektrum der Fähigkeiten und Fertigkeiten zu ihrer Realisierung verfügen – auch das läßt sich bis zu einem gewissen Grad lernen. Doch die komplexe gegenseitige Abhängigkeit von Zielen und Möglichkeiten läßt sich nur "von außen" formal darstellen, aber nicht in Regeln fassen.

Funktionierende Übersetzungen sind das Resultat intelligenten Verhaltens bei der Vermittlung sprachgebundener kommunikativer Absichten aus einer Kultur in eine andere. Damit trifft auf diese Form intelligenten Verhaltens alles zu, was wir über die Selbstadaptivität und Autonomie neuronaler Netzwerke gelernt haben.

Daraus resultiert die verantwortungsbewußte Freiheit der Übersetzer. Ihre Tätigkeit muß befreit sein von dem Zwang, linear und sequentiell "Informationen" abzuarbeiten, befreit von den Illusionen der Symmetrie und des instrumentellen Charakters der Sprache, durch bewußten Verzicht befreit von dem Zwang absoluter Regeln.

> Um jedoch aus diesem Bewußtsein heraus übersetzerisch autonom handeln zu können, müssen Übersetzer erst das Selbst-Bewußtsein (im doppelten Sinne) entwickeln, das die Grundlage dieses opportunen Handelns ist. Solange große Teile unserer Gesellschaft kein Interesse daran haben, der Übersetzertätigkeit diese Autonomie zuzugestehen, haben Übersetzer und Übersetzerinnen auch keine Chance, sich zur Opportunität als dem leitenden Prinzip ihrer Handlungen bekennen zu dürfen.

Auch der zukünftige Weg der Forschung auf dem Gebiet der Entwicklung genuiner Übersetzungssoftware scheint durch konnektionistische Modellierungen vorgegeben zu sein, und das heißt, daß nicht mehr der Mensch die mathematisch-naturwissenschaftliche Maschinenlogik übernehmen muß, sondern daß die Maschine – der Rechner – trainiert wird, so weit wie möglich wie ein Mensch zu denken. Also: Assoziativ, gestalthaft, simultan auf mehreren, miteinander vernetzten Ebenen – nicht auf den vorgezeichneten Bahnen der Logik, sondern auf den verschlungenen Pfaden der Opportunität.

IX Sanierung

1 Wie Fehler entstehen

Wenn sich aus unseren Ansichten ein neues Bild vom Übersetzen ergibt, so müssen sich daraus auch Hinweise für die Ausbildung von qualifizierten Übersetzern ableiten lassen.

Diesem Thema wollen wir uns jetzt zuwenden. Im Zentrum dieser Nutzanwendung soll zunächst die Lösung eines Problems stehen, das in der Praxis des Übersetzens und bei der Ausbildung von Übersetzern größte Schwierigkeiten macht. Es geht um die Antwort auf die Frage: Was ist ein Übersetzungsfehler? Wie sind Fehler zu bewerten? Und wie können sie vermieden werden?

In der *Rheinpfalz* vom 6.5.1993 lesen wir folgende Überschrift über einem Beitrag zum 80. Geburtstag des Filmschauspielers Stewart Granger:

BEAU, BRUMMEL UND REBELL

Hier ist ein Komma zuviel, nämlich das zwischen *Beau* und *Brummel,* und durch dieses überflüssige Komma blamiert sich der Verfasser dieses Beitrags bis auf die Knochen. Denn: *Beau Brummel* war eine bekannte Persönlichkeit, der erste *Dandy,* in der ersten Hälfte des 19. Jahrhunderts; ein Freund des späteren Königs George IV. und eine historische Persönlichkeit, die schon zu Lebzeiten berühmt war und später Gegenstand vieler literarischer Darstellungen wurde. *Beau Brummel* wurde dann auch der Held eines Hollywood-Films, dessen Titel die *Rheinpfalz* als *Beau, Brummel, Rebell und Verführer* wiedergibt.

Für den gebildeten Leser wird hier schlagartig das Bildungsdefizit des verantwortlichen Redakteurs deutlich. Darüber hinaus mag der Leser sich mit Recht fragen, wie seriös eine Tageszeitung sein kann, die derart ungebildete Autoren beschäftigt und ihre Schnitzer nicht bemerkt.

Mit einem Komma zuviel hat sich hier eine Tageszeitung lächerlich gemacht. Und der Schreiber hat gleichzeitig verraten, welche Einstellung er zum Übersetzen hat:

1. **Übersetzen kann jeder, der eine Fremdsprache gelernt hat und ein zweisprachiges Wörterbuch besitzt.**

Die deprimierendste Eigenschaft dieser Laienübersetzer ist denn auch ihre Selbstüberschätzung – die pathologische Form des Selbstbewußtseins. Doch diese Selbstüberschätzung entsteht erst durch die Fehleinschätzung der Anforderungen an professionelle Übersetzer.

Selbstüberschätzung ist es dann wohl auch, daß so häufig unqualifizierte Personen ohne Not Übersetzungen der Hausmacherart verbreiten. Zwei Beispiele vom 2. Januar 1995: Im *Mittagsmagazin* des Fernsehsenders *RTL* interviewt der Redakteur einen Herrn, der sich für die deutsche Version des beliebten Spiels *trivial pursuit* die Fragen ausdenkt. Ohne Not schickt der Redakteur folgende Bemerkung voraus:

> Man fragt sich natürlich, was das eigentlich heißt – *trivial pursuit,* denn das ist ja Englisch. Ja, es heißt *triviale Verfolgung* – also ich kann Ihnen auch nicht sagen, warum.

Wir können das schon: *Trivial pursuit* heißt hier *trivialer Zeitvertreib,* denn *pursuit* hat eben nicht nur die Bedeutung *Verfolgung,* die dem Herrn Redakteur bekannt war.

Am gleichen Tag, wiederum in der *Rheinpfalz,* wird von einem Raubüberfall berichtet, der sich in einem Lokal in Germersheim zugetragen hat. Das Lokal hat den Namen *Hardcore,* und der Redakteur fügt beflissen hinzu, daß dies auf Deutsch *Harter Kern* bedeutet.

Ein wenig Weltwissen hätte hier genügt, denn bekanntlich wird *hard core* (häufig: *hardcore*) als Bezeichnung für eine bestimmte Gattung der *Punk-Musik* oder im Zusammenhang mit (pornographischen) Filmen verwendet.

Das alles muß ein Redakteur vielleicht nicht unbedingt wissen. Es besteht auch überhaupt keine Notwendigkeit, den Namen des Lokals zu übersetzen. Und wenn, dann wäre eine solche Übersetzung nur sinnvoll, wenn sie etwa weiter ausholt und verdeutlicht, daß dieser Name typisch für das Publikum ist, das darin verkehrt. Aber das ist auch nicht das Problem. Sondern vielmehr die Tatsache, daß in diesen – und in vielen anderen Fällen – sich jemand ohne jegliche fremdsprachliche (geschweige denn übersetzerische) Kompetenz veranlaßt fühlt, dem staunenden Publikum mitzuteilen, "was das auf Deutsch heißt".

Es gibt wohl außer dem Übersetzen kaum eine Berufstätigkeit, zu der sich praktisch jeder ohne Ausbildung befähigt fühlt. Selbst Heimwerker informieren sich mit Handbüchern oder Aufbauanleitungen, bevor sie den ersten Handgriff machen.

Man kann also den Ärger der professionellen Übersetzer darüber verstehen, daß ihnen täglich Amateure ins Handwerk pfuschen. Meistens, wie in unseren Beispielen, ohne Not und in grenzenloser Selbstüberschätzung ihrer Fähigkeiten.

Und deshalb ist auch verständlich, wenn professionelle Übersetzer auf die Frage nach der häufigsten Fehlerursache beim Übersetzen etwas sarkastisch antworten: "Die Tatsache, daß alle übersetzen können!"

Viele Fehler hätten sich leicht vermeiden lassen, wenn die übersetzenden Personen zumindest erkannt hätten, daß sie ein Wissensdefizit haben. Doch zu dieser Erkenntnis kommen sie meistens nicht, weil sie es für ganz normal halten, daß übersetzte Wörter und Texte etwas eigenartig klingen. Und deshalb lautet der zweite Artikel aus dem Credo der Auch-Übersetzer:

2. **Eine Übersetzung muß nicht unbedingt einen verständlichen Text ergeben. Sie kann auch durchaus etwas schief und eigenartig klingen – dafür ist es eben eine Übersetzung.**

So kommt eines zum anderen: Weil Laienübersetzer ihre Fähigkeiten grotesk überschätzen, müssen sie behaupten, daß schiefe Formulierungen bei einer Übersetzung ganz normal sind. Oder auch umgekehrt: Weil schiefe Formulierungen als ganz "normale" Übersetzungen akzeptiert werden, kann jeder behaupten, er könne übersetzen.

Häufig werden *Interferenzen* als die wichtigste Fehlerursache angesehen. Von ihnen war schon in Kapitel IV,1 unter dem Stichwort *erworbene Idiosynkrasien* die Rede. Interferenzen werden auch als *faux amis* bezeichnet, als "falsche Freunde" oder, noch bildlich-eindrucksvoller, als *les belles infidèles*, denn trotz ihrer verführerischen Gestalt halten sie nicht, was sie suggerieren. Das gilt zum Beispiel für *eventual* und *eventuell*, für *fabric* und *Fabrik*, für *vital* und *vital*.

Die Gefahr des Interferenz-Denkens liegt zunächst darin, daß es eigentlich kein Denken ist, sondern eher ein reflexhaftes Handeln. Typisch für diesen Reflex ist es, daß er sich an der äußeren Form orientiert, also ein Element verabsolutiert. Daraus ergibt sich, daß man Interferenzen zuverlässig nur vermeiden kann, wenn man den Reflexen durch vorgeschaltete Reflexion einen Korridor zuweist (vgl. VI,2), und indem man die reflektierten Übersetzungseinheiten immer so groß wählt, daß die Gefahr der Verabsolutierung einzelner Elemente nicht entsteht.

Psychologisch betrachtet erliegen die Opfer der *belles infidèles* der Versuchung, sich von der (für sie) undurchschaubaren Komplexität der Übersetzungsprozesse dadurch zu befreien, daß sie sich an kleineren Einheiten wie Wörtern und Syntagmen orientieren. Die Progression von der "Interferenzitis" zur *Interferenzphobie* (Kußmaul 1989), die wir bei vielen Studierenden in der Übersetzerausbildung beobachten können, zeigt, daß dahinter ein irrationales Verhalten steckt: Im ersten Stadium der Ausbildung verabsolutieren sie die äußere Form sprachlicher Äußerungen, dann – unter dem Einfluß der Dozentinnen und Dozenten – scheitern sie an verabsolutierten "Regeln".

Es hat also wenig Sinn, die Fehlerquelle *Interferenzen* allein durch die Verbesserung der fremdsprachlichen Kompetenz zu bekämpfen oder gar durch "Vokabellernen". Entscheidend ist vielmehr, daß die Aussage:

3. **Eine Übersetzung ergibt sich aus der Summe der korrekt übersetzten Wörter**

als das erkannt wird, was sie ist – nämlich als der dritte Artikel aus dem Credo der Auch-Übersetzer.

Ein weiteres Beispiel aus der *Rheinpfalz* (Nr. 199, 1992) gibt uns einen Hinweis auf Artikel 4 aus diesem Credo:

Der Leser sieht das Foto einer mit einem Karton abgedeckten Schaufensterscheibe, auf den folgende Worte gemalt wurden:
Andrew! This is no way to get back at Fergie!
Darunter lesen wir unter der Überschrift
Deutliche Worte an "Andrew":
"Auf diese Tour wirst du nicht zu Fergie zurückfinden" – lautet ein wohlge-
meinter Tip für den Wirbelsturm "Andrew". Das Bild entstand in New Orleans,
wo ein Geschäftsmann seine Schaufensterscheibe vor dem Hurrikan schützen
will ...

Natürlich liegt hier mangelhafte fremdsprachliche Kompetenz vor, denn im
Unterschied zu *get back to somebody* markiert *get back at somebody*, daß man
sich *an jemand rächen will* (und nicht, daß *man zu jemand zurückkehren* möchte). Aber man darf nicht bei der oberflächlichen Diagnose: "Kann halt kein
Englisch" stehenbleiben, wenn man die Fehlerursache verstehen will:
    Wie die Vertreter anderer Berufe können auch Übersetzer für sich in An-
spruch nehmen: "Man kann nicht alles wissen", oder: "Jeder macht einmal einen
Fehler". Aber: Ein qualifizierter Kfz-Handwerker oder Ingenieur ist in der Lage,
seine Arbeit daraufhin zu überprüfen, ob sie das gewünschte Resultat erbracht
hat. Er verfügt über Methoden, mit denen er die Qualität seiner Arbeit sichern
und überprüfen kann. Bei der Arbeit von unqualifizierten Übersetzern fällt immer
wieder auf (und dies läßt sich in allen zitierten Beispielen nachweisen), daß sie
sich eigentlich gar keine Gedanken darüber gemacht haben, welchen Anforderungen das Produkt ihrer Arbeit, die Übersetzung, genügen soll (zu Qualitätssicherung und -kontrolle vgl. Kap. XII).
    Denn das eigentlich Beklagenswerte an dieser Übersetzung ist, daß sie keinen
Witz hat – und daß die Übersetzerperson dies nicht registriert. Wenn schon eine
Agentur (dpa) es für sinnvoll hält, den Kommentar zu fotografieren, den der
Geschäftsmann auf den Karton geschrieben hat, dann muß er doch wohl besonders witzig sein.
    Der übersetzte Satz hat jedoch keinen Witz, außerdem verfälscht er die – den
Lesern der *yellow press* bekannte – Situation: Fergie hat Andrew verlassen,
Andrew ist das Opfer, das auf **Rache sinnt** (das paßt zu den Verheerungen durch
den Wirbelsturm "Andrew"), aber er hat keineswegs erklärt, daß er zu Fergie
zurückkehren will.
    Diese Situation mußte der Übersetzerperson bekannt sein, zumindest hätte
sie sie in Erfahrung bringen können und müssen. Aber sie geht – und dies ist
wiederum ein typisches Verhalten nach Artikel 3 – nicht von der Situation aus,
sondern von den Wörtern: *get back at* heißt nun einmal, ihrer Meinung nach,
zurückkehren. Und da dies feststeht, muß eben die Situation zurückstehen – es
ist gewiß kein besonders witziger Satz, aber so lautet er nun einmal. Das ist eben
englischer Humor.

Damit wird die Hierarchie der Handlungen von der Basis auf die Spitze gestellt (vgl. die Darstellung unseres textanalytischen Modells – Kap. VI,2): Der Wortlaut der Aussage wird zum entscheidenden Kriterium, die Situation wird zur Randbedingung – also wiederum eine Form der Verabsolutierung.

Der sichere Weg verläuft genau in entgegengesetzter Richtung: Verständlich muß zunächst die Situation sein, der die Aussage entspringt. Denn Situationen können wir alle verstehen – durch Wörter lassen wir uns täuschen.

Artikel 4 ist also eine Erweiterung von Artikel 3:

4. **Wenn ich alle Wörter verstanden habe, kann die Übersetzung nicht falsch sein. Klingt sie trotzdem eigenartig, so liegt dies an den fremden und befremdlichen kulturellen Traditionen der Ausgangssprache, die eben nicht zu übersetzen sind.**

2 Diagnose und Therapie

Daß nicht nur Amateurübersetzer nach diesen falschen Grundsätzen arbeiten, belegt unser nächstes Beispiel. Es handelt sich um die Übersetzung des Bestsellers *Lemprière's Dictionary* von Lawrence Norfolk, der von Hanswilhelm Haefs ins Deutsche übersetzt wurde. Und zwar so:

Lemprière was shaken and tongue-tied. (38)
Lemprière war erschüttert, die Zunge wie festgebunden. (49)

Even over the years Captain Lancaster came through the stilted prose as an extraordinary man. (223)
Selbst nach all den Jahren drang Kapitän Lancaster immer noch durch die gestelzte Prosa als ungewöhnlicher Mann. (252)

The nine men seem to pay close attention, looking away from each other, heads tilted to catch the words, an act. (7)
Die neun Männer (...) neigen die Köpfe, die Wörter zu fangen, Theater.(15)

(...) and set sail for England. (9)
(...) und setzten Segel für England. (18)

"That he had little to begin with is beside the point." (90)
"Daß er wenig hatte, um damit anzufangen, geht an der Sache vorbei." (105)

Dies ist nur eine kleine Auswahl aus dem Gruselkabinett der Übersetzung, die Haefs geliefert hat. Schon diese wenigen Beispiele zeigen, daß er mit der kommunikativen Wertigkeit der gängigsten idiomatischen Wendungen nicht vertraut ist:

to set sail for – Kurs nehmen auf
to be tongue-tied – unfähig, einen Ton herauszubringen
to come through – erkennbar sein

So entstehen zum Teil geradezu groteske Situationsbeschreibungen – zwei Beispiele:

> Eine Hundemeute stürzt sich auf einen Mann und zerfleischt ihn – die Namen sind Namen von Hunden:
> Dorkeus erfaßt den anderen Arm und reißt ihn nieder, damit Oribasos rotes Fleisch aus dem Hinterbein der Beute meißle (75)
> Dorceus takes the other arm, dragging him down for Oribasos to gouge red meat from the back leg of the prey (61)

Schwer verständlich ist auch folgende Szene:

> Über ihm kennzeichneten der Schneider und seine Frau das Ende eines weiteren Tages mit widerwilligen Mildtätigkeiten an Gott und dann aneinander, bumm bumm bumm, durch die Decke. Sie hielten einen erfahrenen Rhythmus.(100)
> Above, the tailor and his wife were marking another day's end with grudging beneficences to God and then each other, thump, thump, thump through the ceiling. They kept a practised rhythm. (86)
> (Zitate aus: Norfolk, L., *Lemprière's Dictionary*, Reading: Minerva Paperbacks, 1991. *Lemprière's Wörterbuch. Aus dem Englischen übersetzt von Hanswilhelm Haef,* München: Knaus, 1992.)

Eine schlechte Übersetzung also, die – wie es Uwe Pralle im Bayerischen Rundfunk (16.1.93 – Bayern 2) so treffend sagte – nur noch die *Attrappe eines Romans* erkennen läßt. Das wäre schon schlimm genug, doch leider an sich weder ungewöhnlich noch bemerkenswert.

Der eigentliche Skandal beginnt erst damit, daß einige (11) Berufskollegen des Herrn Haefs sich über die miserable Übersetzung mokieren und einen offenen Brief an den Verlag Albrecht Knaus schreiben, in dem sie die Übersetzung als das anprangern, was sie ist – eine Katastrophe.

Der Verlag reagiert scharf, droht mit Regreßforderungen wegen Rufschädigung. Das mag man noch verstehen, schließlich geht es um viel Geld. Doch dann meldet sich auch der Verlagslektor zu Wort (Karl Heinz Bittel), und der wird zunächst einmal grundsätzlich und zitiert – wie nicht anders zu erwarten – Schleiermacher und Benjamin als Kronzeugen für die "verfremdende" Übersetzung. Doch dann verteidigt er explizit einige Entgleisungen seines Übersetzers:

> "He pauses for breath". Hanswilhelm Haefs übersetzt: "er hält um Atem inne", anstatt: Er macht eine Atempause. Er gab damit, eng angelehnt an das Original, einer entlegeneren, eigenwilligeren Form gegenüber der umgangssprachlich geläufigen den Vorzug. (...)
> "Lemprière weaved a path through them..." wird in der Haefschen Übersetzung zu "Lemprière wirkte sich einen Pfad durch sie (die Menge in einer Kneipe) hindurch, anstatt zu einem geläufigen "Sichdurchschlängeln". Wieso, so fragt man sich, ist die blassere Formulierung die bessere, und warum soll es verboten

sein, den ursprünglichen Wortsinn der englischen Wendung bildhaft zu rekonstruieren?
(Börsenblatt 2 vom 8.1.93,7)

Da ist er also wieder, der "ursprüngliche Wortsinn", und prompt wird die Auseinandersetzung über eine Übersetzung zu einem Streit um Wörter.

Dabei geht es doch darum, daß die Übersetzung (an den zitierten Stellen und
überhaupt) den Eindruck erweckt, als sei hier ein besonders origineller Schriftsteller zu Werke gegangen, der sich absichtsvoll dazu entschlossen hat, konven-
tionelle Formulierungen geradezu gewaltsam zu vermeiden, oder, psychologisch
gesehen, unsere Lesererwartungen zu enttäuschen.

Der übersetzte Text hat den Effekt der Disorientierung des Lesers. Er stellt
fest, daß er mit seinem Inventar an Schemata und Erwartungsstrukturen immer
wieder ins Leere läuft – er kann sich kein Bild von den beschriebenen Vorgängen
machen, zumindest nicht ohne große Schwierigkeiten.

Nun gibt es durchaus Texte, die genau diesen Effekt anstreben, gerade in der
anspruchsvollen Belletristik. Aber der Roman von Lawrence Norfolk gehört nun
einmal nicht in die Kategorie der Werke einer Virgina Woolf oder eines James
Joyce. Er ist vielmehr ein Stück traditioneller, wenn auch durchaus raffinierter,
Erzählkunst. Und mehr noch: Er lebt gerade durch die vielen historischen und
literarischen Anspielungen davon, daß der Leser dieses Assoziationsmaterial auch
erkennt. Und erkennen kann er es nur, wenn es in seiner traditionellen Form
dargestellt wird – und nicht, wenn es durch die Übersetzung zur Unkenntlichkeit
entstellt wird.

Wir haben es uns nicht leicht gemacht. Wir hätten – wie andere Kritiker – es
dabei bewenden lassen können, daß wir nachweisen: Haefs kann kein Englisch.
Und es spricht vieles für diesen Befund.

Doch eigentlich gehört ein solches Urteil in die Therapie – und nicht zur
Diagnose. Übersetzungskritik, die diesen Namen auch verdient, sollte immer klar
diagnostizieren, welche Wirkung der übersetzte Text in seinem Umfeld und für
seine Rezipienten hat. Gelingt der Nachweis, daß diese Wirkung weder im
Interesse dieser Rezipienten noch des Verfassers des Ausgangstextes ist, so
handelt es sich um eine unbrauchbare Übersetzung, die von einem unqualifizierten Übersetzer produziert wurde.

Unbrauchbare Übersetzungen können aus bester Absicht entstehen, und sie
können auch nicht immer auf unzureichende Kenntnisse der Ausgangs- oder der
Zielsprache zurückgeführt werden. Dafür werden wir gleich noch ein Beispiel
liefern. Deshalb gehört die Frage, weshalb eine unbrauchbare Übersetzung
geliefert wurde, in den therapeutischen Teil einer Übersetzungskritik.

Wir stellen also fest: Haefs Übersetzung ist unbrauchbar – sie dient weder
den Interessen der Leser des Romans, noch kann sie im Interesse des Autors
sein. Wir fügen hinzu: Möglicherweise hätte Haefs eine bessere Übersetzung
liefern können, wenn er besser beurteilen könnte, welche idiomatischen Wen-

dungen und *phrasal verbs* des Englischen noch als bildliche Vorstellungen umgesetzt und welche bereits völlig klischeehaft gebraucht werden. Und wir geben den Kritikern der Übersetzung darin recht, daß es sicher besser gewesen wäre, eine Übersetzerperson mit dieser wichtigen Arbeit zu beauftragen, bei der diese Voraussetzungen erfüllt sind.

Doch die traurige Geschichte der Übersetzung von *Lemprière's Dictionary* ist damit noch keineswegs zu Ende, denn viel ärgerlicher als die mißglückte Übersetzung war die Diskussion, die sich aus dem Protestbrief der elf Berufskollegen in den deutschen Gazetten für die gebildeten Stände abspielte.

In der Süddeutschen Zeitung vom 30./31.1.1993 (Nr. 24) kam als "neutraler Fachmann" der vergleichende Literaturwissenschaftler Friedmar Apel ausführlich zu Wort. Auch er zitiert – wie nicht anders zu erwarten – sehr ausführlich Schleiermacher und kommt zu einem abschließenden Urteil in bester philologischer Tradition:

> Nun soll damit gar nicht behauptet werden, daß Haefs Übersetzung ein an jeder Stelle gelungenes Wunderwerk ist. Die Übersetzungsgeschichte zeigt, daß man das oft erst aus einiger Distanz beurteilen kann. Umstandsloses Werten scheint dem Problem auch gar nicht angemessen zu sein. Friedrich Schlegel fand sogar, es gäbe gar keine "gute Übersetzung", sondern "überall nur eine eigentliche", und die sei "eine unbestimmte, unendliche Aufgabe".

Die Zeit soll also entscheiden, ob Haefs Übersetzung brauchbar ist. Die Hilflosigkeit dieser Aussage unterstreicht den desolaten Zustand der Übersetzungskritik. Mehr als 100 000 Exemplare von *Lemprière's Wörterbuch* wurden verkauft – haben die Käufer und Leser nicht einen Anspruch darauf, von der etablierten Übersetzungskritik zu erfahren, ob sie sich auf die Übersetzung verlassen können? Und bedeutet dieser Rückzug der Übersetzungskritik nicht eigentlich, daß die veröffentliche Meinung des Verlags (vgl. den Beitrag des Verlagslektors Bittel) sich als die offizielle Meinung durchsetzt?

In ihrem Buch *Übersetzungswissenschaftliches Propädeutikum* (1994) setzt sich Heidrun Gerzymisch-Arbogast sehr intensiv und extensiv mit der Übersetzung Haefs auseinander. Auf mehr als einhundert Seiten wird *Lemprière's Wörterbuch* unter verschiedenen Aspekten wissenschaftlich analysiert und diskutiert. Also werden wir doch zumindest hier erfahren, wie es mit der Qualität der Übersetzung bestellt ist?

Zu unserer Überraschung lesen wir jedoch am Ende des Buchs:

> Bezogen auf die Kontroverse um die deutsche Übersetzung um Lawrence Norfolks *Lemprière's Dictionary* heißt das, daß eine sachliche, wissenschaftlich fundierte Kritik noch aussteht. (152)

Wie nun? Niemand hat sich mit größerem Aufwand um eine Analyse der Übersetzung bemüht als Gerzymisch-Arbogast, und ausgerechnet sie lehnt es ab, klar Stellung zu beziehen? Wer, wenn nicht sie, kann uns denn sagen, ob wir uns auf die Übersetzung verlassen können? Und wo sollen wir die Person finden, die mit noch größerem Aufwand, noch intensiver und extensiver, *Lemprière's Wörterbuch* analysiert?

Wenn eine wissenschaftliche Übersetzungskritik nicht in der Lage ist, *hic et nunc* klar Stellung zu beziehen, so bedeutet dies nichts anderes als den Verzicht auf eine wissenschaftliche Auseinandersetzung mit dem Übersetzen. Sie wäre dann *l'art pour l'art,* eine Marginalie ohne Konsequenzen.

Vielleicht hat also Dieter E. Zimmer doch recht (vgl. oben, II,3), wenn er behauptet, daß von der Übersetzungstheorie *letzte Begründungen, von denen sich allgemeine operative Regeln ableiten lassen,* nicht zu erwarten sind?

Wenn eine Wissenschaftlerin wie Gerzymisch-Arbogast zu keinem Urteil kommen kann, dann verkünden andere Stimmen, wie man die Qualität von Übersetzungen zu beurteilen hat. Und sie kommen nicht immer aus berufenem Munde.

Auch Friedmar Apel erhielt von der Süddeutschen Zeitung genügend Platz, um seine Thesen zu vertreten. Es ist also nicht so, daß Übersetzungen in Deutschland nicht diskutiert werden. Durchaus nicht – man hält dieses Thema offensichtlich für durchaus wichtig, man will die Diskussion führen und bemüht sich um Maßstäbe.

Nur – es ist eine Diskussion, bei der die eine Seite sich nicht mit Fachwissen belasten will, und die andere Seite kein Urteil abgeben kann oder will. Und deshalb darf auch jeder das Wort ergreifen, der sich für kompetent hält. Denn wenn es keine systematische Reflexion über das Übersetzen gibt (Zimmer), und wenn man sich sowieso vor Bewertungen hüten muß (Apel), dann kann in der Tat jeder Mann und jede Frau etwas zum Wert oder Unwert einer Übersetzung sagen. Letzten Endes sind dann alle Urteile Geschmacksproben – interessant, aber ohne jeden Anspruch auf Verbindlichkeit.

Rettung kann hier nur von einer wissenschaftlich fundierten Übersetzungskritik kommen. Aber es muß eine Übersetzungskritik sein, die nicht nur Modelle konstruiert und Urteile in Aussicht stellt, sondern sich zu Bewertungen bekennt. Sonst liefert sie denjenigen unfreiwillig die Argumente, die gerne die Relativität der Maßstäbe betonen, um schlechte Qualität verkaufen zu können.

3   Zwischen Willkür und Leibeigenschaft

Bleiben wir noch ein wenig bei der Übersetzung von Romanen aus dem Angelsächsischen. Der Roman *Raise the Titanic!* von Clive Cussler (1976) ist sicher einige Kategorien unter *Lemprière's Dictionary* einzuordnen. Aber er wurde übersetzt. Allerdings auf recht eigenwillige Art, denn beim Vergleich mit dem Original fällt auf, daß nicht nur Dialogpassagen in der Übersetzung fehlen, sondern ein ganzer Handlungsstrang (*Hebt die Titanic!* Aus dem Amerikanischen übersetzt von W.G.– 1980).

Ich habe den Übersetzer dazu befragt – hier ist seine Rechtfertigung:

Bei dieser Art von Unterhaltungsliteratur ist es allgemein üblich, daß vom deutschen Verlag oder dem Übersetzer Kürzungen vorgenommen werden können,
wenn das im Lizenzvertrag nicht ausdrücklich untersagt wird.

... Diese Übersetzung – wie alle meine früheren – sind alle sinngemäß, aber frei
und nicht nach philologischen Maßstäben der Sprachwissenschaft erstellt worden. Das halte ich für angemessen und vertretbar, weil es sich ja nicht um Werke
der sogenannten hohen Literatur handelt ... Die Kürzungen – (...) – habe ich
deshalb für vertretbar gehalten, weil diese Liebesepisode mit dem Präsidenten so
läppisch dargestellt und unnötig war wie auch viele andere Passagen des Romans, die im Weißen Haus spielen ... Aus all dem bisher Gesagten geht wohl
ziemlich deutlich hervor, mit welchem Mißvergnügen und welcher Frustration
ich versucht habe, diese schlechte Diktion in ein einigermaßen lesbares Deutsch
zu übertragen. Dazu war es auch nötig, ganze Dialogpassagen zu verändern,
damit sie nicht gar zu dilettantisch wirkten.

(Aus einem Brief vom 8.5.1985 an die Teilnehmer an meinem Übersetzerseminar im SS85)

Endlich ein verantwortungsbewußter Übersetzer, der sich Gedanken über die
Wirkung seiner Übersetzung auf seine Leser macht! Allerdings – es sind seine
Leser, oder, noch deutlicher gesagt, Leser, wie er sie sich wünscht. Am liebsten
wäre es ihm wohl, wenn Trivialromane dieser Machart gar keine Leser finden
würden, oder, noch besser, erst gar nicht geschrieben würden. Da es sie aber
gibt, betreibt er als Übersetzer aktive Schadensbegrenzung – und das ist nicht
seine Aufgabe!

Trivialromane werden meistens sehr spekulativ geschrieben – sie sind recht
genau auf die Bedürfnisse einer bestimmten Lesergemeinde berechnet. Und die
findet vielleicht eine "läppische Liebesgeschichte" durchaus nach ihrem Ge-
schmack und stößt sich nicht an einer "dilettantischen Diktion", falls diese ihr
den Leseaufwand erleichtert.

Verantwortungsbewußtsein des Übersetzers heißt also keineswegs, daß
er sich zum Richter in Geschmacksfragen erklärt. Wenn ihm der Text nicht
gefällt, den er zu übersetzen hat, so gibt es nur eine saubere – und verantwortungsbewußte – Entscheidung: Die Ablehnung des Auftrags. Das wäre in
der Tat übersetzerisch kompetentes Verhalten, denn es trüge der Tatsache
Rechnung, daß der Übersetzer aufgrund seiner Lesererwartungen diesen Text
niemals so verstehen kann, wie er ihn verstehen müßte, wenn er ihn übersetzen
will.

Wenn allerdings der Übersetzer aus wirtschaftlichen Zwängen – oder aus
anderen Gründen – den Auftrag übernommen hat, muß er sich um die Rezipienten
und den Originalautor nach bestem Wissen und Gewissen bemühen. Alles andere
ist Willkür – auch wenn diese auf durchaus ehrenwerten Motiven aufbaut.

Es erübrigt sich fast, auf den Satz näher einzugehen, in dem der Übersetzer
seine Prinzipien darlegt:

Diese Übersetzung – wie alle meine früheren – sind (sic) alle sinngemäß, aber frei und nicht nach philologischen Maßstäben der Sprachwissenschaft erstellt worden. Das halte ich für angemessen und vertretbar, weil es sich ja nicht um Werke der sogenannten hohen Literatur handelt.

Ein tolles begriffliches Durcheinander: sinngemäß und frei sind plötzlich Gegensätze, Philologie und Sprachwissenschaft dagegen offenbar das gleiche. Und sprachwissenschaftliches/philologisches Übersetzen wäre demnach das Gegenteil von freiem Übersetzen.

Willkür und die Unfähigkeit, die komplexen Zusammenhänge zu durchschauen, scheinen Hand in Hand zu gehen. Wie auch in unserem nächsten Beispiel, das vom Dolmetschen handelt:

DOLMETSCHER SCHWÄCHT PASSAGE ÜBER DIE WIEDERVEREINIGUNG AB
"Wir beten zu Gott ("we pray") auf die Wiedervereinigung Deutschlands. Das wäre der Ausdruck dessen, was das deutsche Volk will. Wir beten zu Gott, daß wir in Zukunft unsere Zusammenarbeit für die Erfüllung unserer gemeinsamen Ziele und Verpflichtungen verstärken können, und daß diese Stärke dazu beiträgt, daß die Sache der Menschenrechte und der Freiheit in der Welt vorangebracht wird." Das sagte der amerikanische Präsident Jimmy Carter abweichend von dem zuvor an die Presse verteilten Text in seiner Rede auf dem Frankfurter Römer. Sein amerikanischer Dolmetscher, dessen unpräzise Übersetzung schon tags zuvor in Bonn auf Unverständnis gestoßen war, schwächte Carters Worte ab, indem er übersetzte: "Ich hoffe, daß Deutschland wiedervereinigt werden kann."

So stand es in der *WELT* vom 17.7.1978.

Und so erklärt Harry Obst, damals Chefdolmetscher im amerikanischen Außenministerium, mir gegenüber in einem Gespräch (sinngemäß) seine "unpräzise Übersetzung":

Jeder weiß, daß Jimmy Carter aus dem *Bible Belt* kommt, also jener Region in Amerika, wo die Religion im öffentlichen Leben eine ganz große Rolle spielt. Dazu gehört auch ein ganz spezifischer Sprachgebrauch – etwa der Gebrauch von *pray* wenn andere Amerikaner lediglich *hope* verwenden würden. Damit wollen die Leute aus dem *Bible Belt* ausdrücken, daß jede Hoffnung sich auf Gott beziehen muß, aber das heißt nicht, daß sie aktiv dafür beten, daß etwas geschehen soll. Diesem Mißverständnis wollte ich ganz bewußt vorbeugen, aber der WELT hat die Vorstellung halt besser gefallen, daß ganz Amerika täglich zu Gott betet: "Laß' doch die Deutschen sich wieder vereinigen!"

Wir treffen wieder auf das Motiv: "Übersetzen was dasteht; ein Wort hat **eine** Bedeutung; gut übersetzen heißt präzise diese Bedeutung benennen." Aber es kommt noch ein anderes, ebenso häufiges Motiv dazu: Wer diese "absolute" Bedeutung durchsetzen möchte, vertritt meistens damit auch absolute Machtansprüche. Der Übersetzer bzw. Dolmetscher ist ein Diener, ein Handlungsbevollmächtigter, der sich in den Dienst einer Person oder einer Sache zu stellen hat.

Die Beispiele W. G. und Harry Obst illustrieren die extrem gegensätzlichen Positionen, die von Übersetzern eingenommen werden können und eingenommen werden müssen:

Die einen schwingen sich zu Richtern in Geschmacksfragen auf, wollen ihre Leser erziehen oder ihnen zumindest "das Schlimmste ersparen", die anderen werden in eine Position gezwungen, in der sie nur noch ein menschliches Wörterbuch sind, das gefälligst die passende Bedeutung zu produzieren und zu sanktionieren hat.

> **Zwischen Willkür und Leibeigenschaft eine unabhängige und fundierte Position zu finden – so könnte man das Dilemma der Übersetzer beschreiben.**

Doch eine eigene Position läßt sich nicht begründen und verteidigen ohne Einsicht in das, was Übersetzen wirklich bedeutet. Nur so können in der Auseinandersetzung mit sich selbst die eigenen Omnipotenz-Phantasien gezügelt werden und in der Auseinandersetzung mit den anderen die Machtansprüche der Interessenvertreter wirkungsvoll zurückgewiesen werden.

Das ist ein mühsamer Prozeß, der ohne Anleitung und Selbstdisziplin nicht bewältigt werden kann. Das zeigt sich gerade im dem Bereich, der sich als Kern der übersetzerischen Kompetenz definieren läßt: Die Fähigkeit, Fehler zu bewerten.

4 Fehlerbewertung

In einem Klausurtext mußten Studenten u.a. folgende Passage übersetzen (vgl. Hönig 1987):

> Any system as complex as a human language is bound to lend itself to a variety of independent approaches. For example, languages are used to communicate: one obvious line of research would be to compare human languages with other systems of communication, whether human or not: gestures, railway signals, traffic lights, or the languages of ants and bees.
> (Neil Smith/Deirdre Wilson, Modern Linguistics (Harmondsworth, 1979); 13–14.)

Eine Studentin übersetzt die letzten Wörter dieses Textausschnitts mit ... *oder mit den Sprachen von Bienen und Enten.*

Die Dozenten A und B sollen die Klausur beurteilen. Sie sind an dieser Stelle übereinstimmend der Meinung, daß *Ameisen* den *Enten* vorzuziehen sind, aber sie können sich nicht darüber einigen, wie schwerwiegend der Fehler *Enten* zu bewerten ist.

A vertritt die Auffassung, daß ein so elementarer Fehler harte Sanktionen verlangt. Er plädiert für einen besonders schweren ("dreifachen") Fehler, weil es ja schließlich offensichtlich sei, daß die Studentin kein Englisch könne. Wer *ants* mit *Enten* übersetze, disqualifiziere sich eigentlich schon allein damit.

B plädiert dagegen: Dies sei kein gravierender Fehler, wenn man vom Leser der Übersetzung ausgehe. Der müsse an dieser Stelle verstehen, daß es um Konkretisierungen der nicht-menschlichen Kommunikationssysteme gehe. Und dies sei durchaus zu verstehen, denn es stünde nicht im Widerspruch zu seinem Weltwissen, daß Enten eine Sprache haben.

Zwar seien die *Ameisen* zweifellos ein typisches und bestens bekanntes Beispiel für eine Tierart, die über ein Kommunikationssystem verfügt, aber *Enten* sei kein Widerspruch zum vorher Gesagten. Außerdem habe die Studentin die Reihenfolge geändert: *Bienen und Enten*, so daß für den Rezipienten eine durchaus sinnvolle Graduierung der Beispiele entsteht – zuerst die (Kommunikationssysteme der) Bienen, dann die der (dafür weniger typischen) Enten.

A sagt: In keinem zweisprachigen Wörterbuch der Welt wird man unter dem Eintrag *ants Enten* finden. Wir brauchen deshalb auch gar keine lange Diskussion zu führen und über die Wirkung der Übersetzung auf die Rezipienten zu spekulieren. Tatsache ist doch, daß die Studentin mit geradezu unglaublicher Naivität auf einen "falschen Freund" hereingefallen ist. Und das darf man doch nicht ungeahndet lassen.

B meint: Übersetzungen beurteilen heißt nicht Vokabeln abfragen. Fehler in einer Übersetzung lassen sich nur diagnostizieren, indem man eine Beeinträchtigung der kommunikativen Funktion des Z-Textes nachweist. Wenn dies nicht möglich ist – wie im vorliegenden Fall –, dann muß man (wenn vielleicht auch zähneknirschend) akzeptieren, daß mangelhafte fremdsprachliche Kompetenz nicht automatisch einen schwerwiegenden Übersetzungsfehler nach sich zieht.

Übersetzungsfehler in diesem Sinne sind also nachweisbare Störungen der (zuvor definierten) kommunikativen Funktion der Übersetzung. A's Urteil "schwerwiegender Fehler" bezieht sich jedoch nicht auf diese Textfunktion, sondern auf eine vermutete fremdsprachliche Inkompetenz, die also ganz unabhängig von dieser Textfunktion existiert. Für die Fehlerbewertung ist jedoch nicht die fremdsprachliche Kompetenz oder Inkompetenz entscheidend, sondern allein die Antwort auf die Frage, wie sich diese auf das "Funktionieren" der Übersetzung auswirkt.

Wie wichtig diese Erkenntnis ist, wird deutlich, wenn wir den Fall einmal umdrehen: Der Übersetzer weist nach, daß er fremdsprachlich kompetent ist – etwa dadurch, daß er mit dem zweisprachigen Wörterbuch belegt, daß seine Übersetzung eines Worts dem Eintrag entspricht –, aber seine Übersetzung führt zu schwerwiegenden Mißverständnissen.

So kann z.B. die Übersetzung von *bolt* in englischen fachsprachlichen Texten zu großen Problemen im Deutschen führen. Die Wörterbücher sanktionieren fast jede Lösung: *Gewindebolzen, Schraubenbolzen, Schraube* usw. Zwischen diesen Fachtermini bestehen jedoch erhebliche Unterschiede, die für das Textverständnis von großer Relevanz sind (vgl. Schmitt [2]1994, 262–264). Den richtigen

Terminus kann der Übersetzer nur finden, wenn er sich Klarheit darüber verschafft, welche Funktion dieser *bolt* technisch hat. Wird diese richtig erkannt und benannt, so wird der übersetzte Text für den Adressaten auch funktionieren. Geschieht dies jedoch nicht und der Leser der Übersetzung sucht nach *Schrauben, Bolzen* usw., die es gar nicht gibt, so wird er über kurz oder lang die Übersetzung als unbrauchbar bezeichnen. Und es interessiert ihn überhaupt nicht, wenn ihm der Übersetzer nachweist, daß "das aber so im Wörterbuch steht".

In einem solchen Fall würde kein Auftraggeber diesen "Richtigkeits-Beweis" gelten lassen, er würde – mit Recht – sagen: "Mich interessiert nicht, was im Wörterbuch steht (das kann ich selbst nachschlagen, dazu brauche ich keinen Übersetzer), sondern ich will eine funktionierende Übersetzung."

Wenn dieser Grundsatz aber in der Praxis gilt, dann muß er auch in der Ausbildung gelten. Man kann nicht einerseits auf die Verantwortung des Übersetzers für den von ihm geschaffenen Text verweisen, und andrerseits Fehler außerhalb dieser funktionalen Zusammenhänge definieren. Oder noch deutlicher: Man kann nicht einerseits behaupten, man bilde zum professionellen Übersetzer aus, und andrerseits bei der Bewertung von Übersetzungsfehlern Kriterien verwenden, die eigentlich auf ein Abfragen von Vokabeln hinauslaufen.

Natürlich wird die Fehlerbewertung unter textlich-funktionalen Gesichtspunkten zu einer sehr mühsamen Sache. Und vielleicht ist dies der eigentliche Grund dafür, daß sie in der Ausbildung – und in der veröffentlichten Übersetzungskritik – so selten demonstriert wird. Es ist natürlich wesentlich einfacher zu sagen: "Das sagt man im Deutschen nicht", als nachzuweisen, daß die gewählte Sprachvariante nicht dem Textganzen in seiner Funktion für die Adressaten entspricht. Und natürlich ist es noch einfacher zu sagen: *Ants* sind eben *Ameisen*, das muß man einfach wissen", als im einzelnen zu prüfen, ob hier ein kommunikativer Defekt vorliegt oder nicht.

Damit nun jedoch nicht der Eindruck entsteht, fundierte Übersetzungskritik hieße soviel wie: "Alles verstehen, alles verzeihen", wollen wir uns ein zweites Beispiel ansehen. In einem Text über die Gefahren der Verstädterung heißt es:

Today, more than half the populations of developed countries live in towns with more than 20 000 people, and more than half of those in cities of over half a million.
(Hugh L. Freeman, "Man in an urban setting", *FORUM* II (1985), 27.)

Ein Student übersetzt:

Heute bewohnt bereits mehr als die Hälfte der Bevölkerung der Industrieländer in Städten mit mehr als 200 000 Einwohnern, und wiederum mehr als die Hälfte davon in Großstädten mit mehr als einer halben Million Einwohner.

Aus *20 000* wurden also in der Übersetzung *200 000* Einwohner – scheinbar ein klarer Fall von Leichtsinnsfehler, für den man wohl kaum die Theorie zu bemühen braucht.

Dozent A meint denn auch, dieses Versehen könne man getrost ignorieren, ein "echter Übersetzungsfehler" sei dies mit Sicherheit nicht. Man könne dem Studenten ja sagen, er solle in Zukunft besser aufpassen.

Dozent B ist abermals anderer Meinung. Er spricht von einem gravierenden Übersetzungsfehler, denn es sei ein Verstoß gegen die Logik des Textes, wenn Städte mit mehr als 200 000 Einwohnern nicht als Großstädte bezeichnet werden. Dies sei ein Widerspruch zur allgemeinen Lebenserfahrung und lasse sich nicht mit dem Weltwissen der Rezipienten vereinbaren. Das Resultat des Fehlers sei eine schwerwiegende Disorientierung des Lesers – der könne nicht verstehen, daß an dieser Stelle des Textes mit Zahlen belegt werden soll, daß in den Industrieländern eine zunehmende Verstädterung stattfindet.

Wie im ersten Beispiel verwechselt auch hier Dozent A die Diagnose mit der Therapie: Es mag ein therapeutisches Mittel zur Vermeidung derartiger Fehler sein, den Betroffenen zu sagen, sie sollten in Zukunft besser aufpassen (wenn auch mit Sicherheit kein sehr wirkungsvolles), aber vor der Therapie muß die Diagnose stehen. Das heißt: Der Kritiker muß dazu Stellung nehmen, wie sich das "Versehen" für die Rezipienten der Übersetzung auswirkt. Wenn die Diagnose ergibt, daß dieser "Leichtsinn" schwerwiegende Folgen hat, so liegt ein Fehlverhalten vor. Ob dieses Fehlverhalten leicht oder schwierig zu korrigieren ist, muß bei diesem ersten, diagnostischen Schritt zunächst außer Acht bleiben.

Das gleiche Prinzip ist auf den ersten Fall anzuwenden. Was Dozent A eigentlich meint, wenn er von einem "schweren Fehler" spricht, ist wiederum eine Bewertung der Therapieaussichten: "Wer derartig elementare Fehler macht, hat keine Chance, sich übersetzerisch kompetent zu verhalten." Diese Prognose mag sich als richtig erweisen oder auch nicht – Tatsache ist, daß auch hier zunächst diagnostiziert werden muß, welchen Schaden der "Fehler" tatsächlich anrichtet.

Letztlich lassen sich die falschen Prinzipien der Fehlerbewertung darauf zurückführen, daß einzelne Textkonstituenten (in unseren Beispielen ein Wort und eine Zahl) isoliert unter dem Gesichtspunkt der "Gleichwertigkeit" (*Äquivalenz*) betrachtet werden: "*Ants* muß mit *Ameisen* übertragen werden, deshalb ist *Enten* ein schwerwiegender Fehler; *20 000* braucht man nicht zu übersetzen, deshalb kann sich aus einem Versehen auch kein Übersetzungsfehler ergeben."

Die Fehlerbewertung ist das wichtigste didaktische Konzept bei der Vermittlung von übersetzerischer Kompetenz. Und die kann sich nur entwickeln, wenn sie auf dem Prinzip aufbaut, daß sich Übersetzer und Übersetzerinnen für den ganzen Text und dessen Verwertbarkeit für die intendierten Rezipienten verantwortlich fühlen.

Man stelle sich nur einmal vor, es würde eine Anleitung zur Einrichtung einer Werkzeugmaschine übersetzt, und die Übersetzerin würde *two inches* mit *zwei Zentimeter* übersetzen. Es ist eher unwahrscheinlich, daß der Endverbraucher dieser Übersetzung von *einem verzeihlichen Leichtsinnsfehler* sprechen würde, wenn die Maschine deshalb Ausschuß produziert oder gar beschädigt wird.

Und wenn wiederum bei der Übersetzung eines Werbetextes über eine neue Schlankheitskost *In only two weeks I lost ten pounds* zu übersetzen ist, so wird man von einer exakten Umrechnung (*neun Pfund und achtundsechzig Gramm*) absehen.

Die referentielle Wirklichkeit außerhalb des Textes ist deshalb kein Maßstab für die Beurteilung einer Übersetzung. Es stimmt: *Ameisen* und *Enten* sind sehr unterschiedliche Tiere, *20 000* ist nicht gleich *200 000*, zwei Zoll sind länger als zwei Zentimeter, und ein englisches Pfund hat weniger Gewicht als ein deutsches. Ob jedoch in jedem der Fälle, bei dem diese Unterschiede nicht berücksichtigt wurden, tatsächlich ein Übersetzungsfehler vorliegt, läßt sich nur dann entscheiden, wenn untersucht wurde, ob die zielsprachliche Textfunktion gestört und beeinträchtigt wurde. Dabei muß völlig außer Betracht bleiben, aus welchem Grund Übersetzer derartige Unterschiede nicht beachtet haben. Diese Fragestellung gehört in die Therapie, aber sie ist nicht Teil der Diagnose.

5 Akzeptables akzeptieren

Fehler zu erkennen und richtig zu diagnostizieren, ist schon schwierig genug. Doch noch schwieriger scheint es zu sein, eine akzeptable Übersetzung zu akzeptieren. Betrachten wir folgenden Textausschnitt und seine Übersetzung:

> It is on the whole a relatively gloomy picture, at least as compared with the third quarter of this century – but not of course with other periods of European history or other parts of the world today. In the year 2000 Europe will still be in the transit from the industrial to the post-industrial age, with a new equilibrium yet to be established. To get on or to get by, individuals will need to be adaptive and resourceful.

> Das ist im ganzen ein verhältnismäßig düsteres Bild, mindestens im Vergleich mit dem, was uns das dritte Viertel unseres Jahrhunderts bot, aber natürlich nicht, sobald man es mit anderen Perioden der europäischen Geschichte oder mit anderen Regionen der Welt vergleicht. Im Jahre 2000 wird Europa sich noch im Übergang vom industriellen zum nachindustriellen Zeitalter befinden, wobei sein neues Gleichgewicht noch hergestellt werden muß. Um Erfolg zu haben oder um einfach durchzukommen, werden sich die Menschen mit Einfallsreichtum anpassen müssen.

> (Rod Moore, "A Fascination on the Wane" – " Wenn die Faszination schwindet", FORUM II (1985), englische und deutsche Ausgabe, VI.)

Der ganze Text und seine Übersetzung wurden einer Gruppe von Studierenden (Examenssemester) vorgelegt. Sie wurden aufgefordert, alle Stellen in der Übersetzung zu kritisieren, die nicht akzeptabel sind.

Die so motivierten Studenten ließen an der Übersetzung kein gutes Haar. So kritisierten sie an dem abgedruckten Textauszug folgende Stellen: *periods* müsse man mit *Epochen* übersetzen; *parts* heiße *Teile* und sei auch so zu übersetzen; für *post-industrial* müsse man auch *post-industriell* sagen; für *equilibrium* dürfe man nicht *Gleichgewicht* sagen, denn das hieße ja auf Englisch *balance*. Vor allem aber wurde kritisiert, daß das "Wortspiel" *to get by – to get on* nicht "erhalten" worden sei.

Bleiben wir gleich dabei: Das "Wortspiel" *get on – get by* ist in einem populärwissenschaftlichen Text kein textkonstitutives Merkmal, zumal wenn es das einzige in dem ganzen Text ist. Was oben zu den Maßeinheiten gesagt wurde, gilt auch für stilistische Markierungen: Wie und ob sie zu erhalten sind, läßt sich nicht mit Regeln vorschreiben, sondern kann nur nach einer Definition ihrer Funktion für den ganzen Text entschieden werden. In einem Gedicht oder einem Essay mag eine derartige Wortassonanz konstitutiv für das Textgenre sein, aber in dem vorliegenden Text ist dies nicht der Fall.

Häufig wird bei derartigen Diskussionen folgendermaßen argumentiert: "Aber es steht nun einmal so im Text. Der Autor des Textes hat sich doch sicher etwas dabei gedacht, als er dieses "Wortspiel" gebraucht hat. Wer gibt dem Übersetzer das Recht, diese sorgfältig bedachte Wortwahl des Autors einfach zu ignorieren?"

Hinter dieser Argumentation erkennen wir einmal mehr die Illusion vom instrumentalen Charakter der Sprache: Die Sprache sei ein Instrument eines abstrakten und bewußten Ausdruckswillens (vgl. Kap. III,3). Viel wahrscheinlicher ist aber bei diesem Beispiel, daß der Autor ein Instrument seiner Sprache geworden ist: Das englische lexikalische System bietet die Assonanz *get on – get by* an, und der Sprachbenutzer nimmt dieses Angebot an, etwas übertrieben könnten wir sagen: Er erliegt der Verführung.

Dieses Eingehen auf die Assoziationen, Assonanzen, syntaktischen Muster und prosodischen Kadenzen der Sprache ist etwas ganz Normales, es prägt unser Sprechen, Schreiben und Denken.

Die Oberflächenstruktur der englischen Sprache bietet dem Autor die wohlfeile Assonanz *get on – get by* an, und er gebraucht sie. Das heißt aber noch lange nicht, daß sich durch die Annahme dieses Angebots ein spezifischer Ausdruckswille manifestiert. Die deutsche Sprache hat wegen ihrer grundsätzlich anderen Oberflächenstruktur kein ähnliches Angebot zu machen, und es wäre sehr schwierig, an dieser Stelle ein "Wortspiel" zu drechseln. Doch selbst wenn wir eines finden könnten, wäre es doch grundsätzlich von dem des Ausgangstextes zu unterscheiden: Es wäre "gewollt" im eigentlichen Sinn des Wortes, und gerade in diesem entscheidenden Punkt würde es sich immer von der Funktion des *get on – get by* unterscheiden.

Das heißt nicht, daß in einem anderen Text – etwa in einem Gedicht oder einem Roman – der Übersetzer nicht gezwungen wäre, sehr lange und sehr sorgfältig zu überlegen, wie er ein Wortspiel oder einen bildlichen Ausdruck übertragen könnte. Der Unterschied ist jedoch: In einem anspruchsvollen belletristischen Text oder gar in einem Gedicht sind "Wortspiele" *per definitionem* "gewollt", denn sie sind nicht das Ergebnis flüchtiger Assoziationen, sondern eines prägenden Ausdruckswillens, der erst hundert Assoziationen und Metaphern verwirft, bis er eine auswählt.

Wie stark an der Gestaltung von Gebrauchstexten die Sprache selbst beteiligt ist, läßt sich auch empirisch leicht nachweisen. Ich habe mit einer Gruppe von ca. 30 Studenten folgendes Experiment gemacht: Zu Beginn einer Unterrichtsstunde stellte ich einen ganz normalen Stuhl auf einen Tisch und bat sie, diesen Stuhl "ganz genau" schriftlich zu beschreiben. Dafür gab ich ihnen 20 Minuten Zeit; die Beschreibungen sammelte ich anschließend ein und setzte den Unterricht normal fort.

Gegen Ende des Unterrichts, also ca. eine Stunde später, wiederholte ich diese Aufforderung. Wieder stellte ich den gleichen Stuhl auf den Tisch, wieder sollte er "ganz genau" innerhalb von 20 Minuten schriftlich beschrieben werden. Und ich fügte noch hinzu: "Versuchen Sie, eine mit Ihrer ersten identische Beschreibung zu liefern".

Die Auswertung zeigte, daß dies niemand gelungen war. Wie gesagt, das Objekt war ein ganz normaler Stuhl, nicht ein komplexer Sachverhalt oder ein abstraktes Gedankengebäude. Nein, es war ein ganz einfacher Stuhl mit vier Beinen und einer Sitzfläche, und trotzdem beschrieben ihn dreißig Studierende unterschiedlich, und keinem von ihnen gelang es, ihn innerhalb eines Zeitraums von einer Stunde zweimal mit denselben Worten zu beschreiben.

Hätte uns jedoch eine dieser sechzig Beschreibungen als zu übersetzender Text vorgelegen, wäre plötzlich jedes einzelne Wort dieses Textes veredelt und geadelt worden. Aus dem Text wird ein "Original", und plötzlich ist jedes Wort der Ausdruck eines präzisen Ausdruckswillens, der ohne Berücksichtigung der Formbarkeit und Verformung der Materie, der Sprache, durchgesetzt wurde.

Die Behauptung "Der Autor hat es so gewollt" ist in den allermeisten Fällen (außerhalb belletristischer Texte) eine Spekulation und nur in Ausnahmefällen zu beweisen. Was aber, wenn der Autor sich irrt, wenn er zwar wollte, aber nicht konnte, wenn sein Text defekt, seine Wortwahl schief ist? Gilt dann immer noch der Grundsatz "Man darf das Heilige Original nicht antasten" (Dazu auch Hönig/Kußmaul [3]1991)?

Gewiß, in solchen Fällen stimmen auch die Verteidiger der "Originaltreue" zu: "Offensichtliche Fehler" darf ein Übersetzer korrigieren. Doch damit verschieben wir das Problem nur auf eine andere Ebene, denn: Was ist ein "offensichtlicher Fehler"?

Diskussionen darüber sind von einer falschen Annahme belastet, die wir schon aus unserem Semantik-Kapitel (Kap. VII) kennen: Es wird nur eine Schwarzweiß-Klassifikation zugelassen, wo in Wirklichkeit mit differenzierten Kriterien operiert werden muß.

Praktisch hat jeder Text Defekte, wenn wir die Regeln der normativen Grammatik anlegen. Oder – positiv gewendet: Jeder Text definiert selbst (durch die Einbettung in die jeweilige Kommunikationssituation), welchen Grad der Verbindlichkeit, Standardisierung und Eindeutigkeit er anstrebt.

Prinzipiell gilt dabei, daß allgemeinsprachliche Texte weniger normiert und in diesem Sinne verbindlicher sind als Fachtexte. Aber wer davon ausgeht, daß bei der Übersetzung von Fachtexten "jedes Wort eine feste Bedeutung hat", wird Überraschungen erleben. Wie Peter A. Schmitt klarmacht – und es ist typisch, daß der Experte sehr viel Raum braucht, um ein Problem zu analysieren, das scheinbar mit dem Fachwörterbuch gelöst werden kann:

> Für technische Industrietexte typisch ist ... folgender Satz aus der Systembe-schreibung einer amerikanischen Kraftwerksanlage:
> *primary coolant system interconnecting piping is carbon steel with internal stainless steel weld deposit cladding.*
> (...) man könnte also wie folgt übersetzen:
> *Die Verbindungsleitungen des Primärkühlsystems bestehen aus Kohlenstoffstahl mit einer inneren Schweißplattierung aus rostfreiem Stahl.*
> Davon abgesehen, daß diese Formulierung zwar möglich, aber nicht "optimal" wäre, enthält sie einen gravierenden Sinnfehler: Der fachkundige Leser wird wohl bezweifeln, daß diese Rohrleitungen ausgerechnet aus Kohlenstoffstahl hergestellt werden, wo dieser doch relativ spröde und für diesen Zweck daher nicht geeignet ist. Die Bedenken sind begründet: *Kohlenstoffstahl* ist durchaus nicht das deutsche Äquivalent von *carbon steel*, obwohl alle gängigen Wörterbücher so tun, als ob.
>
> Es wäre indessen voreilig anzunehmen, daß man sich hier lediglich vor diesem Paar "falscher Freunde" in acht zu nehmen habe und man eben den "richtigen" Ausdruck wählen müsse. Das Problem besteht darin, daß (...) das Begriffssystem der Stähle im Deutschen und Englischen unterschiedlich eingeteilt ist und es daher keine "aus der Natur der Sache heraus identischen Begriffe der beiden Sprachen" gibt (...).
>
> Im Deutschen unterscheidet man die beiden Hauptgruppen *Baustähle* und *Werkzeugstähle*. Über 90% der Stahlerzeugung in der BR Deutschland entfallen auf die Baustähle; sie werden zur Fertigung von Maschinenteilen aller Art und für allgemeine Bauzwecke eingesetzt. Werkzeugstähle sind Edelstähle (aber nicht alle Edelstähle sind Werkzeugstähle) und dienen zur spanenden und spanlosen Bearbeitung anderer Werkstoffe. Innerhalb beider Gruppen unterscheidet man unlegierte, niedriglegierte und hochlegierte Stähle. Die unlegierten Werkzeug-stähle werden auch als Kohlenstoffstähle bezeichnet, weil ihr C-Gehalt (0,6 bis 1,4%) für ihre Verwendung entscheidend ist.
>
> Im Englischen dagegen unterscheidet man in der Regel zwischen *carbon steels* einerseits und *alloy steels* andererseits. Über 90% der Stahlproduktion der USA entfallen auf *carbon steels* – die Parallele zu den deutschen Baustählen ist un-verkennbar. Meist wird der Begriff *carbon steel* jedoch nicht als Oberbegriff, sondern für eine Untersorte gebraucht, nämlich die *low-carbon steels,* mit einem C-Gehalt von 0,03 bis 0,3% (meist = 0,2%), die auch als *mild steels* bezeichnet werden (auf die anderen Gruppen, wie *medium-carbon steels*, die auch als *low-alloy steels* bezeichnet werden, *high-carbon steels,* die normalerweise nicht unter *carbon steels* subsumiert werden und gelegentlich auch *tool steels* genannt wer-den, und *plain carbon steels* wollen wir erst gar nicht eingehen). Da schon vom

C-Gehalt her eine Übersetzung von englisch *carbon steel* (max. 0,3% C) mit deutsch *Kohlenstoffstahl* (0,6 bis 1,4% C) nicht sinnvoll ist, kommt man mit dem Begriff *Baustahl* dem Gemeinten wohl näher. (...)

Erinnern wir uns an den Beispielsatz:

primary coolant system interconnecting piping is carbon steel with internal stainless steel weld deposit cladding.

Da rostfreier Stahl eine Sondersorte von Baustahl ist, besteht also sowohl der Grundwerkstoff der Rohre als auch die Schweißplattierung aus Baustahl. Eine Differenzierung im Sinne von "Baustahl einerseits – rostfreier Stahl andererseits" erscheint daher zunächst wenig vernünftig zu sein, logischer wäre eine Gegen-überstellung von Begriffen auf der gleichen hierarchischen Ebene, oder zumindest dergestalt, daß nicht einer der Begriffe den anderen subsumiert. Mangels näherer Information über das Material (z.B. eine Normenbezeichnung wie: 20MnMo-Ni55) bleibt dennoch nichts anderes übrig, als die Übersetzung etwa wie folgt zu formulieren:

Die Primärrohrleitungen bestehen aus Baustahl; die mediumberührten Oberflächen sind mit einer Schweißplattierung aus rostfreiem Edelstahl geschützt.

Um solche, durch interkulturelle Inkongruenzen bedingte Komunikations-probleme zu vermeiden, verzichtet der Techniker dort, wo es ernsthaft darauf ankommt (z.B. in Spezifikationen) am besten völlig auf derartige Wörter und benutzt andere, präzisere Codes. Eine genaue Bezeichnung der einzelnen Stahl-sorten sind im Deutschen die DIN-Kurznamen, wie z.B. 25CrMo4. Sie geben Aufschluß über die Zusammensetzung des Stahls. Ähnliche Kurzbezeichnungen existieren in den Normen anderer Industrienationen. Um eine interkulturelle Querverknüpfung der nationalen Kurzbezeichnungen zu ermöglichen, werden diesen wiederum sogenannte Stoffnummern zugeordnet, wie z.B. 1.7218. In dem vom Stahlschlüssel-Verlag herausgegebenen Nachschlagewerk *Stahlschlüssel* kann man nun prüfen, ob es in einer bestimmten Zielkultur eine Stahlsorte mit der Stoffnummer 1.7218 gibt (die dann die gleiche Zusammensetzung hat wie der deutsche Stahl 25CrMo4), und erfährt dort ggf. die entsprechende nationale Kurzbezeichnung dieses Stahls.

(Schmitt [2]1994,256 – 259)

So kompliziert stellt sich also auch bei Fachtexten der Sachverhalt dar – wenn er von einem Experten auf dem Gebiet der Übersetzungstheorie und des tech-nischen Fachgebiets analysiert wird. Wer bisher an die Eindeutigkeit von Fach-texten geglaubt hat, ist sicher auch von den vorsichtigen Formulierungen über-rascht, mit denen Schmitt seine fundierten Aussagen trifft, z.B.:

- Im Englischen dagegen unterscheidet man in der Regel ...
- kommt man mit dem Begriff *Baustahl* dem Gemeinten wohl näher ...
- etwa wie folgt zu formulieren ...

Gerade der Experte weiß, daß absolute Aussagen über sprachliche Verwen-dungsformen nicht haltbar sind; er legt Wert darauf, die ganze Breite der termi-nologischen Varianten in bezug auf bestimmte Anwendergruppen darzulegen und daraus einen "opportunen", d.h. funktional befriedigenden Übersetzungsvorschlag abzuleiten.

Der überwiegenden Mehrzahl der auf diesem Fachgebiet tätigen Übersetzer ist die ganze terminologische Variationsbreite und die Komplexität der interkulturellen Stahlsorten-Taxonomie gar nicht bekannt – und genau deshalb kommen sie zu übersetzungs-normativen Aussagen wie: "Dieses Wort muß so heißen."

Dieser Zusammenhang zwischen undifferenzierten Fachkenntnissen und übersetzungs-normativen Aussagen ist so typisch und häufig zu beobachten, daß wir ihn gerne polemisch überspitzt formulieren:

Undifferenzierte Weltwissensschemata sind der Boden, auf dem naive Aussagen über Bedeutungsgleichheit und Äquivalenz von Übersetzungen wachsen. Und auch umgekehrt: Wer in einem konkreten Textbeispiel nach dem richtigen Wort sucht – oder suchen läßt –, tut gut daran, die Differenziertheit seines Fachwissens zu überprüfen.

Und noch in einem anderen Punkt deckt sich die Analyse Schmitts mit unseren Beobachtungen. In Kapitel V,2 haben wir ausführlich dargelegt, daß und wie Verständlichkeit in jedem Text zwischen den Kommunikationspartnern ausgehandelt wird, weil es kein absolutes Kriterium der Verständlichkeit geben kann. Schmitts Ausführungen zur Normierung der Stahlbezeichnungen belegen dies eindrucksvoll:

> Um solche, durch interkulturelle Inkongruenzen bedingte Kommunikationsprobleme zu vermeiden, verzichtet der Techniker dort, wo es ernsthaft darauf ankommt (z.B. in Spezifikationen) am besten völlig auf derartige Wörter und benutzt andere, präzisere Codes.
> (Schmitt [2]1994,258)

Das heißt also, **je nach Kommunikationszweck** schaffen sich die Kommunikationspartner den jeweils optimalen Verständigungs"code" (*wo es ernsthaft darauf ankommt*). Es kann deshalb logischerweise auch keinen absoluten, von der Kommunikationssituation unabhängigen Verständigungs"code" geben – jeder Text schafft sich und definiert die jeweils gültigen Maßstäbe der Verständlichkeit neu.

Ob ein Text defekt ist oder Defekte enthält, ist also eine recht schwierige Frage. Denn einerseits könnten wir sagen: Jeder Text hat Defekte, wenn wir normative und absolute Maßstäbe anlegen, aber andrerseits können wir mit gleichem Recht feststellen: So gut wie alle Texte funktionieren – insofern haben sie auch keine Defekte.

Übersetzer können sich deshalb weder hinter der "Originaltreue" verstecken ("Im Original war das auch schief ausgedrückt"), noch können sie darauf spekulieren, daß die Adressaten ihrer Übersetzung "das schon irgendwie richtig verstehen". Es kann nur einen Maßstab für übersetzerisches Handeln geben: Einen Text abzuliefern, der für die (zuvor präzise definierte) Gruppe von Adressaten funktionsfähig ist.

Kehren wir noch einmal zu unserem Textausschnitt und der von den Studenten geäußerten Übersetzungskritik zurück. Sie basiert natürlich wiederum auf den Illusionen der Wortsymmetrie, der "eigentlichen" Wortbedeutung und – wie ausgeführt – der Illusion vom instrumentalen Charakter der Sprache überhaupt.

Aber dazu kommt noch etwas anderes: Wenn wir Studierenden oder auch einer anderen Gruppe von Personen einen übersetzten Textausschnitt und dessen "Original" vorlegen, so wird so gut wie immer Kritik artikuliert. Die Übersetzung kann so gut und brauchbar sein, wie man es sich nur wünschen mag – allein die Tatsache, daß verglichen werden kann, wird unweigerlich zu kritischen Äußerungen führen. Das gilt selbst für wissenschaftliche Vorträge zum Thema Übersetzungstheorie vor einem fachkundigen Publikum. Auch bei dieser Gelegenheit sollte man jeder Referentin und jedem Referenten dringend davon abraten, im Vortrag Beispiele gelungener Übersetzungen zu zitieren oder gar eigene vorzutragen. Der Widerspruch kommt mit Sicherheit – vielleicht nur zaghaft in der Form "Könnte man hier nicht auch – sollte man hier nicht?", manchmal aber auch sehr massiv als "Dabei haben Sie übersehen, daß ...", "Das kann man nicht so hinnehmen, weil ..."

Warum ist es so schwierig, eine Übersetzung zu akzeptieren?

Vor allem wohl aus zwei Gründen:

- Aufgrund seiner individuellen Erwartungsstrukturen assoziiert jeder Leser andere Nuancen mit dem Ausgangstext, ist aber nicht in der Lage, subjektive von objektiven Assoziationen zu trennen. In der Diskussion gewinnt jedoch in der Regel die Person, die noch eine weitere Verstehensnuance nachweisen kann – ob diese textlich relevant und konstitutiv ist, läßt sich nur mit großem Aufwand nachweisen oder verneinen.
- Aufgrund der individuellen Struktur seiner Sprache verfügt jeder Leser spontan über eine Reihe von Varianten und Alternativen zu der in der Übersetzung gewählten Formulierung. Anstatt nun aber die eigentlich relevante, aber so schwierig zu beantwortende, Frage zu diskutieren: Brauchen wir hier überhaupt eine Alternative, ist die vorliegende Übersetzung nicht bereits akzeptabel?, genügt in der Regel schon die Artikulierung einer Variante oder Alternative, um daraus eine Kritik an der vorgelegten Übersetzung abzuleiten.

Es ist offenbar sehr schwierig, zu akzeptieren, daß die überwiegende Mehrheit der Texte – Ausgangs- oder Zieltexte – keine "heiligen Originale" sind, für die es nur eine und diese Form gibt. Das Gegenteil ist richtig: Die weitaus überwiegende Mehrheit aller Texte läßt in vielen Teilen eine mehr oder weniger weite Bandbreite von Varianten zu, ohne daß sich an ihrer Funktion etwas ändert. Das Aufzeigen von Varianten ist deshalb nur für den Laien ein Ansatz zur Kritik – der kompetente Übersetzer wird diese Tatsache als selbstverständlich voraussetzen. Mit anderen Worten:

Die Souveränität, mit der fremde Übersetzungen akzeptiert werden, ist ein Maßstab des Selbstbewußtseins, mit dem die eigenen Übersetzungen angefertigt werden.

X Schnellverbindungen

1 Papagei mit Kopfhörer

Im Gegensatz zu Übersetzern genießen Dolmetscher in unserer Gesellschaft ein relativ hohes Ansehen. Studienanfänger sehen die Tätigkeit als Dolmetscherin oder Dolmetscher manchmal geradezu als Glamour-Beruf im Rampenlicht der Öffentlichkeit.

Nur wenige von ihnen erlangen jedoch Positionen, die sie im täglichen Kontakt mit wichtigen Persönlichkeiten rund um den Erdball führen. Die meisten arbeiten in der relativen Anonymität der Kabine, und nicht wenige haben nach einigen Jahren der Berufspraxis trotz aller Wertschätzung das Gefühl, daß ihre Arbeit falsch eingeschätzt und unnötig erschwert wird.

Das hohe Prestige des Dolmetscherberufs beruht zum einen darauf, daß er in der Öffentlichkeit ausgeübt wird. Wer an einer internationalen Konferenz teilnimmt, lernt die Dolmetscherleistungen schätzen, die es ihm ermöglichen, über die Sprachbarrieren hinweg zu kommunizieren. Zum Respekt vor dem Können der Dolmetscherinnen und Dolmetscher trägt sicher auch die Tatsache bei, daß die meisten Konferenzteilnehmer schon einmal versucht haben, aus einer ihnen vertrauten Fremdsprache leise für sich selbst zu dolmetschen. Und dabei schon nach wenigen Sätzen feststellen mußten, daß sie sich hoffnungslos in den Tücken der Syntax und Semantik verstrickten.

Vor allem die Geschwindigkeit, mit der beim Simultandolmetschen Verständigungsbrücken errichtet werden, ist für Laien beeindruckend. Viele Beobachter sagen denn auch: "Ich hätte das wohl übersetzen können, wenn ich ausreichend Zeit gehabt hätte. Aber so schnell – nein, ich gebe zu, das könnte ich nicht."

Dolmetschen wird also als beschleunigtes Übersetzen verstanden (und geschätzt). Und das ist ein Mißverständnis, wie in diesem Kapitel gezeigt werden soll. Es soll sogar bewiesen werden, daß der Zeitdruck, unter dem gedolmetscht werden muß, die Verständlichkeit der sprachlichen Übertragungsleistungen eher fördert als behindert.

Bevor wir jedoch auf diesen Punkt näher eingehen, wollen wir uns mit den Klagen der Berufspraktiker beschäftigen. Viele fühlen sich verkannt und sehen ihre Arbeit in der Öffentlichkeit falsch dargestellt. Sie ärgern sich schon, wenn ihre Tätigkeit als Übersetzen, manchmal sogar als Simultan*übersetzen*, bezeichnet wird. Denn sie legen großen Wert darauf, daß Dolmetschen sich grundsätzlich vom Übersetzen unterscheidet. Geradezu empört sind sie jedoch, wenn man die Tätigkeit der Dolmetscher als ein Nachplappern darstellt – als ob sie eine Art Papagei mit Kopfhörern wären.

Um derartige Mißverständnisse auszuräumen und die Zusammenarbeit der Dolmetscher mit den Organisatoren einer Konferenz zu erleichtern, habe ich mit Kolleginnen und Kollegen der Fachgruppe Dolmetschen am FASK Germersheim der Universität Mainz eine Broschüre erarbeitet, in der die Arbeit der Dolmetscher für alle verständlich dargestellt werden soll.

Es folgen einige zentrale Gedanken aus dieser Broschüre:

Dolmetscher sorgen für Verständigung und ihre Arbeit ist auf Verständnis angewiesen. Sie vermitteln zwischen Sprachen und Kulturen, deshalb stehen sie häufig in der Mitte, manchmal sogar im Mittelpunkt, ohne dies zu wollen. Aus der Sicht der Auftraggeber sind sie eher eine Figur am Rande, denn sie sind weder Fachexperten noch gehören sie zum Organisationsteam. Sie sollen nicht mitreden, aber alles mitteilen. Diese Randstellung in der Mitte führt manchmal zu Problemen. Dolmetscher werden als ex-zentrische Figuren (durchaus respektvoll) behandelt, dabei wären sie gerne mehr in den Gesamtablauf einer Konferenz integriert, um besser für optimale Verständigung sorgen zu können.

Trotz ihres hohen Ansehens haben also durchaus auch Dolmetscher Statusprobleme. Sie fühlen sich als Sprachautomaten behandelt, die auf Knopfdruck für jedes Wort einer Sprache X ein Wort der Sprache Y produzieren können.

Warum dies nicht möglich ist, wollen wir an einem Textbeispiel demonstrieren:

Dieses Engagement außereuropäischer Unternehmen ist keine unfaire Konkurrenz, sondern unternehmerische Weitsicht mit dem Ziel optimaler Wahrnehmung neuer Marktchancen. Niemand hindert unsere Unternehmen daran, unter Ausnutzung ihres Standortvorteils in der Gemeinschaft diese neuen Marktchancen noch stärker wahrzunehmen. Mut zu mehr Markt bedeutet auch Mut zum größeren Markt.

(Aus einer Rede des damaligen Bundesaußenministers Genscher zur Eröffnung der 39. Internationalen Saarmesse: *Wachstumsimpulse und Strukturanpassung durch weltweite Zusammenarbeit*)

Was muß man wissen oder können, um diese (sehr kurze und recht einfache) Passage zu verstehen?

Eine mögliche Antwort wäre: "Man muß eben alle Wörter kennen, die in dem Text vorkommen".

Schauen wir uns den letzten Satz, und darin das Wort *Markt*, etwas genauer an. Wir erkennen sofort, daß *Markt* hier nicht soviel wie *Marktplatz* oder *Wochenmarkt* oder *Absatzmarkt* bedeuten kann, sondern daß es für *Marktwirtschaft* steht. *Mehr Markt*, das heißt hier: Öffnung der Märkte, eine stärkere Betonung marktwirtschaftlicher Elemente, Abbau von protektionistischen Maßnahmen und Subventionen.

Woher wissen wir das? Mit Sicherheit nicht aus dem Wörterbuch, sondern aufgrund unseres "Weltwissens", also all der Erkenntnisse, die wir irgendwie im

Laufe unseres Lebens gesammelt und abgespeichert haben. Dieses enzyklopädische Wissen umfaßt sehr viel mehr als die Bedeutung einzelner Wörter.
Courage for more market means also courage for a bigger market. Das wäre das Resultat einer "wörtlichen" Übertragung ins Englische – ein höchst unbefriedigendes Resultat, denn dieser Äußerung könnte der Zuhörer kaum entnehmen, was Genscher hier eigentlich sagen will. Und mit Sicherheit klingt eine solche Formulierung eigenartig und "unenglisch".

Um eine Äußerung zu verstehen, reicht es also nicht, die Wörterbuchdefinitionen einzelner Wörter zur Anwendung zu bringen. Um zu verstehen, müssen wir unser Weltwissen anwenden. Dolmetscher müssen also nicht nur Sprachen können. Sie müssen auch etwas wissen.

Schauen wir uns noch einmal den ganzen Satz an:

(1) Mut zu mehr Markt bedeutet auch Mut zum größeren Markt

Genscher wollte damit sagen:

(2) Der Abbau von Handelshemmnissen durch den Europäischen Binnenmarkt 1993 muß zur Folge haben, daß man in der EG bereit sein sollte, anderen Ländern den Beitritt zu erleichtern.

Nehmen wir an, jemand weiß alles über den Binnenmarkt, die (damaligen) Beitrittsabsichten der skandinavischen Länder, Subventionsabbau, Protektionismus, die Auseinandersetzungen zwischen den USA und der EG im GATT usw.

Wie aber kommt man von der Formulierung (1) zu der Formulierung (2)? Woran erkennt man, daß (1) und (2) praktisch die gleiche Bedeutung haben, obwohl kein einziges Wort aus (1) auch in (2) verwendet wird?

Diese Leistung läßt sich weder allein dem Weltwissen noch den Sprachkenntnissen zuordnen. Sie beruht auf der Fähigkeit, Weltwissen und Formulierungen einander zuzuordnen. Deren Verhältnis zueinander ist jedoch einigermaßen kompliziert: Ein Tatbestand kann auf die verschiedensten Arten formuliert werden, eine Formulierung kann – je nach Kontext – auf unterschiedliche Tatbestände verweisen. So könnte z.B. der Satz Genschers, einem Unternehmer in den Mund gelegt, etwas ganz anderes bedeuten (etwa, daß das Unternehmen expandieren oder neue Märkte erschließen sollte).

Die – im Vergleich zu den Fähigkeiten eines Computers geradezu geniale – Leichtigkeit, mit der wir alle einer Formulierung mühelos und augenblicklich entnehmen, was damit eigentlich gemeint ist (auch dann, wenn der Redner nuschelt, Dialekt spricht, versteckte Anspielungen macht, grammatisch defekte Strukturen benutzt, sich verspricht), ist nicht allein das Resultat von viel Weltwissen und guten Fremdsprachenkenntnissen, sondern beruht auf der Fähigkeit, zwischen allen relevanten Faktoren schnell und sicher Beziehungen herzustellen.

Welcher Aufwand nötig sein kann, um auch nur ein Wort in einer Äußerung richtig zu entschlüsseln, sehen wir an folgendem Beispiel:

In der Zukunft werden wir Maschinen entwickeln, die immer mehr auf ihre Umwelt reagieren und in der Lage sind, ihren *Betrieb* an wechselnde Bedingungen anzupassen.
(Beispiel aus der VERBMOBIL-Studie 1991, 81)

Wenn wir *Betrieb* in einem zweisprachigen Wörterbuch (Deutsch-Englisch) nachschlagen, finden wir u.a. *business, company, concern, enterprise, factory, works, place of work, work, working, operation, running of ..., bustle.* Insgesamt stehen 12 "Entsprechungen" zur Verfügung – wie findet die Dolmetscherin das richtige Wort?

Sie kann dieses Problem nur lösen, wenn sie (praktisch gleichzeitig!) ein anderes Problem gelöst hat: Worauf bezieht sich das Possessivpronomen *ihren* (Betrieb). Denn nach den Normen der Grammatik kann sich dieses *ihren* auf jedes der vorausgehenden *Substantive (Zukunft, Maschinen, Umwelt und Lage)* beziehen. Es könnte sogar *Ihren* heißen, denn beim Vortrag einer Rede hören wir nicht, ob ein Wort groß oder klein geschrieben wird.

Um nun zu entscheiden, auf welches Substantiv sich *ihren/Ihren* bezieht, müssen wir jedoch wissen, was hier *Betrieb* heißt. Entscheiden wir uns zum Beispiel für *enterprise, factory* oder *company*, so müßte *Ihren* mit *your* wiedergegeben werden. Oder auch umgekehrt: Legt sich die Dometscherin bei *ihren/Ihren* auf *your* fest, so kommen nur Entsprechungen wie *business, company, concern, enterprise, factory, works, place of work* in Frage.

Die Lösung des einen Problems ist also unauflöslich mit der des anderen vernetzt, und es läßt sich kein absolutes, formal-logisch definiertes Entscheidungskriterium "außerhalb" der Äußerung nennen, das diesen Entscheidungsprozeß lenken könnte.

Die Dolmetscherin wird unseren Beispielsatz wahrscheinlich gar nicht als besonders problematisch empfinden. Denn sie hat aus dem, was der Redner bisher schon gesagt hat, bereits (weitgehend unbewußt) eine Hypothese dafür gefunden, was er hier sagen will. Nur diese vage Hypothese, dieses Vorwissen und Mitdenken, bewahrt sie davor, sich in einem Labyrinth analytischer Operationen zu verlieren.

Wären Dolmetscher lediglich Papageien mit Kopfhörern, so könnten sie derartige Situationen nicht meistern. Es wäre überhaupt keine Hilfe für die Lösung des beschriebenen Problems, wenn die Dolmetscherin "besser Englisch spräche" und den 12 genannten Varianten noch weitere fünf an die Seite stellen könnte. Die typische und für die dolmetscherische Kompetenz entscheidende Tätigkeit hat also mit dem internen Inventar fremdsprachlicher Wörter zunächst einmal gar nichts zu tun. Die fremdsprachliche Kompetenz kann nämlich erst dann in Anspruch genommen werden, wenn durch die Verstehenskompetenz gewährleistet wird, daß der Text hinreichend differenziert erfaßt wurde.

Das heißt nicht, daß die fremdsprachliche Kompetenz für die Qualität der Dolmetschleistung keine Rolle spielt. Aber man darf sich die Umsetzung dieser fremdsprachlichen Kompetenz nicht als ein Abarbeiten von Wort-Äquivalenzen vorstellen – wie folgendes Beispiel zeigt:

Nehmen wir an, eine Rede soll simultan vom Deutschen ins Englische gedolmetscht werden, und der Redner sagt:

> Wenn wir uns aufgrund all dieser Beobachtungen und angesichts der Dringlichkeit der Lösung dieser Probleme ...

Lassen wir das Ende dieses Satzes für einen Augenblick in der Schwebe und fragen wir uns, wie die Dolmetscherin in einer solchen Situation reagiert. Sie kann beim Simultandolmetschen den Abstand zwischen Gehörtem und Gesagtem – die *décalage* – nicht über ein gewisses Maß hinaus anwachsen lassen, da sie sonst in Gefahr gerät, wichtige Details der Rede aus dem Kurzzeitgedächtnis zu verlieren. Sie muß also relativ nahe am Redner operieren, aber wie soll sie dies bei unserem Beispiel machen?

Auf gar keinen Fall kann sie sich an der Wortfolge orientieren und sagen: *If we on the basis of these observations and being aware of the urgency to find a solution for these problems ...,* denn eine solche Satzkonstruktion ist im Englischen nicht möglich. Sie muß sich also, die Fortsetzung des deutschen Satzes voraussahnend, für eine gängige englische Konstruktion entscheiden, obwohl ihr vielleicht bewußt ist, daß der deutsche Satz entweder so:

> a)   ... die Frage stellen, ob ...

oder so:

> b)   ... der Zusammenarbeit verweigern ...

weitergeführt werden könnte. Wieder kommt es auf ihr Vorwissen und ihr differenziertes Gesamttext-Verständnis an, ob sie sich für

> a)   On the basis of these observations and being aware of the urgency of the problems we have to ask ourselves...

oder für

> b)   If we continue to be uncooperative in the face of all these observations and in spite of being aware of the urgency to find solutions ...

entscheidet.

Erhellend ist an dieser Stelle vielleicht ein Vergleich des Dolmetschens mit dem Schachspielen: Wer nicht selbst Schach spielt, sieht nur, daß der Spieler Figuren auf dem Brett bewegt. Aber niemand ist so naiv, daß er annimmt, die mechanische Bewegung mache die Tätigkeit des Schachspielens aus. Er weiß zumindest, daß der Bewegung der Figuren äußerst komplizierte Analysen, Spekulationen und strategische Planungen vorausgehen, von denen man als Außenstehender nichts sieht.

Die schwierigste Aufgabe des Dolmetschers wird ebenfalls im Verborgenen erledigt: Die Entschlüsselung einer höchst vertrackten, von vielen kulturellen und gesellschaftlichen Konventionen geprägten Äußerung. Dagegen ist die Formulierung des nun identifizierten Gedankens in der anderen Sprache vergleichsweise einfach.

Dolmetscher werden manchmal gelobt, weil sie ein "seltenes" Wort kennen oder weil sie so gut Französisch oder Englisch sprechen. Natürlich freuen sie sich über dieses Lob, aber sie wissen auch, daß sich ihre eigentliche Leistung in einem dunklen, weitgehend noch unerforschten Bereich vollzieht, wo sie zielsicher und gedankenschnell eigenes Weltwissen, die Situation des Redners, den Zweck der Rede und die Bedürfnisse der Zuhörer mit den verwendeten Wörtern in Beziehung setzen müssen.

2   Im Cockpit

In der genannten Broschüre wird der Beruf des Dolmetschers mit dem des Piloten verglichen:

> "Meine Damen und Herren, hier spricht ihr Kommunikationspilot. Ich darf Sie sehr herzlich auf unserer Reise vom Englischen ins Deutsche begrüßen.
>
> Wir haben die Vorbereitungen zum Start abgeschlossen, die Türen sind geschlossen, der Redner tritt ans Mikrofon. Ich darf Sie nun bitten, ihre Sessel aus der Schlafstellung zu kippen, das Reden einzustellen und Ihre Kopfhörer einzuschalten."

In der Tat – Flugzeugpiloten und Dolmetscher haben mehr gemeinsam, als man vermuten möchte.

Da ist zunächst die funktionale Nüchternheit und die bedrängte Enge des Arbeitsplatzes. Das "Cockpit" des Dolmetschers ist die Kabine, durch deren Fenster er beobachten kann, ob er seine Gäste zum gewünschten Ziel bringt und welches "Raumklima" der Redner durch seinen Vortrag schafft.

Wie jeder Pilot hat auch der Dolmetscher seinen Kopiloten, der jederzeit bereit ist, an seiner Stelle die Instrumente zu übernehmen, ihm durch die Bereitstellung von Daten zuarbeitet und ihn in vorgeschriebenen Zeitabständen ablöst.

Und noch eine Gemeinsamkeit: Psychologen haben längst herausgefunden, daß ein ganz bestimmter Persönlichkeitstyp besonders häufig an Flugangst leidet. Es handelt sich dabei um Menschen, die Verantwortung tragen und Entscheidungen treffen, und die es nicht gewohnt sind, andere über sich entscheiden zu lassen. Paradoxerweise tun sie sich gerade in den Situationen besonders schwer, wo sie sich eigentlich entspannt zurücklehnen könnten, weil andere kompetent ihre Arbeit für sie tun.

Dieses Gefühl, ihrem "Kommunikationspiloten" ausgeliefert zu sein, ist auch für manche Konferenzteilnehmer eine Beschwernis. Es äußert sich manchmal dadurch, daß die Kompetenz des Dolmetschers anhand von Wörterbüchern überprüft wird; in gravierenden Fällen wird sogar versucht, ihn sein Handwerk zu lehren.

Erfahrene Dolmetscher reagieren auf diese Symptome der Dolmetsch-Phobie mit Gelassenheit. Aber auch ihr Blut gerät manchmal in Wallung, wenn ihnen wieder einmal erklärt wird, daß jenes Wort dieses heißt. Und sie fragen sich, ob ihre "Kritiker" wohl auch den Mut hätten, einem Jumbo-Kapitän den richtigen Anflug auf Hongkong zu erklären, weil sie selbst in ihrer Jugend Modellflugzeuge geflogen haben.

Dolmetscher schaffen Verständigung. Aber sie sind auf Verständnis angewiesen, von beiden Seiten:

Von den Rednern brauchen sie das Verständnis dafür, daß ein natürliches Sprechtempo, eine klare Artikulation und eine gute Mikrofontechnik die Voraussetzung dafür ist, daß alles Gesagte auch bei ihnen ankommt.

Von den Zuhörern brauchen sie das Vertrauen in ihre Leistung, und nicht Besserwisserei oder Wortklaubereien. Nur souveräne Dolmetscher sind zur Höchstleistung fähig. Und wie gut ein Dolmetscher sich fühlt, hängt auch von der Reaktion seiner Zuhörer ab.

Wenn eine Dolmetscherin auf

We must ensure that those responsible for pollution pay for restitution in full

so reagiert:

Wir müssen sicherstellen, daß das Verursacherprinzip volle Anwendung findet,

dann hat sie Vertrauen verdient.

Und nicht das Nachzählen der Wörter.

Solange man im Flugzeug ist, hat es wenig Sinn, aus Protest auszusteigen. Man sollte zumindest bis zur Landung warten. Danach kann man alle Navigationsirrtümer zur Sprache bringen. Und selbstverständlich beim nächsten Mal auf einem anderen Piloten bestehen.

Bevor ein Pilot seinen eigentlichen Arbeitsplatz betritt, geht er für jeden Flug zum *briefing*. Er informiert sich über die Wetterdaten auf seiner Flugstrecke, die örtlichen Gegebenheiten am Zielort, die Auslastung des Flugzeugs usw. Vor Beginn des eigentlichen Flugs wird anhand einer Checkliste die technische Sicherheit des Flugzeugs überprüft, und auch während des Fluges ist der Pilot auf die Zuverlässigkeit der Daten angewiesen, die er vom Flugleit- und Kontrollsystem erhält.

Es wäre unsinnig, einem Piloten zu sagen: "So, heute fliegst du einmal ohne Einweisung und ohne Instrumente – jetzt wollen wir einmal sehen, ob du wirklich fliegen kannst!" Denn ein ganz wichtiger – wenn nicht der wichtigste – Teil der fliegerischen Kompetenz besteht darin, die richtigen Daten anzufordern, auszuwerten und umzusetzen.

Dolmetschern wird leider sehr häufig mit wenig Verständnis begegnet, wenn sie vor Beginn einer Konferenz um Informationsmaterial bitten. Nicht selten wird ihnen gesagt: "Wir dachten eigentlich, Sie könnten Englisch! Sie brauchen doch nur alles ins Deutsche zu übersetzen – verstehen müssen Sie das ja nicht!"

Jeder verantwortungsbewußte Dolmetscher wird versuchen, für sein *briefing* möglichst viele Informationen zu bekommen. Dabei kann es sich um Veröffentlichungen zum Thema der Konferenz handeln, um Terminologie-Listen und internen Fachjargon, um Diagramme und Zeichnungen zu Funktionszusammenhängen, um Manuskripte der Konferenzbeiträge und Abstracts der Vorträge. Viele dieser Unterlagen befinden sich schon lange vor Beginn der Konferenz beim Auftraggeber, aber häufig wird nicht daran gedacht, sie auch dem Dolmetscher zugänglich zu machen.

3   Der elektronische Dolmetscher

6. Januar 1992
(dpa)
Wissenschaftler sollen Computern das Dolmetschen beibringen
Das Bundesforschungsministerium will mit Hilfe neuer Entwicklungen im Bereich der Künstlichen Intelligenz die Fremdsprachenbarrieren im Blick auf die zunehmende weltweite Zusammenarbeit abbauen. Diesem Ziel soll ein völlig neuartiges Dolmetschgerät auf Computerbasis dienen, das sogenannte VERB-MOBIL ... Das Dolmetschgerät soll bis zum Jahr 2000 verfügbar sein.

Durch solche und ähnliche Meldungen erfuhr die Öffentlichkeit 1992 zum ersten Mal von einem Großforschungsprojekt, das vom Bundesministerium für Forschung und Technologie mit einem zweistelligen Millionenbetrag gefördert wird. Zur Realisierung dieses mobilen Dolmetschgeräts wurde ein Konsortium mit über 30 Partnern aus der Industrie und universitären Forschungsinstituten gebildet. Weder im Konsortium noch im Beratergremium vertreten ist eines der deutschen Institute für die universitäre Ausbildung von Diplomdolmetscherinnen und Diplomdolmetschern.

In der Studie *VERBMOBIL – Mobiles Dolmetschgerät* vom August 1991 wird die Zielsetzung des Projekts folgendermaßen definiert:

Ziel des Projekts VERBMOBIL ist es, der Bundesrepublik Deutschland in den nächsten zehn Jahren auf dem Gebiet der maschinellen Übersetzung gesprochener Sprache eine führende technologische Position im internationalen Wettbewerb zu sichern. Die Produktperspektive ist ein tragbares Dolmetschgerät, das z.B. bei internationalen Besprechungen im kommerziellen Bereich eingesetzt werden kann. (VERBMOBIL-Studie 1991,VIII)

Diese Formulierung ist wesentlich zurückhaltender und stellt keineswegs den "elektronischen Dolmetscher" in Aussicht. Und dies aus gutem Grund, denn in der Studie wird deutlich, welche ungeheuren Probleme noch zu lösen sind, bis ein Gerät auch nur einfachste Aufgaben im Bereich der zweisprachigen mündlichen Kommunikation übernehmen kann.

Die Autoren der Studie haben es sich nicht leicht gemacht – im Gegenteil, sie selbst bezeichnen sie als Defizitstudie, die vor allem beschreibt, welche Probleme noch zu lösen sind. Und davon gibt es eine ganze Menge:

- Die maschinelle Übersetzung schriftlicher Texte ist bisher nur wirtschaftlich und insofern auch vom Resultat her befriedigend, wenn weitgehend standardisierte und vor- und nachbearbeitete Texte verwendet werden.

- Zu den bekannten Problemen der semantischen Vieldeutigkeit kommen bei Dialogen noch die spezifischen Probleme der Dialogsemantik. In Dialogen (etwa zwischen Geschäftspartnern) wird häufig auf Dinge und Sachverhalte abgehoben, die zwar beiden Dialogpartnern bekannt sind, die aber nicht *expressis verbis* erwähnt wurden. Diese *Präsuppositionen* und *Implikaturen* stellen ein dolmetschspezifisches Problem dessen dar, das in Kapitel V,1 dargestellt wurde.

- Dazu kommt noch ein weiteres Problem, das typisch für das Gesprächsszenario ist: Gerade bei geschäftlichen Verhandlungen kann nicht davon ausgegangen werden, daß die Gesprächspartner sich kooperativ verhalten. Aus Gründen der taktischen Gesprächsführung werden sie manchmal die Aussagen des Dialogpartners absichtlich mißverstehen oder sich bewußt vage ausdrücken.

- Ein weiterer Problembereich ist die Auswertung akustischer und visueller Signale. Das VERBMOBIL-Projekt sah ursprünglich vor, daß die akustischen und visuellen Signale der Dialogpartner mit Videokamera und Mikrofon erfaßt, aufgezeichnet und ausgewertet werden. Dies setzt zunächst einmal voraus, daß ein robustes und zuverlässiges Spracherkennungssystem existiert, das in der Lage ist, alle Aussprachevarianten der Gesprächspartner zu erkennen und in Standardsprache zu übertragen und aufzuzeichnen. Allein dieses Projekt der Spracherkennung beschäftigt zur Zeit mehrere universitäre Forschungseinrichtungen. Und sehr weit entfernt von einer praktikablen Lösung ist man bei der Erkennung und Auswertung von gestisch-mimischen Signalen, die gerade bei nicht-kooperativer Gesprächsführung (s.o.) von größter Bedeutung sind.

Unser obiges Beispiel *(... ihren Betrieb an wechselnde Bedingungen anzupassen)* stammt aus der VERBMOBIL-Studie. Es illustriert an einem kleinen Ausschnitt die Vernetztheit und Komplexität der Analyseprozesse, vor allem die Tatsache, daß die Ergebnisse einer Analyse auf einem Gebiet für die Analyse auf einem anderen Gebiet zur Verfügung stehen müssen. Nun mag es durchaus rechnergerechte Analysemethoden geben, mit deren Hilfe zwei vernetzte Faktoren in Echtzeit (d.h. mit einem der dolmetscherischen Realität entsprechenden Zeitauf-

wand) zueinander in Beziehung gesetzt werden können. Aber schwer vorstellbar
– auch für die am VERBMOBIL-Projekt arbeitenden Spezialisten – ist eine
Analysemethode, die alle Faktoren miteinander vernetzt und echtzeitgerechte
Lösungen anbieten kann.

Stellen wir uns nur einmal vor, wieviele vernetzte Faktoren an der Bedeutungskonstitution in einem gesprochenen Dialog beteiligt sind:

- Die Prosodie, d.h., Tempowechsel, Intonationsverlauf und Artikulations-
  emphase zeigen dem Gesprächspartner, welche Gedanken dem Sprecher
  besonders wichtig bzw. weniger wichtig sind;
- Gesten und Mimik verraten, wie stark er an dem Thema interessiert ist, wie
  er den Beitrag des Dialogpartners einschätzt, wie er selbst verstanden werden
  möchte;
- Implikaturen und Präsuppositionen (nicht verbalisiert Gemeintes) ergänzen
  die verbalisierten Äußerungen zur Gesamtbedeutung;
- Syntaktische Mehrdeutigkeiten müssen aufgelöst werden;
- Semantisch-lexikalische Vieldeutigkeiten müssen auf eine Bedeutungskompo-
  nente reduziert werden.

Sicher lassen sich noch mehr Faktoren aufzählen, aber das grundlegende Problem
wird auch so deutlich: In der Analysearbeit muß der Rechner bei jeder Teil-
äußerung eine Vielzahl von Operationen auf den verschiedensten Ebenen vollziehen, deren Resultate aber praktisch gleichzeitig für die Analysearbeit auf den
anderen Ebenen zur Verfügung stehen müssen. Damit dies gelingen kann, müßte
der Rechner nicht nur mit einer unvorstellbar großen Geschwindigkeit analysieren, sondern sein Programm müßte auch eine einheitliche Datenkommunika-
tionssprache benutzen, die zwar inzwischen entwickelt wurde, aber keine eigentliche Interlingua (vgl. Kap. VIII,2) darstellt.

Zwar rechnen die Autoren der VERBMOBIL-Studie damit, daß sich die
Rechenleistung eines Signalprozessors in Gigaoperationen pro Sekunden (GIPS)
von heute 0,5 GIPS bis zum Jahre 2 000 auf 3,0 GIPS steigern läßt, aber auch
diese Versechsfachung der Rechengeschwindigkeit wird das Problem nicht lösen.

Denn um den beschriebenen Anforderungen gerecht zu werden, darf das
Analysesystem nicht sequentiell die einzelnen Analysen abarbeiten, sondern es
muß sie praktisch nach jeder Operation in ein bisher nicht definiertes Gesamt-
system zusammenführen. So macht es unser Gehirn, wobei wir bisher nicht
wissen, wie und wo diese simultanen Gehirnaktivitäten zusammengeführt und
in ein ganzheitliches Verstehen integriert werden. Wir können jedoch empirisch
leicht nachweisen, daß unsere Verstehensprozesse holistisch, also ganzheitlich
ausgerichtet sind, denn nur so läßt es sich erklären, daß wir uns "verlesen", d.h.
einzelne Zeichen nicht genau genug betrachten, die nicht in unsere augenblick-
liche, ganzheitliche Verstehenshypothese passen (vgl. VIII,2).

Praktisch gleichzeitig mit der VERBMOBIL-Studie erschien eine kritische
Begleitstudie mit dem Titel *Verbmobil: A Translation System for Face-to-Face*

Dialogue, die von Wissenschaftlern der Stanford-University (U.S.A.) geschrieben wurde. Sie wurde ebenfalls vom BMFT in Auftrag gegeben.

Die Autoren (Martin Kay, Jean Mark Gawron und Peter Norvig) machen deutlich, daß sie sich von einer Fortsetzung des gewählten Ansatzes wenig versprechen – zumindest halten sie die anvisierten Ziele auf diesem Weg nicht für realisierbar.

Sie plädieren vor allem für eine stärkere Integration des "menschlichen Faktors" und erhoffen sich von einer Erforschung des Humandolmetschens methodische Hilfe:

> The Verbmobil program should undertake some empirical investigations of translation and interpreting as done by humans. Translation necessarily involves a considerable amount of compromise.
>
> The traditional view of machine translation has proposed two opposing approaches: the interlingua and the transfer approach. We believe that both approaches represent limited caricatures of a complete system, which must be able to find translations that preserve most but not necessarily all of the content of the original, and which must be able to decide what parts of the content are most important to preserve.
>
> We recommend that Verbmobil face squarely the fact that translation is inescapably a matter of compromise and adopt an approach in the same spirit as "translation by negotiation".
>
> (p.7)

In doppelter Hinsicht wird also hier die Orientierung am Humandolmetschen empfohlen:

- Einmal durch die Aufforderung, auf der Basis empirischer Untersuchungen mehr Einsicht in den Dolmetschprozeß zu gewinnen;
- zum anderen durch den Appell, sich der Tatsache zu stellen, daß das Übersetzen insofern immer einen Kompromiß darstellt, daß nicht alle aus dem ausgangssprachlichen Text ableitbaren Informationen in den zielsprachlichen Text übertragen werden können. Das heißt nichts anderes, als daß das Übersetzen von einem opportunistischen Kalkül gesteuert wird, wie in diesem Buch (Kapitel VIII, 5 und 6) ausführlich beschrieben. Wenn es gelänge, das Prinzip zu beschreiben und zu simulieren, nach dem bestimmte "Informationen" des AS-Textes **nicht** in den ZS-Text gelangen, hielten wir den Schlüssel zur maschinellen Übersetzung in der Hand. Doch dieser Schlüssel dürfte schwierig zu finden oder zu kopieren sein.

Ganz unabhängig davon, ob es nun bis zum Jahr 2000 einen Prototyp des elektronischen Dolmetschers geben wird oder nicht – ein Resultat der VERB-MOBIL-Forschung ist auf jeden Fall zu begrüßen: Die wissenschaftliche Dokumentation detaillierter Erkenntnisse darüber, wie multilinguale Verstehensprozesse vernetzt sind.

4 Die Verstehensprofis

Dolmetscher sind – viel mehr als Übersetzer – auf ganzheitliches Verstehen angewiesen; sie können sich nicht der Illusion hingeben, daß einzelne Wörter eine feste, beweisbare Bedeutung haben. Sie sind gezwungen, auf die Zuverlässigkeit der von ihnen assoziierten *Frames* und *Schemata* (vgl. Kapitel VII) zu vertrauen und können diese nicht (wie Übersetzer) nachträglich aufwendigen Kontrolloperationen unterwerfen. Dolmetscher wissen, daß sie nur eine Chance haben, wenn sie sich auf sich selbst verlassen können. Sie können sich nicht an einem naturwissenschaftlichen Beweisverfahren der "Korrektheit" ihrer Sprachmittlung orientieren.

In Anknüpfung an unsere schematische Darstellung der Übersetzungsprozesse (vgl. Kap. IV) läßt sich das Hauptproblem beim Dolmetschen also so beschreiben: *Einerseits* müssen Dolmetscher schnell *Frames* und *Schemata* aus ihrem unkontrollierten Arbeitsraum assoziieren, um sich von den einzelnen Wörtern zu lösen, und sie müssen das nötige Selbstvertrauen haben, um sich auf diese assoziierten Strukturen zu verlassen. *Andrerseits* müssen sie aber auch so viel Selbstkritik, Differenziertheit und Weltwissen haben, daß sie nicht unkritisch ihre persönlichen *Frame/Schema*-Strukturen substituieren, sondern sie gegebenenfalls modifizieren oder differenzieren, oder – wo die dafür nötigen Feinstrukturen fehlen – auf die nächste Differenzierungsstufe ausweichen.

Der entscheidende Unterschied zwischen Übersetzern und Dolmetschern liegt darin, daß letztere gezwungen sind, arbeitsökonomisch vorzugehen. Sie benutzen besonders effiziente Verstehensstrategien, um möglichst mit den arbeitsökonomisch günstigeren, intuitiven epistemischen Strukturen arbeiten zu können, da ihnen für die Anwendung von Problemlösungsstrategien die Bearbeitungskapazität fehlt.

Dagegen orientieren sich Übersetzer häufig in die entgegengesetzte Richtung: Ihr vorrangiges Ziel ist es nicht, den Informationsstrom schnell und effektiv zu verarbeiten, sondern sie wollen vor allem "korrekt" sein. Den größten Teil ihrer Zeit verwenden sie auf die Überwachung und Kontrolle ihres Bewußtseins (*Monitoring*), und verhindern damit ein gehirnphysiologisch natürliches Verstehen. Im Gegensatz dazu haben Dolmetscher – man könnte sagen: zu ihrem Glück! – gar keine Kapazitäten frei, um auch noch das Produkt ihrer Verstehens- und Produktionsstrategien einem extensiven *Monitoring* zu unterziehen.

Professionelle Dolmetscher sind darauf trainiert, im ersten Zugriff effizient und ökonomisch zu verfahren – oft müssen sie "Korrektheit" der Ökonomie opfern. Sie haben nur **eine** Chance, deshalb sind ihre Verstehensstrategien besser organisiert und ihre Produktionsstrategien breiter gefächert:

Novizen und Experten unterscheiden sich nicht in der kognitiven Hardware ihres Gedächtnisses, sondern in der kognitiven Software und der Organisation der Datenbasis. Bei vergleichbarer Wissensbasis ist das Expertentum von Sprachmittlern gegenüber anderen multilingualen Sprachverwendern durch die über dem Wissen bzw. der Datenbasis anders arbeitenden Prozesse gekennzeichnet: durch angemessene Problemrepräsentation, Strategiesensibilität und eine entsprechende Einschätzung von Aufwand und Nutzen (z.B. bei der Verarbeitungstiefe gegebener translatorischer Probleme): differenzierte metakognitive Wissensbestände mit effektiver Kontroll-, Bewertungs- und Regulationsfunktion sowie höchst effektive Zugriffs- und Verarbeitungsprozesse bei der Transposition, d.h., ausgebildet sind die Fähigkeit der Ordnungsbildung und Informationsintegration, eine differenzierte Assoziationsbildung und hierarchische Wissensorganisation.
(Esser 1990,146–47)

Der aufgabenspezifische Zeitdruck zwingt Dolmetscher, Verstehensprozesse arbeitsökonomisch zu organisieren und zu optimieren. Alle Einzelstrategien ordnen sich diesem arbeitsökonomischen Prinzip des sich organisierenden Bewußtseins unter.

Die Psycholinguisten Prideaux und Baker (Prideaux/Baker 1984) haben einige dieser ökonomischen Einzelstrategien isoliert und definiert. Sie definieren zum Beispiel eine *Closure Strategy*, die besagt, daß der Hörer versucht, einer Äußerung möglichst schnell einen Sinn zu geben, also die Verarbeitung möglichst bald abzuschließen. Es gibt jedoch auch eine *Normal Form* und *Non-Ambiguity Strategy*. Beide besagen, daß der Hörer nicht mit Doppeldeutigkeit oder Abweichungen von syntaktischen Systemregeln rechnet, wenn diese Abweichungen oder Systemverletzungen nicht als solche indiziert oder markiert werden.

Mit anderen Worten: Dolmetscher optimieren ihre Verstehensprozesse dadurch, daß sie die Anzahl der möglichen Verstehensvarianten durch die Auswertung textlicher und textbegleitender (Gestik, Mimik, prosodische Mittel) Daten stark einschränken. Sie suchen nach der wahrscheinlichsten Verstehensvariante und reduzieren dadurch die Anzahl der analytischen Operationen.

Unterschiedliche Texte fordern ein jeweils anderes Inventar von Verstehensoperationen. In bestimmten Texten ist z.B. die Anwendung der *Closure Strategy* sinnvoll und gefahrlos, zum Beispiel dann, wenn der Redner der Darstellung der Weltausschnitte immer eine Bewertung vorausschickt. Dies gilt jedoch nicht für alle Texte, denn manchmal erfolgt die Wertung erst, nachdem der Weltausschnitt differenziert dargestellt wird. Außerdem gibt es auch Texte, in denen Doppeldeutigkeit (etwa Wortspiele bei Tischreden) ein konstituierender Bestandteil sind, so daß hier die *Ambiguity Strategy* außer Kraft gesetzt werden muß. Und es gibt natürlich auch Reden (z.B. die von technischen Experten), in denen Abweichungen von "normalen" syntaktischen Mustern vorkommen und nicht als solche markiert werden.

Das bedeutet, daß eine Dolmetscherin ihr Strategieninventar für die jeweilige Rede justieren und differenzieren muß. Je früher sie dies tut, desto schneller und sicherer, also arbeitsökonomischer kann sie den Text mit dem Mittel der bestätigten Erwartungsstrukturen in ihr Verständnis integrieren.

Es ist eine zentrale Aufgabe der Ausbildung, diese strategischen Optimierungstechniken zu vermitteln. Daraus ergibt sich als didaktische Konsequenz, daß der Dolmetschunterricht sich auf die Stützung der Verstehensvorgänge konzentrieren muß. Seine Aufgabe ist es, die Studierenden darin zu unterweisen, wie sie in jeder praxisrelevanten Situation Verstehen erreichen und manifestieren können – und nicht etwa darin, lediglich kritisch anzumerken, was sie bei diesem oder jenem Text nicht verstanden haben.

Verstehen ist immer ein begrenztes Verstehen, ein relatives Verständnis, aber seine spezifische Aufgabenstellung zwingt den Dolmetscher, seine Verstehensoperationen arbeitsökonomisch noch "relativer" zu gestalten, begrenzt durch die ihm für ihre Durchführung zur Verfügung stehende Zeit. Er ist nicht irgendeinem "absoluten" Verstehen verpflichtet, sondern immer dem aufgabenrelevanten Verstehen. Um dieses durchgehende, aufgabenrelevante Verstehen zu erreichen, muß nicht nur ein quantitativ großer und qualitativ hochorganisierter Vorrat an epistemischen Strukturen vorhanden und operativ bereitgestellt sein, sondern die Dolmetscherin muß gleichzeitig lernen, ihre Verstehensoperationen variabel zu handhaben.

Würde eine dolmetscherische Aufgabe zum Beispiel darin bestehen, das auf Englisch erzählte Märchen von Rotkäppchen konsekutiv ins Deutsche zu übertragen, so könnte die Dolmetscherin das ausgangssprachliche Bedeutungsgefüge mühelos und vollständig in ihre epistemischen Erwartungsstrukturen integrieren (vorausgesetzt, sie kennt das Märchen von Rotkäppchen).

Käme jedoch ein Dolmetscher in die Situation – und Dolmetscher kommen in solche Situationen! –, unvorbereitet die Rede eines sich der englischen Sprache bedienenden koreanischen Ingenieurs zu den technischen Problemen der heimischen Stahlindustrie dolmetschen zu müssen, so kann es geschehen, daß er phonetisch, semantisch und "schematisch" so gut wie keine Verankerungspunkte findet, um das Gesagte in seine Erwartungsstrukturen zu integrieren.

Die meisten Dolmetschaufträge der Praxis lassen sich irgendwo zwischen diesen beiden Extremen einordnen. Es ist also genauso untypisch für eine (Konsekutiv-)Dolmetschleistung, daß der Dolmetscher "alles" versteht, wie daß er "nichts" versteht. "Nichts" verstehen – das hieße, die Dolmetscherin wüßte nicht einmal, wovon die Rede ist, ob der Redner "dafür" oder "dagegen" ist usw. Selbst dieses rudimentäre Verstehen wäre signifikant mehr als "nichts". Und "alles" verstehen, das hieße, der Dolmetscher hätte alle Kommunikationsziele und alle dafür funktional eingesetzten sprachlichen Mittel dem zugrundeliegenden Weltwissensschema zugeordnet.

Das eine ist so selten wie das andere. Das heißt: Verstehen ist immer ein ausreichendes Verstehen, ein relatives Verständnis, das nur durch die Variation der Verstehensstrategien zu erreichen ist.

Der Zwang zur ökonomischen Organisation der Verstehensoperationen ergibt sich aus dem Zeitdruck, unter dem diese Verstehensleistungen zu erbringen sind. Er bewirkt, daß Dolmetscherinnen und Dolmetscher in der Ausbildung sehr schnell und aus eigener Einsicht erkennen, daß sie nur mit einem überdurchschnittlich großen und subtil differenzierten Inventar an schematisierten Verstehenskonzepten eine Chance haben, diese Leistungen zu erbringen. Dies hat drei didaktisch relevante Konsequenzen:

- Sie werden angeleitet, ihr Inventar zu differenzieren und zu vervollständigen, auch außerhalb des eigentlichen Dolmetschertrainings.
- Sie sind darauf trainiert, schematisierte Verstehenskonzepte schnell, d.h. ganzheitlich und nicht wort-analytisch zu erkennen.
- Sie lernen, daß sie sich selbstbewußt zu dem Resultat dieser Verstehensstrategien bekennen müssen, und daß es keinen Sinn macht, nach Wahrheitsbeweisen für dieses Verstehen zu suchen. Und sie lernen auch, mit Formulierungen zu operieren, die ihre Verstehensdefizite kaschieren.

Mit einem Wort: Dolmetscher sind Verstehensprofis. Auch Übersetzer sind in erster Linie Verstehensprofis, aber aufgrund der Umstände, unter denen sie arbeiten, haben sie es viel schwerer, sich dieser Tatsache bewußt zu werden. Es spricht jedoch vieles dafür, daß sie im gleichen Maße von der Ausbildung ihrer Verstehenskompetenz profitieren wie Dolmetscher.

Davon wird bei der Diskussion eines modernen Ausbildungskonzepts ausführlicher die Rede sein.

XI Aufbauendes

1 Der Markt

In den vorausgegangenen Kapiteln ging es darum, ein Bewußtsein vom Status der Übersetzung und vom Wesen der Übersetzungsprozesse zu schaffen. Im Mittelpunkt stand das Selbst-Bewußtsein der Übersetzer in seiner doppelten Bedeutung: Als Bewußtsein davon, was beim Übersetzen geschieht, und gleichzeitig als Vertrauen auf die eigene Leistung.

In diesem Kapitel werden die Konsequenzen diskutiert, die dieses Selbst-Bewußtsein für die Ausbildung hat. Die Frage lautet: Was kann die Ausbildung dazu beitragen, daß Übersetzerinnen und Übersetzer in diesem Sinne *selbstbewußt* auf dem Markt tätig werden? Dabei werden wir einige Gedanken aus den vorigen Kapiteln noch einmal aufgreifen.

Ob der Markt sich diese selbstbewußten Übersetzer wünscht, ist keineswegs klar. Die meisten Auftraggeber denken (noch) zu kurzsichtig, um ihr Interesse an selbstbewußten Übersetzern zu erkennen. Denn nicht selbstbewußte Übersetzer lassen sich beliebig instrumentalisieren, erweisen sich als willige Handlungsgehilfen der Auftraggeber – immer verantwortlich, wenn die Übersetzung nicht funktioniert, aber niemals befragt, wenn die Funktion des übersetzten Textes festgelegt oder diskutiert wird. Möglicherweise sind einige von ihnen sogar aktiv daran interessiert, diesen minderwertigen Status des Übersetzerberufs zu erhalten, spart er doch (im Augenblick) Geld und Argumente.

Doch es gibt Anzeichen dafür, daß sich in diesem Punkt bei den Verbrauchern das Bewußtsein zu verändern beginnt. Zum einen hat sich die Rechtsprechung im Bereich der Produkthaftung geändert (vgl. Kap.XII). Zum anderen fragen sich immer mehr Hersteller von Produkten – etwa im Bereich der Computersoftware –, ob es denn sinnvoll ist, soviel Arbeit und Geld in die Herstellung eines benutzerfreundlichen Programms zu investieren, wenn das (übersetzte) Handbuch all diese Mühe durch ein unverständliches Übersetzer-Kauderwelsch wieder zunichte macht.

Es gibt im übrigen nicht nur Übersetzerkauderwelsch, sondern auch – jedem Verbraucher sattsam bekannt – Aufbau- und Betriebsanleitungen, die für Laien unverständlich geschrieben sind. Es hat lange gedauert, bis die Hersteller erkannt haben, daß Techniker und Ingenieure keine Textbau-Experten sind. Und bis ihnen bewußt wurde, daß die Frustration der Verbraucher zum Verlust von Kunden führt. Eine zunehmende Anzahl von Unternehmen ist heute bereit, die Expertise von Textdesignern und *technical writers* zu nutzen – ein Tätigkeitsbereich, auf dem richtig ausgebildete Übersetzer gute Zukunftschancen haben.

Wer auf eine Übersetzung zurückgreift, hat Anspruch auf einen funktionierenden Text. Mit dieser Aussage lassen sich die Ansprüche der Verbraucher, die Prinzipien der Rechtsprechung und die Grundsätze einer (funktionalen) Übersetzungstheorie auf einen gemeinsamen Nenner bringen. Daraus ergibt sich, daß zwischen Übersetzungswissenschaftlern und Verbrauchern von Übersetzungen ein Gleichklang der Interessen besteht, und daß sie sich gemeinsam gegen all diejenigen wenden müssen, die entweder aus Desinteresse oder wegen ihrer grundsätzlich anderen Interessenlage verhindern möchten, daß selbstbewußte Übersetzerinnen und Übersetzer lesbare und verwendbare Texte formulieren.

Daß auf dem Markt der Übersetzungsleistungen Wirtschaftlichkeitserwägungen dominieren, darf man den Auftraggebern und den Übersetzern nicht zum Vorwurf machen.

Außerdem ist es – wie wir gesehen haben – mühsam, die Qualität einer Übersetzung zu begründen. Es ist auch legitim, daß Laien sich nicht dafür interessieren, wie eine Übersetzung entsteht. Solange dieses Desinteresse mit der Einsicht gekoppelt ist, daß sie der Leistungsfähigkeit des Experten vertrauen müssen (wie in anderen Berufen auch), ist dies sogar eine sehr willkommene Einstellung.

Aber es ist unverständlich, daß praktizierende Übersetzerinnen und Übersetzer (und Studierende dieser Richtung) sich dagegen sträuben, über ihre Tätigkeit systematisch nachzudenken. Allein schon das Wissen um einige Entwicklungen auf dem Markt für Übersetzungsdienstleistungen müßte sie eigentlich von der Notwendigkeit einer solchen Reflexion überzeugen (vgl. II,3):

- Große Unternehmen bauen aus Kostengründen ihre Übersetzungsabteilungen ab, weil nach ihren Berechnungen die Vergabe von Übersetzungsleistungen an Agenturen kostengünstiger ist.
- Dagegen nimmt die Anzahl der "Übersetzungs-Agenturen" und deren Auftragsvolumen zu, doch die dort anfallenden Arbeiten werden zu einem großen Teil nicht von ausgebildeten Übersetzern geleistet.
- Größere Unternehmen, vor allem in den Technologiebranchen, gehen vermehrt dazu über, ihren Fachleuten (Ingenieuren, Technikern, Programmierern) das Übersetzen zu überlassen.
- Gleichzeitig gibt es aber bei einigen Unternehmen die Tendenz, Übersetzerinnen und Übersetzer als *technical writers* und Dokumentationsexperten einzusetzen.
- Andere Unternehmen und große Organisationen (wie zum Beispiel der Sprachendienst der Europäischen Union) setzen computergestützte Übersetzungssoftware ein, um die große Menge der anfallenden Übersetzungen kostengünstig bewältigen zu können.

Diese Entwicklungen und Tendenzen sollten auch den eingefleischtesten Praktiker davon überzeugen, daß sich das Berufsbild des Übersetzers zu wandeln begonnen hat. Ein gespaltener Markt beginnt sich abzuzeichnen:

- Auf der einen Seite die Massenware, bei deren Produktion vor allem wirtschaftliche Überlegungen dominieren. Die Kosten pro Seite dürfen einen bestimmten Preis nicht übersteigen, und die Leistungen müssen praktisch sofort zur Verfügung stehen. Dafür werden – bewußt oder unbewußt – gravierende Qualitätsmängel in Kauf genommen.
- Qualitätsware, die praktisch an den gleichen Qualitätsansprüchen gemessen wird wie ein Originaltext.

Natürlich bietet sich qualifizierten Übersetzern vor allem eine Chance, wenn Qualitätsprodukte verlangt werden. Denn ihre Honorare können mit denen der Hersteller von Massenware nicht konkurrieren.

Aber sie finden auch im Bereich der Massenproduktion Aufgaben. Etwa, wenn es darum geht, die Qualität dieser Übersetzungen anzuheben – sei es durch Mitarbeit an der Entwicklung eines computergestützten Übersetzungsprogramms, sei es durch die Vermittlung geeigneter Arbeitsmethoden von nicht ausgebildeten Übersetzern oder in der Entwicklung von minimalen Qualitätskriterien für ihre Produkte.

Mit anderen Worten: Auch bei der Betrachtung dieses Berufsbilds wird eine Tendenz sichtbar, die viele andere Berufe schon längst erfaßt hat: Für die Ausübung einer qualifizierten Tätigkeit genügt es nicht mehr, die in der Ausbildung oder durch die Berufspraxis erworbenen Fertigkeiten anzuwenden, sondern zunehmend werden Fachleute gesucht, die Prozesse steuern und modifizieren können. Diese Leistung kann aber nur von Personen erbracht werden, die über methodische und prozedurale Kenntnisse verfügen.

Durch die Möglichkeiten des Computereinsatzes wird außerdem über kurz oder lang eintreten, was für viele andere Berufe bereits Wirklichkeit geworden ist: Einfache Tätigkeiten werden auch im Bereich der Übersetzung immer mehr von der Computersoftware erledigt werden, vor allem die Übersetzung standardisierter Texte.

2 Universitäre Ausbildung

Der ideale Ausbildungsstandort für Experten ist selbstverständlich die Universität, die sich als Bildungsinstitution auf der Grundlage wissenschaftlicher Reflexion und Grundlagenforschung versteht. Nur sie kann jene kognitiven Aspekte des Übersetzens vermitteln, die heute zunehmend gefordert werden. Es ist deshalb schwer zu verstehen, daß manche Universitäten gerade zu einem Zeitpunkt erneut in die Diskussion der "Wissenschaftlichkeit" der Übersetzerausbildung eintreten, wo deren Marktrelevanz immer deutlichere Konturen gewinnt.

Aus der Darstellung der Markttendenzen ergibt sich zwingend, was die Aufgabe der universitären Ausbildung sein muß: Sie hat vor allem für das Qualitätsbewußtsein zu sorgen! Als wissenschaftliche Hochschule ist es ihre Aufgabe, die Vorgänge beim Übersetzen zu reflektieren und zu erforschen, und als Bildungsinstitution ist sie es ihren Absolventen schuldig, ihnen die Grundlagen für eine qualifizierte Ausübung ihres Berufs zu vermitteln.

Deshalb werden sich die universitären Ausbildungsstätten nur dann als Institutionen der Qualitätssicherung und der Vermittlung von marktrelevanten Verfahrenstechniken etablieren können, wenn sie unmißverständlich klar machen, daß Übersetzungskompetenz kein Abfallprodukt von Fremdsprachenkenntnissen ist.

Wer selbstbewußte Übersetzer als Ziel der Ausbildung definiert, muß ihnen mehr vermitteln als Übersetzungspraxis. Nur durch das Bewußtsein davon, was beim Übersetzen geschieht, kann dieses Selbst-Bewußtsein wachsen.

Das heißt zum Beispiel: An der Universität Lehrende müssen in der Lage sein,

- die Auswahl ihrer Übungstexte zu begründen;
- Mängel einer Übersetzung systematisch und nachvollziehbar zu erfassen;
- ein Modell der mentalen Vorgänge zu entwerfen, die im Kopf von Übersetzern vor sich gehen;
- eine fundierte Prognose (auf der Basis von Testverfahren) über die Eignung von Studierenden für den Übersetzerberuf zu stellen;
- über die Möglichkeiten und Grenzen der maschinellen Übersetzung zu informieren.

Immer wieder – so auch zur Zeit – flammt die Diskussion darüber auf, ob die Übersetzerausbildung überhaupt ein Universitäts-Studium darstellt, ob sie nicht an Fachhochschulen anzusiedeln sei oder vielleicht sogar an privaten Ausbildungsstätten besser aufgehoben sei.

Dazu ist zunächst zu bemerken, daß außerhalb der Universität – besonders an privatwirtschaftlichen Übersetzerschulen und in der innerbetrieblichen Übersetzer"ausbildung" – verständlicherweise die Frage im Vordergrund steht: Wie kann ich möglichst schnell und marktgerecht ausbilden? Dabei geht es in erster Linie darum, Fremdsprachenkenntnisse zu verbessern und eine übersetzerische Kompetenz für einen eng definierten Kanon von Textsorten (z.B. Handelskorrespondenz, technische Anleitungen, Computersoftware, Verträge) zu vermitteln. Für eine Reflexion über die Natur der Übersetzungsprozesse in der Art, wie sie in diesem Buch betrieben wurde, kann in dieser Ausbildung kein Platz sein. Man beruft sich auf die Praxisnähe und artikuliert diese nicht selten als aggressive Theoriefeindlichkeit.

Deshalb wäre eigentlich zu erwarten, daß innerhalb der universitären Ausbildung die Reflexion über Sprache, Kultur und Übersetzungsprozesse ihren festen Platz hat. Dies gilt jedoch nur mit Einschränkungen: Zwar ist es an einigen Universitäten gelungen, die Übersetzungstheorie fest in den Curricula zu verankern, aber gerade in letzter Zeit wird diese wissenschaftliche Fundamentierung des Studiums innerhalb und außerhalb der Universität erneut als "Verwissenschaftlichung" diffamiert.

Man könnte die Gegner einer wissenschaftlichen Fundamentierung der Ausbildung in zwei Gruppen einteilen:

- In der ersten Gruppe befinden sich all diejenigen, die es nicht besser wissen (bzw. nicht besser wissen wollen). Sie sägen damit eigentlich an dem Ast, auf dem sie sitzen oder einmal sitzen wollen. Ihr größtes Problem liegt darin, daß sie nicht gewillt sind, sich mit einer – ganz gegen ihre Erwartungen – so schwierigen und komplexen Materie zu beschäftigen.
  In diese Gruppe gehören viele Übersetzungspraktiker, aber auch viele Studierende, die schon auf der Hochschule wenig Bereitschaft zeigen, sich mit komplexen Zusammenhängen auseinanderzusetzen. Auch ein großer Teil der Auftraggeber gehört in diese Gruppe.

- In der zweiten Gruppe formiert sich eine recht unheilige Allianz all derjenigen, die es durchaus besser wissen (oder zumindest besser wissen könnten), die aber klar erkannt haben, daß es nicht in ihrem beruflichen, ständischen oder wirtschaftlichen Interesse sein kann, die Übersetzertätigkeit und/oder die Übersetzerausbildung aufzuwerten. Dazu gehören vor allem Personen, die Übersetzerleistungen in Anspruch nehmen, aber eigentlich nicht selbst die Adressaten des übersetzten Textes sind, und die aus diesem Grund vor allem billig einkaufen möchten, obwohl sie sehr wohl wissen, daß sie damit mindere Qualität bekommen. Und dazu gehören auch einige Personen aus den Bereichen Bildungspolitik, Philologien, Sprachwissenschaft und Literaturkritik, die – wenn auch aufgrund unterschiedlichster Interessen – in einer emanzipierten und von ihnen unabhängigen Übersetzungstheorie und Übersetzerausbildung vor allem die Gefahr sehen, daß sie ihre Machtansprüche oder Mitspracherechte auf einem Gebiet verlieren, das sie als ihr Revier betrachten.

Vor allem zwei Gründe sprechen dafür, daß die Übersetzerausbildung an der Universität verbleiben muß:

- Nur im Rahmen eines Hochschulstudiums können Qualitätsstandards und qualitätssichernde Maßnahmen entwickelt werden, die dem Markt als Bewertungsgrundlagen dienen. Fehlen diese Qualitätsstandards, so kann sich auf dem Markt nur durchsetzen, wer zu besonders niedrigen Preisen anbietet. Und dies wiederum hat zur Folge, daß die Qualität weiter sinkt, weil diese niedrigen Preise mit Qualitätseinbußen erkauft werden.
- Nur ein Universitätsabschluß verleiht Übersetzerinnen und Übersetzern den Status, den sie brauchen, um von den Auftraggebern als kompetente Gesprächspartner akzeptiert zu werden. Diese Akzeptanz dient keineswegs nur dazu, die jeweilige Übersetzerperson aufzuwerten, sondern sie fördert vor allem die Qualität des Produkts. Denn je mehr Übersetzer und Übersetzerinnen über das Umfeld der zu übersetzenden Texte und den eigentlichen Bedarf des Endverbrauchers erfahren, um so größer wird die Wahrscheinlichkeit, daß sie einen "maßgeschneiderten" Text liefern können. Nur wenn

Übersetzer als Gesprächspartner überhaupt ernst genommen werden, kann sich ein fruchtbarer Dialog entwickeln, der letzten Endes beiden Seiten – und dem Produkt – zugute kommt. Eine universitäre Ausbildung stärkt das Selbstbewußtsein der Übersetzer und ist eine entscheidende Voraussetzung für die Qualität ihrer Produkte.

Dies kann jedoch nur erreicht werden, wenn es den universitären Ausbildungsstätten gelingt, sich in ihren Curricula und Ausbildungszielen klar von "Sprachenschulen" zu unterscheiden. Die breite Bevölkerung glaubt nach wie vor, daß man z.B. am FASK Germersheim oder am IDÜ Heidelberg Sprachen lernt – und eben nicht Übersetzen oder Dolmetschen. Fremdsprachenkenntnisse werden jedoch in unserer Gesellschaft schon seit einiger Zeit eher als Zusatzqualifikation verstanden, wie folgende Anekdote illustriert:

> Eine angehende Übersetzerin (Studentin in Germersheim) wird von einer Bekannten gefragt: "Was machst Du eigentlich zur Zeit?"
> Antwort: "Ich studiere in Germersheim Übersetzen." Darauf die Fragestellerin: "Ah, genau das macht meine Tochter auch. Die ist bei der Lufthansa, und die machen jetzt gerade einen Englischkurs. Da lernen die auch, wie man das alles auf Englisch sagt!"

Fremdsprachenkenntnisse haben heute viele junge Leute, manche waren sogar einige Wochen oder Monate im Ausland. Das gilt als eine Bereicherung, aber keineswegs als zentraler Ausbildungsinhalt. Fremdsprachenkenntnisse hat man – aber einen Beruf muß man erst erlernen.

Weil viele Personen in unserer Gesellschaft von sich behaupten (können), sie sprächen eine oder mehrere Sprachen, sind Fremdsprachenkenntnisse allein wenig beeindruckend. Denn für Laien ist schwer einzuschätzen, welche fremd- (vor allem aber muttersprachliche!) Kompetenz ausgebildet sein muß, um ein Übersetzer-/Dolmetscherstudium überhaupt mit einiger Aussicht auf Erfolg in Angriff nehmen zu können.

Die universitären Ausbildungsstätten müssen nachweisen, daß sie sehr viel mehr vermitteln als Fremdsprachenkenntnisse. Dies wird ihnen schwerlich gelingen, wenn sie nicht in der Lage sind, die Vermittlung prozeduraler und methodischer Kenntnisse in den Mittelpunkt der Ausbildung zu rücken.

---

3 Das Curriculum: Aufbau

Eine zeitgemäße Ausbildung muß diesen Entwicklungen Rechnung tragen und den veränderten Ausbildungszielen gerecht werden. Das heißt im einzelnen (vgl. Fig. 3):

STUDIUM "MEHRSPRACHIGE KOMMUNIKATION"

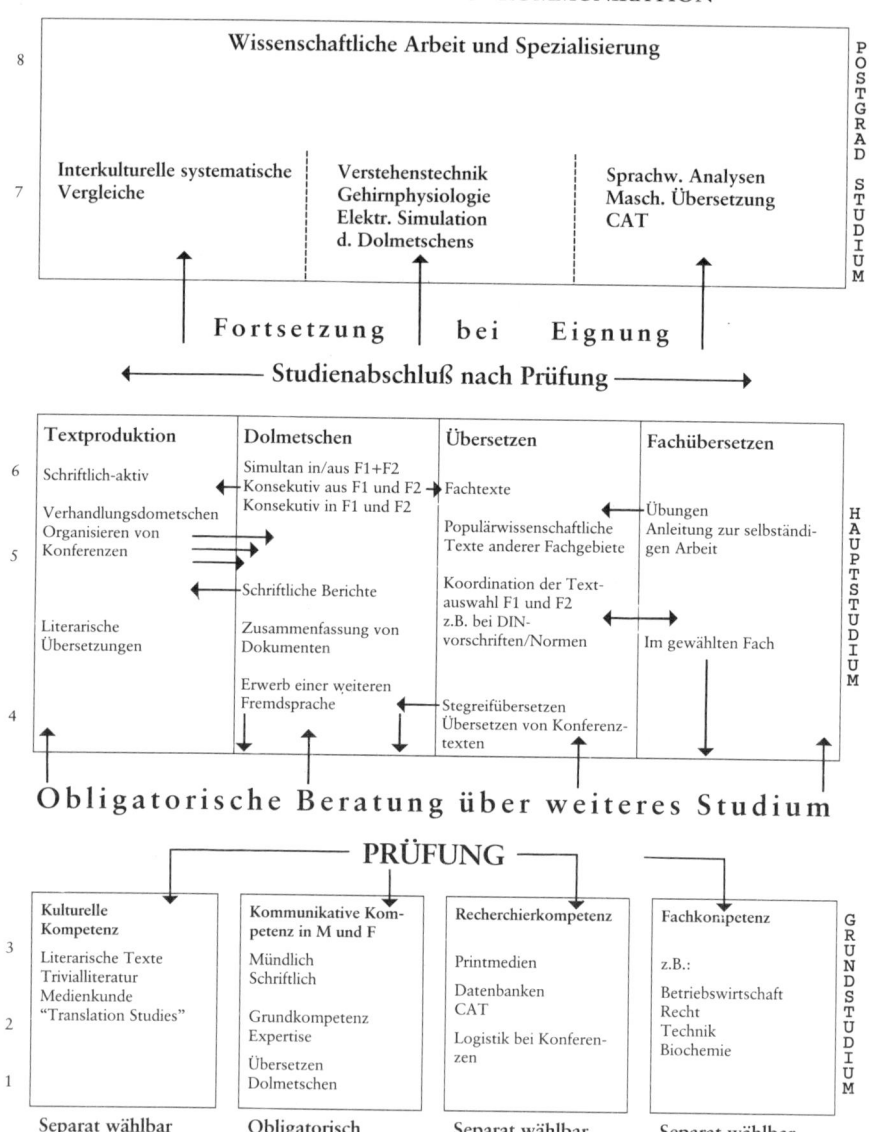

Fig. 3: Studium "Mehrsprachige Kommunikation"

1. Öffnung

Die Ausbildungsstätten müssen sich öffnen – z.B. für Techniker und Betriebs-
wirte oder andere Personen, die zusätzlich zu ihrer fachlichen Kompetenz bestimmte Fertigkeiten aus dem Bereich der mehrsprachigen Kommunikation zu
erwerben wünschen. Diese Zusatzqualifikationen für Externe werden als Module
angeboten und einzeln zertifiziert. Öffnung bedeutet aber auch, daß die Studierenden die Möglichkeit haben, Fachkompetenz in Bereichen wie z.B. Recht,
Technik oder Betriebswirtschaft im Rahmen ihres Studiums zu erwerben.

Öffnung bedeutet also: Externe haben die Möglichkeit, von der universitären
Ausbildung zu profitieren, und Studierende haben die Chance, Fachkompetenz
außerhalb ihres eigentlichen Studienfachs zu erwerben. Mit dieser Öffnung wird
zwei Entwicklungen Rechnung getragen:

- Fertigkeiten im Bereich der mehrsprachigen Kommunikation werden häufig
  als Zusatzqualifikation angesehen und erworben – allerdings bisher wenig
  systematisch und selten auf wissenschaftlich fundierter Grundlage.
- Übersetzerische Kompetenz allein reicht für die Ausübung hochqualifizierter
  Tätigkeiten im sprachmittlerischen Bereich nicht aus. Der Erwerb von Fachkompetenz wird zwar durch Lehrveranstaltungen in "Sachfächern" gefördert,
  doch diese Grundlage ist zu schmal, um eine fachliche Kompetenz zu erwerben.

In Zukunft soll also zum Beispiel folgendes möglich sein:

- Ein bereits berufstätiger Betriebswirt wird von seinem Unternehmen für ein
  Semester freigestellt und erwirbt in dieser Zeit an der Universität für ihn
  relevante Kompetenzen aus dem Bereich des Moduls RECHERCHIERKOMPE-
  TENZ, um in seinem Betrieb danach einschlägige Aufgaben zu übernehmen.
- Studierende wählen zu ihrem obligatorischen Grundmodul das Modul FACH-
  KOMPETENZ und nehmen für zwei bis drei Semester an Lehrveranstaltungen
  in diesem Sachfach (z.B. Informatik) teil, oder Studierende mit bestandenem
  Vordiplom in einem Sachfach können als "Quereinsteiger" diese erworbene
  Fachkompetenz als Ausbildungsmodul für ihr Studium im Bereich *Mehr-
  sprachige Kommunikation* anrechnen lassen.

2. Diversifikation

Das Berufsbild der sprachmittlerischen Tätigkeiten diversifiziert sich zunehmend.
Besonders die hermetische Trennung von Übersetzer- und Dolmetschertätigkeit
entspricht nicht mehr der Realität der Berufstätigkeit. Deshalb muß eine Ausbildung ein wesentlich differenzierteres Angebot machen als nur die Abschlüsse
Diplomübersetzer(in) bzw. Diplomdolmetscher(in). Zum möglichen Tätigkeits-
spektrum der Absolventen einer neu orientierten Ausbildung gehören zum
Beispiel:

Kultur-Konsultant
Dokumentationsexperte
Öffentlichkeitsarbeit für multinationale Unternehmen
Technical Writer
Lektor für fremdsprachige Literatur
Terminologe
CAT-Experte

Das bedeutet nicht, daß die ausbildenden Institute spezifisch für eine dieser
möglichen Berufstätigkeiten ausbilden. Im Gegenteil – weil die Palette der
möglichen Berufstätigkeiten in den letzten Jahren immer breiter geworden ist,
muß die Ausbildung so angelegt sein, daß sie die wesentlichen Grundkompetenzen vermittelt. Der Kanon der Grundkompetenzen muß jedoch wesentlich
erweitert werden, besonders um Kompetenzen aus dem Bereich der aktiven
(mündlichen und schriftlichen) Kompetenz. Gleichzeitig muß die Ausbildung
aber auch so flexibel strukturiert sein, daß innerhalb des Studiums eine Speziali-
sierung in Richtung eines Berufsziels möglich ist.
  In Zukunft soll also folgendes möglich sein:
  Der Studierende wählt in seinem Grundstudium (Semester 1–3) zu seinem
Grundmodul KOMMUNIKATIVE KOMPETENZ in mindestens zwei Fremdsprachen ein weiteres Modul (FACHKOMPETENZ – RECHERCHIERKOMPE-
TENZ – KULTURELLE KOMPETENZ). Nach (in der Regel) drei Semestern
unterzieht er sich einer Prüfung, deren Ergebnisse die Grundlage für ein individu-
elles und intensives Beratungsgespräch bilden. Aus dieser obligatorischen Beratung geht eine Empfehlung für die Fortsetzung des Studiums hervor. Sie weist
dem Studierenden den Weg durch das Lehrangebot im Hauptstudium. Er kann
– bei festgestellter Eignung – wie bisher den Abschluß *Übersetzen* oder *Dolmet-*
schen anstreben, aber er hat auch die Möglichkeit, sich ein individualisiertes
Ausbildungsprogramm zusammenzustellen – etwa in Richtung Terminologie
oder Textproduktion. Er hat auch die Möglichkeit, die kommunikative Kompetenz in einer weiteren Fremdsprache als Ausbildungsmodul zu wählen.

3. Modularisierung

Die Voraussetzung für die **Öffnung** des Studiums und **Diversifikation** des
Lehrangebots ist ein curricularer Aufbau durch **Module**, die ein abgestimmtes
Angebot einzelner Ausbildungs"pakete" darstellen, aus dem die Studierenden
ihre Kurse zusammenstellen können. Dabei wird die Beratung durch die Lehren-
den von entscheidender Bedeutung sein; sie ist deshalb obligatorisch.
  Module können in unterschiedliche Studienpläne eingebaut werden, ebenso
bestimmte Unterrichtseinheiten. Nehmen wir als Beispiel aus dem Bereich des
Haupstudiums die Unterrichtseinheit *Konsekutivdolmetschen* aus F1 und F2
(erste und zweite Fremdsprache). Bisher existiert dieses Lehrangebot nur im
Bereich des Dolmetschens, doch es ist nicht einzusehen, weshalb diese Lehrein-

heit nicht auch in die Einheit *Textproduktion* integriert werden kann. Bei entsprechender Eignung und Empfehlung ist es sogar wünschenswert, daß Studierende mit dem Ausbildungsziel mehrsprachige aktive Textproduktion in den Genuß dieses Moduls kommen.

Ähnliches gilt für die Lehreinheit *Schriftliche Berichte*: Sowohl "Übersetzer" als auch "Dolmetscher" können von dieser Kompetenz profitieren, und natürlich auch Studierende der Richtung Textproduktion.

An diesen Beispielen wird deutlich, daß durch die Modularisierung der Ausbildungseinheiten das Lehrangebot zu einem Menü wird, aus dem die Studierenden – und externe Lerner – nach Eignung und Empfehlung auswählen können und müssen.

Durch diese Umstrukturierung und Neuorientierung wird die Ausbildung zu einem akademischen Hochschulstudium. Auch in der Medizin werden nicht Internisten oder Orthopäden ausgebildet, sondern es wird die Grundkompetenz "ärztliches Handeln und Beraten" vermittelt, die dann im Lauf des Studiums und im Übergang zur Berufstätigkeit berufsorientiert spezialisiert wird.

Eine solche Neuorientierung setzt jedoch voraus, daß das ganze Studium stärker als bisher von Reflexion über und Einsichtnahme in die Wissensbereiche getragen wird, die als Grundlage der Vermittlung sprachmittlerischer Kompetenz angesehen werden.

Mit anderen Worten: Die Grundlage des Studiums ist eine wissenschaftliche Fundamentierung. Wenn das Studium Grundkompetenzen der beschriebenen Art vermitteln soll, so müssen allerdings die Lehrenden über mehr verfügen als Berufserfahrung in einem eng begrenzten Gebiet oder unspezifische akademische Qualifikationen. Alle Lehrpersonen müssen in der Lage sein, Übersetzungs- und Dolmetschprozesse auf der Grundlage wissenschaftlicher Modellbildungen zu reflektieren und zu vermitteln.

Schließlich soll noch einmal der Wunsch vieler Studierender nach einem "Bildungsstudium" aufgegriffen werden. Von einer großen Anzahl von Studierenden wird ein Hochschulstudium im Bereich "Fremdsprachen" nicht so sehr als Berufsausbildung, sondern als Bildungsstudium verstanden. So verbindet auch ein erheblicher Anteil (> 30%) der Studierenden mit einer Ausbildung in Germersheim weniger die Absicht, später als Übersetzer(in) oder Dolmetscher(in) tätig zu sein, sondern er hat relativ vage Vorstellungen davon, daß ein "Sprachenstudium" an sich nützlich ist, also einen unspezifischen Bildungswert besitzt.

Diese Entwicklung sollte man nicht beklagen, sondern nutzen. Denn, richtig verstanden, bedeutet Bildung ja nicht passive "Berieselung", sondern Erwerb von nicht berufsspezifischem, aber doch operativem Wissen. Deshalb muß das Studium ein Angebot zur Vermittlung von Fertigkeiten im Umgang mit der Mutter- und Fremdsprache machen, das einerseits zwar nicht berufsspezifisch, aber andrerseits durchaus von berufspraktischem Nutzen ist. Dazu gehören insbesondere die Vermittlung der Fähigkeit zur aktiven Textproduktion (mündlich und schriftlich) sowie die Entwicklung von Verstehenstechniken durch

strukturierendes Hörverstehen und aufgabenspezifische Textanalyse. Beide
Fertigkeiten sind in vielen Berufen von unmittelbarem Nutzen, so daß sie als
Module (auch von Externen – s. Öffnung) genutzt werden können. Gleichzeitig
sind sie aber auch gerade für Studierende schon während des Studiums ver-
wertbar und von berufsbildender Bedeutung. Sie sind, mit anderen Worten, ein
wichtiges Stück Bildung und der Kern der Ausbildung für eine breite Palette von
beruflichen Tätigkeiten.

4   Das Curriculum: "Zentral-Modul"

Die Ausbildung (Fig. 3) orientiert sich an dem gängigen Acht-Semester-Modell,
das jedoch in drei Phasen (bisher: 2 Phasen) unterteilt wird. Jede Phase setzt sich
aus Modulen zusammen, die nach Eignung, Berufsziel, Bildungsvoraussetzungen
(ab Phase zwei auch nach den bisherigen Leistungen) gewählt werden können.
Obligatorisch ist jedoch das Zentral-Modul *Kommunikative Kompetenz* für die
Muttersprache und zumindest eine Fremdsprache.

   Die anderen Module können frei gewählt und kombiniert werden – auch von
Personen, die nicht beabsichtigen, den ganzen Studiengang zu durchlaufen. So
können z.B. Absolventen oder Studierende der unter FACHKOMPETENZ
aufgeführten Studiengänge eines oder mehrere Module wählen und belegen, um
zusätzliche Qualifikationen zu erwerben. In jedem Fall erhalten sie ein Zertifikat,
das die erfolgreiche Teilnahme an den gewählten Kursen bescheinigt.

   Für "normale" Studierende, die nach dem Abitur und ohne weitere Ausbildung an die Hochschule kommen, ist der Kurs *Kommunikative Kompetenz*
obligatorisch. Dazu sind zwei der drei angebotenen Grundkompetenzen zu
erwerben – FACHKOMPETENZ, RECHERCHIERKOMPETENZ oder KUL-
TURELLE KOMPETENZ.

   Nach Abschluß der ersten Phase des Studiums (Grundstudium) erfolgt eine
Prüfung, deren Ergebnisse Grundlage einer ausführlichen und individuellen
Beratung sind. Danach wird eine Empfehlung ausgesprochen, die jedoch keine
bindende Wirkung hat. Den Studierenden wird also nicht gesagt: "Sie sind durch-
gefallen und müssen die Prüfung wiederholen", sondern z.B.: "Wir sehen aufgrund Ihrer Ergebnisse wenig Chancen in der Fortsetzung des Studiums im
Bereich des Dolmetschens; wir empfehlen Ihnen, sich mehr auf das Gebiet *Textproduktion* zu spezialisieren, wenn Sie eine Tätigkeit im Bereich 'Übersetzer –
Kultur-Konsultant' anstreben." An diese Empfehlung ist die studierende Person
jedoch nicht gebunden, sie kann das Studium nach eigenem Wunsch gestalten,
wenn sie die für das Zwischenexamen festgelegten Minimalanforderungen erfüllt.

   Der Beratungsservice steht auch Personen zur Verfügung, die "von außen"
kommen und eine Zusatzqualifikation zum erlernten Beruf oder zum studierten
Fach zu erwerben wünschen.

		Mündlich	Schriftlich
F **R** **E** **M** **D** **S** **P** **R.**	**Basiskomp.**	Shadowing Begleitdolmetschen Dia-, Soziolekte → Phonetik, Lexik	Medienkunde Erkennen von Textsorten und Konventionen → Syntax
	Expertise	Freie Rede in definierten Situationen (nach Vorbereitung, mit Notizen)	Abfassen populärwissensch. Texte Zusammenfassungen (précis)
M **U** **T** **T** **E** **R** **S** **P** **R.**	**Basis Komp.**	Stimmbildung Rhetorik	Aktive Beherrschung ausgewählter Textsorten
	Expertise	Freie Rede (ohne Vorbereitung) Notizentechnik	Übersetzerrelevante Textanalyse Konferenzberichte

Fig. 4: Studiengang "mehrsprachige Kommunikation" – Zentral-Modul

Das Zentral-Modul *Kommunikative Kompetenz* (Fig. 4) ersetzt praktisch das eigentliche "Sprachenstudium". Wer sich bisher für ein Übersetzerstudiun, z.B. mit den Sprachen Englisch/Spanisch entschied, wird in Zukunft das Zentral-Modul "Kommunikative Kompetenz" in zumindest einer Fremdsprache wählen.

Es unterteilt die Lernaktivitäten nach den Gesichtspunkten Fremdsprache – Muttersprache; Basiskompetenz – Expertise; Mündlich – Schriftlich.

Das bedeutet im einzelnen:

- Der Erwerb kommunikativer Kompetenz kann in keinem Fall nur auf die Fremdsprache(n) beschränkt werden; er enthält in jedem Fall Lerneinheiten zur Verbesserung der **muttersprachlichen** Kompetenz.
- Die Unterscheidung zwischen Basiskompetenz und Expertise ist nur beim Erwerb einer Fremdsprache relevant. Für ausländische Studierende kann dies auch Deutsch sein. In der Muttersprache – also für deutsche Studierende im Deutschen – muß in jedem Fall die Kompetenz zur Expertise ausgebaut werden. Bei Fremdsprachen kann jedoch – je nach Vorbildung und Studienziel – gewählt werden. Wer z.B. zwei Fremdsprachen eine dritte hinzufügen möchte, kann – und wird sich in der Regel – mit einer Basiskompetenz begnügen, die den mündlichen und schriftlichen Bereich umfaßt. Wer da-

gegen daran interessiert ist, seine/ihre zweite Fremdsprache zu aktivieren –
ein Bedürfnis, das viele Sprachmittler nach den ersten Kontakten mit der
Berufswelt haben –, kann sich auf den Erwerb der mündlichen oder schriftlichen Expertise in dieser Sprache konzentrieren.

Dieses Angebot dürfte wiederum auch für Studierende anderer Fächer und
Berufstätige bestimmter Bereiche attraktiv sein. Dies gilt ganz besonders für das
Angebot im Bereich der Muttersprache:

> **Eine Grundausbildung in Rhetorik, die Fähigkeit, Reden frei zu halten, Reden
> strukturierend und abstrahierend zu rezipieren und zu analysieren, die aktive,
> schriftliche Beherrschung ausgewählter Textsorten – all dies sind Fertigkeiten,
> die in sehr vielen Berufen und für das Studium der meisten Fächer von großem
> praktischem Nutzen sind. Gleichzeitig stellt der Erwerb dieser Fertigkeiten die
> Voraussetzung für eine erfolgreiche Ausbildung für alle sprachmittlerischen
> Berufe dar. Außerdem läßt sich die Eignung der Studierenden für die jeweils
> gewählte Studienrichtung mit großer Zuverlässigkeit an ihrem Erfolg bei der
> Teilnahme an diesen Lehrveranstaltungen diagnostizieren.**

In Kapitel X wurde bereits darauf hingewiesen, daß bisher nur im Bereich des
Dolmetschens angebotene Lehrveranstaltungen für alle Studierenden von großem Nutzen sind. Sie werden deshalb in das Grundstudium integriert. Es handelt
sich dabei um das sogenannte *Shadowing* (Nachsprechen einer Rede in der
gleichen Sprache), *Begleitdolmetschen* (konsekutives Dolmetschen bei Betriebs-
besichtigungen, touristischen Führungen u.ä.), Übungen in freier Rede, besonders
aber um den Erwerb von textstrukturierenden Verstehenstechniken (wie in
Kapitel X ausführlich beschrieben) und der Notizentechnik (Notiertechnik für
das Konsekutivdolmetschen).

Von der Integration dieser Lehrveranstaltungen werden vor allem diejenigen
Studierenden profitieren, die gar nicht an einen Studienabschluß im Bereich des
Dolmetschens denken. Denn sie werden durch diese Übungen in der Verstehens-
optimierung und in der mündlichen Textproduktion im professionellen Umgang
mit Texten ausgebildet. Diese Grundkompetenz ist zunächst einmal – ganz
unabhängig von der angestrebten Berufstätigkeit – allgemein bildend im oben
beschriebenen Sinn. Gleichzeitig schafft sie jedoch auch die Grundlage für das
selbst-bewußte Übersetzen, das für die meisten Studierenden das eigentliche Ziel
der Ausbildung darstellt oder darstellen sollte (vgl. Kapitel VIII). Und schließlich
dürfte der Erwerb dieser Kompetenz auch für viele Externe von großem Interesse sein, die einen professionellen Umgang mit der Sprache als eine Voraussetzung für die Fortsetzung ihrer beruflichen Karriere erkannt haben.

Das Zentral-Modul dient selbstverständlich auch dem Erwerb einer Fremdsprache, besonders von Nicht-Schulsprachen, bei denen keine Grundkenntnisse

vorhanden sind. Aber in keinem Fall beschränkt sich die Ausbildung auf den traditionellen "Sprachunterricht".

Der Erwerb der Grundkompetenz in einer Nicht-Schulsprache besteht vor allem in einer Anleitung zum Selbststudium. Das bedeutet: Die technischen Möglichkeiten von Sprachlabor und Videothek werden in einer Einführung dargestellt; das Lehrmaterial steht zum Selbststudium zur Verfügung. Der "Fremdsprachenunterricht" beschränkt sich auf eine Lenkung und Kontrolle dieses Selbststudiums. Es gibt keine Lehrveranstaltungen, in denen Syntax und Vokabeln gepaukt werden; die fremdsprachliche Grundkompetenz soll und muß der Studierende sich selbst aneignen. Die Aufgabe der Lehrperson besteht vor allem darin, den Lernfortschritt zu kontrollieren und nach Erreichung einer gewissen Grundkompetenz die Studierenden in die vorgesehenen Lehrveranstaltungen des Zentral-Moduls zu integrieren.

Dieses Angebot dürfte wiederum für Nicht-Studierende oder Studierende anderer Fachrichtungen sehr attraktiv sein. Sie haben damit die Möglichkeit, unter Anleitung, aber weitgehend selbständig, eine Fremdsprache in einem definierten Umfang zu erwerben.

5 Textproduktion

Kommunikative Kompetenz läßt sich in eine textgebundene Verstehens- und Produktionskompetenz aufteilen. Bisher war in diesem Kapitel vor allem vom Verstehen die Rede, doch damit soll keineswegs gesagt sein, daß die Produktionskompetenz automatisch vorhanden ist.

Wir alle sind (vgl. Kap. V und VI) selbst in unserer Muttersprache nur relativ kompetent. In der Regel verschleiern wir diese eingeschränkte Kompetenz ganz geschickt dadurch, daß wir nur auf den Gebieten Texte produzieren, auf denen wir uns kompetent fühlen.

Übersetzer (und natürlich auch Dolmetscher) sind in der mißlichen Lage, die Anforderungen an ihre Textproduktionskompetenz von außen diktiert zu bekommen. Und daraus ergibt sich zwingend, daß sie mit einer nur durchschnittlichen Textproduktionskompetenz nicht auskommen.

Sie müssen deshalb auf diesem Gebiet geschult werden: Alle in ihrer Muttersprache, manche (falls sie dieses Ausbildungsziel anstreben) auch in der/den Fremdsprachen. Und es wäre sicher sinnvoll, wenn dieser systematische Aufbau einer Textproduktionskompetenz stattfinden würde, bevor man sich an die eigentlichen übersetzerischen Aufgaben heranwagt.

Wie kann es angehen, daß eine Person muttersprachliche Texte aufgrund einer fremdsprachlichen Vorlage produzieren kann, wenn sie bisher nicht in der Lage war, solche Texte ohne Vorlage in der Muttersprache zu produzieren?

Wir können zwar noch immer nicht alle Vorgänge beschreiben, die an den Übersetzungsprozessen beteiligt sind, aber eines wissen wir: Sie gleichen in vielen Aspekten den Vorgängen, die an der Produktion von Texten beteiligt sind. Das heißt: Übersetzer sind auch, und vor allem, Textbaufachleute. Wie aber sollen sie zu Textbauexperten werden, wenn diese Fertigkeit in der Ausbildung nicht vermittelt wird?

Zwar wird häufig betont, daß Übersetzer vor allem "mit ihrer Muttersprache umgehen können müssen", aber es wird selten gesagt, wie sie denn dieses lernen. Paradoxerweise wird in diesem Zusammenhang meistens geraten, Übersetzer sollten "viel gute Literatur lesen", als ob das Lesen – so nützlich es auch sein mag – durch einen automatischen Transfer die aktiven Fertigkeiten vermittelt.

Derartige Ratschläge sind zu unspezifisch und zu wenig methodisch durchdacht, um als Ausbildungskonzept gelten zu können. Sagen wir es deshalb so spezifisch wie nötig: Übersetzer müssen eine breite, aktive Textsortenkompetenz erwerben.

Natürlich ist es richtig, daß sich diese Kompetenz nicht jeder Person vermitteln läßt. Sie muß Fähigkeiten auf diesem Gebiet mitbringen, und es wäre sicher sinnvoll, durch einen Eignungstest herauszufinden, ob diese Begabung ausreichend vorhanden ist.

Es macht aber didaktisch wenig Sinn, einfach vorauszusetzen, daß Übersetzer Textbauexperten sind. Niemand wird als Experte geboren, sondern wenn die entsprechenden Fähigkeiten vorhanden sind, muß es Ziel der Ausbildung sein, die Kompetenz auszubauen. Und erst nach Erreichung dieses Ausbildungsziels ist es sinnvoll, damit zu beginnen, gezielt Texte zu übersetzen, deren Übersetzung diese Produktionskompetenz bereits voraussetzen.

Textbauexpertise ist etwas anderes als fachliche Kompetenz (vgl. Holz-Mänttäri 1988). Der Übersetzer kann nicht heute ein Ingenieur sein und morgen ein Informatiker, und er kann sich auch nicht das Fachwissen aneignen, das dem Fachautor zur Verfügung steht. Die Expertise von Übersetzern liegt auf dem Gebiet der Texte – sie wissen, wie Texte verschiedener Provenienz gemacht werden; sie kennen die Konstruktionsprinzipien des Textbaus.

Diese sind durchaus lehrbar: Was macht die Kohärenz und Kohäsion von Texten aus, wie sieht die Thema/Rhema-Struktur von Äußerungen in verschiedenen Sprachen aus, woran erkennt man indirekte Sprechakte? Und, vor allem, wie werden die Regeln der Textkonstruktion variiert, um unterschiedliche Textsorten zu produzieren? Welche Textsortenkonventionen gibt es, und inwieweit sind diese typisch für bestimmte Sprachen und Kulturen (vgl. Reiß/ Vermeer 1984)?

Eine Übersetzerin oder ein Übersetzer schreibt also nicht heute wie ein Ingenieur und morgen wie ein Genforscher. Er/sie kennt vielmehr die Prinzipien und Konventionen der jeweils geforderten Textsorten und beherrscht sie aktiv. Und er/sie variiert und modifiziert diese (wenn nötig), um Lesern und Auftrag gerecht zu werden. Deshalb wird es in vielen Fällen sogar unvermeidlich sein, daß er/sie klarer und verständlicher formuliert als dies dem Autor des "Heiligen Originals" gelungen ist.

Voraussetzung dafür ist, daß Übersetzer Textsorten überhaupt als solche erkennen. In diesem Punkt ergänzen sich Verstehens- und Produktionskompetenz. Nur wer die Methoden der übersetzerrelevanten Textanalyse erlernt hat (vgl. VI,2), wird in der Lage sein, Textsorten – oder deren individuelle Varianten – zu erkennen.

Andrerseits darf dieser Aufbau einer wissenschaftlich fundierten Textanalysekompetenz sich nicht in der Weise verselbständigen, daß die Produktion des Übersetzungstextes nur noch als weitgehend automatische Umsetzung der Ergebnisse dieser Analyse gesehen wird. Erst aus der fundierten Vermittlung von Verstehens- und Produktionskompetenz (und aus der Koordination der daran beteiligten Prozesse) ergibt sich eine vollwertige kommunikative Kompetenz.

Die erfolgreiche Vermittlung dieser Gesamtkompetenz steht im Mittelpunkt der Ausbildung. Wer diese Kompetenz erworben hat, verfügt über ein operatives Wissen von großem Wert, das in vielen Berufen nutzbringend angewandt werden kann. Was heute in Managementseminaren und Kursen für Führungskräfte kommerziell von privaten Unternehmen für teures Geld angeboten wird, könnte durchaus auch von den ausbildenden Universitätsinstituten vermittelt werden.

Ob ein solches Angebot von Wochenendseminaren oder Intensivkursen für externe Interessenten von der Universität gewünscht wird, ist schwer zu sagen und sicher auch von bildungspolitischen Zielsetzungen abhängig. Unbestreitbar ist jedoch, daß eine wissenschaftlich fundierte Ausbildung im Bereich der Sprach- und Kulturmittlung ein praxisrelevantes Angebot an Studierende und externe Interessenten machen kann.

Eine wissenschaftlich fundierte Ausbildung führt also gerade nicht zu einer "Verakademisierung" der Ausbildung, sondern ganz im Gegenteil zu einer stärkeren Praxisbezogenheit. Oder anders ausgedrückt: Ihre Relevanz für professionelle Tätigkeiten im Bereich der Sprach- und Kulturmittlung kann die universitäre Ausbildung in Zukunft nur behaupten, wenn sie die Komplexität der von ihr vermittelten Fertigkeiten zur Kenntnis nimmt, mit wissenschaftlichen Methoden reflektiert und in eine entsprechende Didaktik und Methodik umsetzt.

6 Professionelle Ausbildung

Ziel der Ausbildung ist es, schrittweise und gezielt ein Selbst-Bewußtsein im Bereich der mutter- und fremdsprachlichen und der zwischen den Sprachen und Kulturen vermittelnden Handlungen zu schaffen. Der entscheidende Vorteil der modularen Ausbildung ist darin zu sehen, daß jedes Ausbildungsmodul Selbst-Bewußtsein schafft – und nicht, wie es bisher häufig der Fall ist, Frustration und Entmutigung verstärkt. Dieses Ziel kann nur erreicht werden, wenn jedes Modul seinen Teil zur Stärkung dieses Selbst-Bewußtseins beiträgt: Durch vertiefte Einsicht in die Zusammenhänge und die eigene Leistung und durch Bewältigung von lösbaren und praxisrelevanten Aufgaben.

Die Öffnung, Diversifikation und Modularisierung der Ausbildung mag angesichts der augenblicklichen Situation der universitären Ausbildungsstätten revolutionär, zumindest aber illusionär wirken. Bei näherer Betrachtung zeigt sich jedoch, daß eine Vielzahl der hier skizzierten Lehrveranstaltungen bereits vielerorts angeboten werden, besonders im Bereich der Dolmetscherausbildung. Andere Lehrveranstaltungen sind neu, doch die Ressourcen dafür sind vorhanden, wenn man bedenkt, wieviel Lehrkapazität allein dadurch frei wird, daß der bisherige Basis-Fremdsprachenunterricht weitgehend im gelenkten Selbststudium betrieben wird.

Ein ernstzunehmendes Hindernis könnte jedoch die mangelnde Bereitschaft der Bildungsinstitutionen und der Lehrkräfte sein, den Handlungsbedarf überhaupt zu erkennen.

Bei der Betrachtung der heutigen Situation sollte nicht vergessen werden, daß die Curricula und Studienordnungen vieler ausbildenden Institutionen aus den siebziger Jahren stammen, also aus einer Zeit, in der die Anforderungen an die Absolventen von einer grundsätzlich anderen Situation geprägt waren. Dies gilt zum einen für den damals rasch expandierenden Arbeitsmarkt für Übersetzer und Dolmetscher, der den Absolventen gute Berufschancen bot. Dies betrifft aber auch den Stand der wissenschaftlichen Erkenntnis, der weitgehend von den Modellbildungen der strukturalistischen Linguistik dominiert war. Schon der Name "Fachbereich Angewandte Sprachwissenschaft", den sich das Institut in Germersheim zu dieser Zeit gab, macht diese Abhängigkeit deutlich. Und es ist gewiß kein Zufall, daß die gleiche Institution diesen Namen inzwischen mit dem Zusatz "und Kulturwissenschaft" versah – ein Ausdruck der Erkenntnis, daß kulturelle Konventionen und Handlungsschemata ein zumindest gleichberechtigter Teil der Ausbildung sind.

Doch die Entwicklung wird auch dabei nicht stehenbleiben. Die ausbildenden Institutionen werden sich über kurz oder lang zu ihrer bewußtseinsbildenden Rolle bekennen müssen. Geschieht dies nicht, so läßt sich absehen, daß Übersetzungsaktivitäten im Bewußtsein der Öffentlichkeit zunehmend dem Computer zugewiesen werden, weil sich seine Leistungen dem Anschein nach nicht von denen der Humanübersetzer unterscheiden und sich auf dem von Wirtschaftlichkeitsüberlegungen dominierten Markt als konkurrenzlos preisgünstig erweisen.

Die universitären Ausbildungsinstitute müssen Öffentlichkeitsarbeit betreiben, indem sie die ganze Komplexität der Übersetzungsprozesse und die daraus abgeleiteten Qualitätsstandards nach außen vertreten und sichtbar machen. Dies kann jedoch nur geschehen, wenn die Ausbildungsstruktur sich deutlich in der vorgezeichneten Richtung verändert.

Das bedeutet auch, daß das Verhältnis zu der traditionellen Philologie überdacht werden muß. Im Rahmen einer kulturwissenschaftlichen Ausrichtung des

Studiums hat die Literaturwissenschaft und -geschichte durchaus ihren Platz – aber eben nur in diesem Rahmen! Das heißt zum Beispiel, daß die Beschäftigung mit der Trivialliteratur, mit der Kinderbuchliteratur, mit der Gebrauchsprosa eines Landes im Rahmen der Förderung textproduktiver und textanalytischer Kompetenz von wesentlich größerer Bedeutung ist als das Abarbeiten des literaturwissenschaftlichen Kanons.

Was die Dominanz der Philologie im Umgang mit Übersetzungen angerichtet hat und anrichtet, wird im traditionellen Philologiestudium deutlich, wo den Studierenden nach wie vor Übersetzungen aus der und z.T. auch in die Fremdsprache abverlangt werden. Der Romanist Bernd Stefanink beschreibt (1991) die Situation so:

> In den universitären Übersetzungskursen herrscht Unbehagen. Die Studenten sind verunsichert. Sie haben den Eindruck, daß sie keine Fortschritte machen, sie vermissen die ihnen aus anderen Veranstaltungen vertrauten didaktischen Überlegungen zur Struktur und Progression des Lernprozesses oder zum gezielten Einsatz von Übersetzungsübungen, sowie eindeutige Kriterien bei der Textauswahl oder bei der Beurteilung von Übersetzungs"fehlern."
>
> ...
>
> Dies liegt m.E. daran, daß man die Übersetzung noch nicht als eigenständig zu erwerbende Kompetenz im Fremdsprachenunterricht anerkannt hat und ihren didaktischen Wert meist auf den einer "ancilla grammaticae" reduziert hat.
>
> ...
>
> Der Grundstein für diese Mißstände wird bereits im institutionellen Rahmen gelegt, in dem diese Veranstaltung eingegliedert ist:
> In den universitären Fremdsprachencurricula deutscher Universitäten ist Übersetzung ausschließlich in die Kategorie "Sprachpraxis" eingeordnet; da diese Veranstaltung den Stempel "Sprachpraxis" trägt, kann auch keine Hausarbeit über übersetzungstheoretische Aspekte im Rahmen dieser Veranstaltung angefertigt werden; damit induziert man bereits beim Studenten, daß Übersetzung durch unreflektiertes Üben gelernt wird.
> (Stefanink, 1991,62–63)

Stefaninks Ausführungen machen deutlich, daß sich die Übersetzungstheorie von mehreren Abhängigkeiten befreien mußte, bevor sie anerkannt werden konnte:
Einmal – wie schon erwähnt und in Kapitel IV und VII dargestellt – gab und gibt es die Vormundschaft der (strukturalistisch) geprägten Sprachwissenschaft. Dazu kommt auf der anderen Seite die väterliche Gewalt der Philologien, unter deren Obhut Übersetzung und Übersetzungsübungen überhaupt erst ihre Daseinsberechtigung und das Siegel der universitären Lehrveranstaltung erhielten.

In den letzten Jahren sträubt sich die Übersetzungstheorie jedoch zunehmend, die Verpflichtungen aus diesen Kindheitserlebnissen zu akzeptieren. Sie hat sich inhaltlich schon seit mindestens zehn Jahren vom "philologischen Übersetzen" emanzipiert, aber – wie Stefanink eindrucksvoll berichtet – die Institution Philologiestudium hat nicht nur Schwierigkeiten, ihr Kind in die Unabhängigkeit zu entlassen, sondern geradezu Berührungsängste, wenn es darum geht, von den Erkenntnissen der Übersetzungstheorie durch Anwendung im eigenen Bereich zu profitieren.

Die Übersetzungstheorie hat also in den letzten zwanzig Jahren einen langen und schweren Weg zurückgelegt, der sie endlich in die Unabhängigkeit führte. Erst seit wenigen Jahren haben ihre Vertreter das Selbstbewußtsein gewonnen, eigene Methoden und Forschungsbereiche zu etablieren und in der Öffentlichkeit zu vertreten und sich damit endgültig als Vertreter einer eigenständigen Disziplin darzustellen.

Das Interesse der Öffentlichkeit, die zunehmende Anzahl von übersetzungs- wissenschaftlichen Publikationen und Konferenzen, das Interesse der Verlage, die Anzahl der Gastdozenturen und Vortragsreisen der prominenten Vertreter der neuen, "funktionalen" Übersetzungstheorie im Ausland, die Umstrukturierung der philologischen zur Übersetzerausbildung, wie sie nachweislich an vielen Universitäten des Auslands stattfindet und eingeleitet wird – dies alles beweist und belegt, daß die Übersetzungstheorie ihren Status gefunden hat, weil sie ganz offensichtlich und nachweislich Nutzen bringt.

In der universitären Ausbildung muß der Beweis für den Nutzen dieser Konzepte täglich erbracht werden. Dies kann jedoch nur gelingen, wenn Metho- dik und Didaktik sich an den Ergebnissen der wissenschaftlichen Erforschung der Übersetzungsprozesse orientieren.

Die Grundlage jedes didaktischen Konzepts muß die Erkenntnis sein, daß übersetzerische Kompetenz nicht angeboren ist – im Gegenteil, auf Grund der Komplexität der Übersetzungsprozesse machen sich Laien notwendigerweise ein vereinfachtes Bild vom Übersetzen. Dieses Bild prägte lange die traditionel- len und in unserem Kulturkreis tradierten Vorstellungen vom Übersetzen. Diese Fehlhaltung muß zunächst korrigiert werden; erst danach kann man physiolo- gisch richtig das Übersetzen trainieren, und nur dann ergibt sich der angestrebte Trainingseffekt. Solange jedoch die strukturelle Schwäche besteht, kann Trai- ningsfleiß nur zu Fehl- und Schonhaltungen führen.

XII Konstruktives

1 Selbstzufriedenheit oder Resignation?

In den vorausgehenden Kapiteln wurden die tragenden Teile der komplexen Konstruktion "Übersetzen" beschrieben. In diesem letzten Kapitel soll dargestellt werden, welche Konsequenzen sich aus diesen Erkenntnissen für den konstruktiven Umgang mit Übersetzungen und Übersetzern ergeben. Dabei werden einige Argumente noch einmal aufgegriffen und mit Beispielen aus der Praxis konkretisiert.

Diese abschließenden Bemerkungen werden vor allem zeigen, daß die Kenntnis der Konstruktionsmerkmale die Voraussetzung für einen konstruktiven Umgang mit Übersetzern und Übersetzungen ist. Es geht aber auch darum, einen Eindruck zu korrigieren, den man als Leser vielleicht gewinnen konnte. Nämlich den, daß hier um mehr Verständnis für die bedauernswerten, weil unterbezahlten und mißverstandenen Übersetzer und Dolmetscher geworben wurde.

Zwar haben wir uns um mehr Verständnis für die Arbeit von Übersetzern und Dolmetschern bemüht, aber nicht zu dem Zweck, berufsständischen Zielsetzungen zu dienen.

Es geht vielmehr darum, die Effizienz der übersetzerischen Dienstleistungen zu erhöhen. Davon profitieren zunächst und vor allem die Auftraggeber und Nutzer der Übersetzungen – indirekt allerdings auch die andere Seite, denn gute Übersetzerinnen und Übersetzer können sich auf dem Markt nur durchsetzen, wenn die Qualität ihrer Arbeit anerkannt wird.

Deshalb müssen beide Seiten daran interessiert sein, die Qualität von Übersetzungen zu definieren. Doch ein fundiertes Qualitätsbewußtsein ist nur in Ausnahmefällen auf der einen oder der anderen Seite vorhanden.

Viele Meinungen auf diesem Gebiet gehören in das Reich der Illusionen (vgl. Kap.III). Auf seiten der Auftraggeber ist zum Beispiel die Meinung weit verbreitet, daß Übersetzungen eine Art lästiger Wurmfortsatz einer guten Produktdokumentation darstellen. Und viele Übersetzer glauben, daß eine gute Übersetzung für sich selbst spricht.

Wer sich mit Übersetzungen befaßt, hat in aller Regel auch eine Meinung zur Qualität von Übersetzungen. Und da sich in unserem Land ein große Menge von Leuten mit Übersetzungen befaßt, gibt es auch eine Vielzahl von Meinungen darüber, was eine gute Übersetzung ist. Was es nicht gibt, sind verbindliche Maßstäbe und Qualitätskriterien (vgl. Kap. IX). Und daraus leiten wiederum alle Beteiligten ab, daß ihre persönlichen Kriterien so gut wie die jeder anderen Person oder Institution sind.

Wer sich an die Experten an den Universitäten wendet, um bei ihnen einen Kriterienkatalog abzuholen, wird häufig enttäuscht. Entweder erklären sich die

Fachleute für Sprache und Kommunikation als nicht zuständig, oder sie bauen terminologische Barrieren auf, um den unerwünschten Fragesteller fernzuhalten.

Diskussionen über die Qualität von Übersetzungen sind für die Beteiligten deshalb so oft frustrierend, weil es eine Verständigung nur geben kann, wenn beide Seiten von einem hinreichend komplexen Modell des Übersetzens ausgehen. Wer einfache Kriterien in der Form von absoluten Regeln verlangt, verzerrt damit die Bewertungsmaßstäbe. Die Folge können nur destruktive Auseinandersetzungen oder ein unverbindliches Plaudern sein.

Tatsache ist jedoch, daß jeden Tag Tausende von Seiten übersetzt werden und daß ganz offensichtlich die meisten dieser Übersetzungen ihren Zweck erfüllen. Außerhalb der Ausbildungsinstitutionen hat sich jedenfalls noch kein Sturm des Protests erhoben, der die Qualität der Übersetzungen grundsätzlich in Frage stellt oder gar vehement bessere Übersetzungen fordert. Entweder bekommen wir also genau die Übersetzungen, die wir uns wünschen, oder wir haben uns damit abgefunden, daß Übersetzungen nicht besser sein können, als sie sind.

Diese Selbstzufriedenheit steht in scharfem Gegensatz zu den Urteilen, die von manchen Kritikern von Übersetzungen ausgesprochen werden. Sie lassen kaum ein gutes Haar an den veröffentlichten Übersetzungen, decken Mängel über Mängel auf und geißeln schonungslos die mangelhafte fremdsprachliche (vor allem aber die abgrundtief schlechte muttersprachliche) Kompetenz der Übersetzer (vgl. VI,1). Kaum eine Übersetzung findet Gnade vor ihren Augen, und die Tatsache, daß diese Übersetzungen bereits publiziert und in Gebrauch sind, veranlaßt sie häufig zu sehr allgemeinen und kulturpessimistischen Aussagen über den Zustand unserer Gesellschaft. Daß es dieses Phänomen schon seit mehr als zweitausend Jahren gibt, belegt eindrucksvoll Vermeer (1992).

Aus der Sicht dieser Kritiker – und nicht wenige davon sind in den Reihen der Sprach- und Übersetzungswissenschaftler zu finden – ist die verheerende Qualität der meisten Übersetzungen ein Spiegel des Zustands unserer Gesellschaft, besonders aber ein Symptom für die zunehmende Geringschätzung geistiger und kultureller Leistungen. Mit anderen Worten: Die Gesellschaft bekommt die Übersetzungen, die sie verdient.

Dahinter versteckt sich ein ernstzunehmender Einwand gegen die funktionale Übersetzungstheorie, die seit rund zehn Jahren in Deutschland die wissenschaftliche Diskussion beherrscht. Sie rückt den **Zweck** der Übersetzung in den Mittelpunkt der Betrachtung und macht ihn damit auch zum entscheidenden Qualitätskriterium. Das heißt – verkürzt dargestellt: Die Übersetzungen müssen sich nach den Erwartungen des Auftraggebers bzw. der Rezipienten richten; sie müssen für sie in ihrer spezifischen Situation verständlich sein (vgl. Reiß/Vermeer 1984, Nord 1988).

Zu Verstehensschwierigkeiten führt zum einen das Kriterium der *Verständlichkeit*. Sätze wie dieser kommen in (schlechten) Übersetzungen vor:

Wir bedauern, Sie nicht geben zu können ein besser Information.

Wenn wir diesen Satz in einem (übersetzten) Geschäftsbrief lesen, wissen wir durchaus, was damit gemeint ist. Das Unternehmen hat dem Adressaten des Briefs mitgeteilt, daß es seine Erwartungen nicht erfüllen kann, und drückt deshalb – weil dies in Geschäftsbriefen so üblich ist – sein Bedauern aus.

Wir wissen, daß dieses Bedauern möglicherweise nicht sehr aufrichtig ist, wir verstehen, daß der Verfasser des Briefs sich an die Konventionen hält. Der Satz ist also in Ordnung, es handelt sich um eine funktionale Übersetzung, denn die Kommunikation funktioniert – könnte ein Kritiker der funktionalen Schule sagen.

Doch er vergißt einiges, was schon in Kapitel V,2 ausgeführt wurde. Zu einer geglückten Kommunikation in der Textsorte Geschäftsbrief gehört auch, daß wir nicht die Form der Aussage reflektieren. Durch die zahlreichen Verstöße gegen die Regeln der deutschen Grammatik wird unsere Aufmerksamkeit unwillkürlich auf die ungewöhnliche Form der Aussage gelenkt, und das war zweifellos nicht die Absicht des Briefeschreibers.

Es ist also eine grobe Entstellung der funktionalen Übersetzungstheorie, wenn man behauptet: Solange der Rezipient (oder gar: **ein** Rezipient) der Übersetzung versteht, um was es geht, ist die Übersetzung in Ordnung. Wir wissen, daß Kommunikation auch dann funktionieren kann, wenn der verwendete Text oder Diskurs defekt ist. In gewissen Situationen – etwa bei einer hitzigen Diskussion – akzeptieren wir derartige Defekte auch. Aber in anderen Situationen – besonders in schriftlich fixierten Texten – sind wir weit weniger tolerant. Verstöße gegen die Regeln der Syntax sind zum Beispiel in einem Geschäftsbrief nicht akzeptabel – auch wenn wir durchaus verstehen, was uns mitgeteilt werden soll. Und in Verträgen sind wir noch weniger tolerant; hier verzeihen wir auch keine terminologischen Fehler – obwohl wir durchaus verstehen, was gemeint ist (oder **gerade weil** der Experte versteht, was gesagt werden **soll**).

Akzeptabilität ist also gleichzeitig mehr und weniger als "Korrektheit". Anders ausgedrückt: Die Erfüllung der spezifischen "Korrektheitsnormen" einer bestimmten Textsorte ist Teil der Aussage eines Textes – und nicht sein geringster. Denn entscheidend für unsere Wahrnehmung eines Textes ist die Autorität bzw. Autorisierung der Person, die ihn verfaßt hat (vgl. V,2). Wenn wir aber an groben Formfehlern erkennen, daß unser Gesprächspartner nicht Meister, sondern Opfer der Sprache ist, derer er sich bedienen will, so färbt diese Erkenntnis alle weiteren Verstehensvorgänge.

Es ist ein großer Unterschied, ob wir verstehen, was uns jemand sagen **will**, oder ob wir verstehen, was er uns sagt. Allerdings nicht deshalb, weil durch den "korrekten" Sprachgebrauch alles exakt ausgedrückt wird. Sondern weil wir durch die korrekte Erfüllung der textspezifischen Normen und Konventionen erfahren, daß der Verfasser mit der Sprache und mit Texten umgehen kann. Und daß wir deshalb Abweichungen von der Norm interpretieren dürfen und müssen – während uns genau dies bei einem inkompetenten Verfasser eines Textes nicht möglich ist.

Ein anderer Einwand gegen die funktionale Übersetzungstheorie ist dagegen durchaus gerechtfertigt: Übersetzerinnen und Übersetzer haben es manchmal mit Klienten – Auftraggebern und/oder Nutzern einer Übersetzung – zu tun, die ganz bestimmte Vorstellungen von der Textsorte "übersetzter Text" haben. Sie erwarten zum Beispiel, daß sich eine Übersetzung gerade nicht wie ein Originaltext liest. Sie sind der Meinung, daß elegante Formulierungen auf Kosten der "Korrektheit und Genauigkeit" gehen müssen – aus Gründen, die in dem "Illusions-Kapitel" (Kap.III) dargestellt wurden.

Angesichts solcher Forderungen stehen Übersetzer vor einem Dilemma: Formulieren sie entsprechend den Erwartungen ihrer Klienten, so funktioniert die Übersetzung zwar insofern, als sie die Erwartungen der Klienten erfüllt. Sie ist jedoch nicht eigentlich funktional, weil sie nicht die Konventionen und Normen erfüllt, die typische (nicht übersetzungs-fixierte) Textrezipienten bei dieser Textsorte haben. Mit anderen Worten: Eine funktionierende Übersetzung muß nicht immer eine funktionale Übersetzung sein; eine Übersetzung kann auch akzeptiert werden, obwohl sie nicht eigentlich akzeptabel ist.

Natürlich ist Übersetzern in dieser schwierigen Situation zu empfehlen, das Gespräch mit dem Auftraggeber zu suchen. Doch Praktiker wissen, daß gerade in dieser Konstellation häufig schon der Wunsch, über Sinn und Zweck der Übersetzung zu diskutieren, auf Unverständnis und Ablehnung stößt. Unter Verwendung der Metapher vom Reiter und vom Roß haben wir die Gründe dafür in Kap.III,3 angesprochen.

Letztlich ist es eine berufsethische Frage, wie man sich als Übersetzer in einer solchen Situation verhält. Man kann sagen: "Wenn der Kunde zufrieden ist, muß meine Arbeit gut sein." Oder man kann den Standpunkt einnehmen: "Meine Arbeit muß gut sein, denn nur dann bin ich zufrieden. Und das ist mir wichtiger als die Zufriedenheit des Kunden."

Wer Übersetzungsleistungen in Anspruch nimmt oder selbst erbringt, wird sich möglicherweise für solche Fragen der Berufsethik nicht sonderlich interessieren. Wahrscheinlich hält er oder sie die Frage, ob unsere Gesellschaft die Übersetzungen erhält, die sie verdient, für eine philosophische Betrachtung ohne praktische Relevanz. Aber er oder sie muß allein aus Gründen der Wirtschaftlichkeit wissen, ob er/sie effizient arbeitet bzw. effizient mit Übersetzern und Übersetzungen umgeht. Die eine Seite möchte nicht mehr Zeit für eine Übersetzung aufwenden, als unbedingt nötig, und die andere möchte nicht mehr Geld für Übersetzungsleistungen ausgeben, als sie muß. Dieses Bemühen um Effizienz und Produktivität läßt sich jedoch nicht steuern, wenn man keine Vorstellung von den Qualitätskriterien hat, die an das Produkt gerichtet werden.

Wenn Fragen der Qualitätskontrolle und -sicherung diskutiert werden, geht es also nicht darum, Übersetzerinnen und Übersetzern Zeugnisse auszustellen. Sondern es geht darum, wie sich Methoden der Produktivitätssteigerung auf die Herstellung und die Verwendung von Übersetzungen anwenden lassen.

2   Konfrontation oder Kooperation?

Übersetzungen sind Dienstleistungen, d.h. Übersetzerinnen und Übersetzer werden nicht für ein Produkt bezahlt, sondern für ihr Bemühen, dieses Produkt herzustellen. Rechtlich gesehen fällt ihre Arbeit damit in die gleiche Kategorie wie die eines Friseurs oder einer Friseuse. Die Kunden bezahlen nicht für einen bestimmten Haarschnitt, sondern dafür, daß eine Dienstleistung nach den Regeln der handwerklichen Kunst ausgeführt wird. Es wird also ein Werkvertrag geschlossen, wenn eine Übersetzung in Auftrag gegeben wird.

Das hat juristische Konsequenzen: Wenn diese Dienstleistung Mängel hat, so muß dem Ausführenden nachgewiesen werden, daß er nicht nach den Regeln der Kunst vorgegangen ist. Bei einer Friseurdienstleistung ist dies noch einigermaßen klar: Wenn die Haare versengt wurden, liegt eindeutig ein Kunstfehler vor. Aber auch hier gibt es Streitfälle: Wenn die Kundin sich darüber beschwert, daß die Haare zu kurz geschnitten wurden, so wird sich die Friseuse darauf berufen, daß die Kundin ihr diese Länge vorgegeben hat. Kommt es zum Rechtsstreit, so wird die Kundin – mit Hilfe von Zeugenaussagen – beweisen müssen, daß sie eine bestimmte Länge vorgegebeñ hatte – zum Beispiel: "Höchstens einen Zentimeter kürzer", oder: "Nur so kurz, daß die Ohren noch bedeckt sind."

Bei der Vergabe von Übersetzungsleistungen werden derartige Absprachen in der Regel nicht getroffen. Der Auftraggeber verlangt – explizit oder implizit – eine "korrekte" oder "genaue" Übersetzung und ist der Meinung, daß damit alles gesagt ist.

Die vorausgehenden Kapitel haben wohl hinlänglich klar gemacht, daß diese Illusion der "korrekten und genauen" Übersetzung zu Problemen führen muß. Wir haben diese Illusion von verschiedenen Seiten betrachtet und die Ursachen ihrer Entstehung analysiert. Und wir haben sie mit vielen Beispielen so ausführlich belegt, daß ein weiteres Beispiel eigentlich unnötig ist.

Trotzdem sei ein letztes Beispiel zitiert – diesmal aus dem Bereich des Dolmetschens. Es stammt von dem Translationswissenschaftler Erich Prunč und wird von ihm so humorvoll erzählt, daß sich das Nachlesen lohnt (Prunč 1994,69–74):

Bei der theoretischen (mündlichen) Führerscheinprüfung für kroatische und bosnische Gastarbeiter in Österreich möchte der Prüfer die Frage stellen: *Was ist eine Leitlinie und was ist eine Sperrlinie?* Er bittet den Dolmetscher, diese Frage ins Kroatische zu übersetzen – genau so, wie sie sie gestellt hat. Der Dolmetscher erklärt, dies sei nicht möglich.

Der Grund: *Sperrlinie* heißt im Kroatischen *puna crta*, und *Leitlinie* heißt *isprekidana crta*. Wenn man diese kroatischen Wörter "genau und korrekt" ins Deutsche rückübersetzt, erhält man *nicht unterbrochene Linie* für *Sperrlinie*, und *unterbrochene Linie* für *Leitlinie*. Das heißt also, das Sprachsystem (hier: des Kroatischen) zwingt (vgl. Kap.V) in diesem Fall den Dolmetscher, mehr zu sagen, als er eigentlich will – nämlich genau das, was der Prüfer als Antwort auf seine Frage hören will.

Denn dies wollte der Prüfer als Antwort auf seine Frage hören:

> Eine Sperrlinie ist eine nicht unterbrochene Linie
> Eine Leitlinie ist eine unterbrochene Linie.

Jetzt verstehen wir das Dilemma des Dolmetschers. Wenn er die Frage "genau und korrekt" ins Kroatische übersetzt, so gibt er bereits die Antwort auf die Frage vor. Die Kandidaten müßten also sagen:

> Eine nicht unterbrochene Linie ist eine nicht unterbrochene Linie.
> Eine unterbrochene Linie ist eine unterbrochene Linie.

Möglicherweise aber verstehen die Prüflinge angesichts dieser Tautologie die Frage falsch und antworten, indem sie (rückübersetzt) sagen:

> Eine nicht unterbrochene Linie ist eine Sperrlinie.
> Eine unterbrochene Linie ist eine Leitlinie.

Dann müßte der Dolmetscher ihre Antwort – "genau und korrekt" so übertragen:

> Eine Leitlinie ist eine Leitlinie.
> Eine Sperrlinie ist eine Sperrlinie.

Es läßt sich leicht denken, daß eine solche Antwort den Prüfer kaum befriedigen dürfte – wahrscheinlich würde er sie nicht nur als falsch werten, sondern den Prüflingen außerdem mangelnde Intelligenz oder gar Verhöhnung einer Amtsperson unterstellen.

Natürlich gibt es einen einfachen Ausweg aus diesem Dilemma: Der Dolmetscher bittet um die Erlaubnis, die Frage sinngemäß – und eben nicht "korrekt und genau" – stellen zu dürfen. Er würde dann auf Kroatisch fragen:

> Was bedeutet die ununterbrochene (bzw. die unterbrochene) Linie für den Autofahrer?

Und die richtige Antwort wäre dann:

> Die Sperrlinie darf nicht überfahren werden; die Leitlinie darf überfahren werden.

Die Lösung des Problems ist also recht einfach zu finden – allerdings unter einer Voraussetzung: Dem Dolmetscher muß die Freiheit eingeräumt werden, sich am Zweck der Übersetzung zu orientieren. Das ist nur möglich, wenn zwischen Auftraggeber und Dolmetscher/Übersetzer ein Vertrauensverhältnis besteht, das auf gegenseitigem Respekt beruht: Der Auftraggeber weiß, daß der Übersetzer in seinem besten und wohlverstandenen Interesse handelt.

Wenn Auftraggeber und Sprachmittler nicht im Verhältnis von "Roß und Reiter" (vgl. Kap. III,3) zueinander stehen, lassen sich derartige Probleme leicht vermeiden. Wie aber sieht es juristisch aus, wenn eine der beiden Seiten -- oder beide – aus Ignoranz die Konfrontation der Kooperation vorziehen?

Gemäß dem neuen Produkthaftungsgesetz sind Hersteller von Produkten auch für Fehler in der Dokumentation verantwortlich. Wenn ein Bedienungsfehler auf einen Mangel in der Dokumentation zurückzuführen ist, haftet also der Hersteller auch dafür. Wurde die Dokumentation übersetzt, so kann der Hersteller seinerseits Regreßforderungen an den Übersetzer richten, wenn er beweisen kann, daß der Handhabungsfehler auf einen Mangel in der Übersetzung zurückzuführen ist.

In der Regel wird bei einer gerichtlichen Auseinandersetzung in solchen Fällen ein Gutachten zur Beurteilung der Qualität der Übersetzung in Auftrag gegeben. Dieses Gutachten beurteilt die Qualität der ganzen Übersetzung, also nicht nur des einen Mangels. Im Prinzip wird dabei nicht anders vorgegangen als bei der Beurteilung der Prüfungsleistung eines Übersetzers/Dolmetschers – die Leistung ist gut, ausreichend oder mangelhaft.

Bei der Gesamtbeurteilung kommt es also auch auf die Quantität der Fehler an. Was ein Fehler ist, haben wir oben (Kap. IX,4) ausführlich erörtert. Ob die Gutachter sich an diese Kriterien halten, dürfte im einzelnen Fall schwer nachzuprüfen sein. Jedenfalls wird aus einigen Veröffentlichungen bekannt (zum Beispiel Holz-Mänttäri 1987,177), daß auch Fehler berücksichtigt werden, die auf Nichtanwendung eines kulturellen Filters zurückzuführen sind. Wenn z.B. der Beipackzettel für ein Medikament ins Englische übersetzt wird, so muß er den britischen, amerikanischen oder indischen Konventionen angepaßt werden. Die Kenntnis und Berücksichtigung dieser Textsortenkonventionen gehört also auch zu den Aufgaben der Übersetzer. Auch dann, wenn dies nicht ausdrücklich vereinbart wurde. Andrerseits können Übersetzer, die eine (nicht adressatengerechte) Spezifikation vornehmen, ohne diese vorher abgesprochen zu haben, eventuell auch in Regreß genommen werden.

Berücksichtigt wird aber auch, ob der Auftraggeber seiner Sorgfaltspflicht nachgekommen ist. Wenn er einen Auftrag an eine Übersetzerin erteilt, die behauptet, den deutschen Text ins Englische, Russische und Spanische übersetzen zu können, und er diese Übersetzungen ohne Überprüfung durch *native speakers* drucken läßt, ist ihm zumindest ein Teil der Schuld zuzurechnen.

In den meisten Fällen lassen sich die Ursachen für eine mangelhafte Übersetzung auf **Selbstüberschätzung** zurückführen – gleichsam die pathologische Form des in unseren Ausführungen so häufig angesprochenen Selbstbewußtseins. Selbstüberschätzung finden wir auf beiden Seiten – bei Übersetzern und bei Auftraggebern bzw. Rezipienten.

Bei **Übersetzern** gibt es vor allem zwei Formen der Selbstüberschätzung:

■ Sie überschätzen ihre Fremdsprachenkenntnisse. Diese triviale Ursache ist der Grund für groteske Fehlübersetzungen in Speisekarten und auf Hinweisschildern, über die sich so viele Touristen amüsieren:

Ladies are requested not to have children in the bar.
You are invited to take advantage of the chamber-maid.
Ladies leave your clothes here and spend the afternoon having a good time.

Natürlich stammen diese Kuriositäten – hoffen wir es zumindest! – in der Regel nicht von professionellen Übersetzern, aber das macht die Sache nicht besser. Denn hinter dem einzelnen Phänomen steht die beunruhigende Tatsache, daß entweder die übersetzende Person selbst oder ihr Auftraggeber der Meinung ist, daß der Besitz eines Wörterbuchs eine ausreichende Qualifikation für Übersetzer ist.

- Die andere Form der Selbstüberschätzung könnte unter dem Motto stehen: *A little knowledge is a dangerous thing.* Opfer dieses Halb- oder Besserwissens sind vor allem erfahrene Dolmetscher und Übersetzer, die glauben, aufgrund ihrer beruflichen Erfahrung vieles besser zu wissen als der Autor oder Redner. So kann es dann vorkommen, daß eine recht leicht nachvollziehbare Äußerung wie ... *this is as oldfashioned and unnecessary as a crinoline* in der Übersetzung einen recht esoterischen Charakter bekommt: *Dies ist so altmodisch und unnötig wie ein Torpedoschutznetz.* Der Dolmetscher hatte sich in diesem Fall offenbar so intensiv mit militärischen Texten beschäftigt, daß er seine Kenntnisse unbedingt auch anbringen wollte.

Auch die andere Seite, die der Auftraggeber und Nutzer einer Übersetzung, wird manchmal ein Opfer der Selbstüberschätzung.

- Am häufigsten sind auch hier die Fälle, in denen die eigenen Fremdsprachenkenntnisse grotesk überschätzt werden. Beispiele dafür werden in Übersetzer- und Dolmetscherkreisen genauso gerne und oft zitiert wie die oben angeführten übersetzerischen Entgleisungen.

Authentisch ist zum Beispiel folgender Fall: Eine Übersetzerin (Muttersprache: Englisch) übersetzt einen Text ins Englische. Der Kunde gibt ihren Text zur Überprüfung an eine Mitarbeiterin weiter, die (wie sich später herausstellt) als Qualifikation für diese Evaluierungsaufgabe lediglich anführen kann, daß sie einige Semester englische Philologie studiert hat.
Sie schreibt der Übersetzerin einen Brief, in dem sie viele schwerwiegende Mängel der Übersetzung kritisiert. Zum Beispiel:

> Im Englischen heißt es nicht *factory building*, sondern *hall of production*.
> Wenn im Englischen ein Satz mit *Today* beginnt, so steht dahinter immer ein Komma.
> Im Englischen kann man nicht schreiben *we hope to be able*. Richtig heißt es: *We hope to being able*.

Das letzte Beispiel macht wohl hinlänglich klar, daß die "Überprüferin" große Schwierigkeiten mit den elementarsten Regeln der englischen Syntax hat. Trotzdem fühlt sie sich berechtigt, den Text einer englischen Muttersprachlerin zu kritisieren.
Die anderen Beispiele sind insofern interessant, als wir hier wieder auf das schon vertraute (Kap. IV,3) Phänomen der Verabsolutierung treffen: Es gibt

Fälle, in denen *Fabrik* mit *hall of production* übersetzt werden kann, aber es **muß nicht** (vor allem nicht immer) so übersetzt werden. Und es gibt Sätze (zum Beispiel: *Today, as 2000 years ago, we celebrate Christmas*) in denen nach *Today* ein Komma steht, aber keinesfalls **muß** hinter jedem *Today* ein Komma stehen.

> Wir können deshalb die Selbstüberschätzung auch als eine Form des Absolutismus bezeichnen: Was man selbst gelernt und erfahren hat, wird unbedenklich zur Regel für das Verhalten aller erklärt. Das mag allgemeinmenschlich sein, aber typisch für den Umgang mit Übersetzern und Übersetzungen ist, daß häufig die Laien die Regeln für die Experten festlegen.

Die andere Form der Selbstüberschätzung auf der Seite der Auftraggeber beruht darauf, daß sie übersetzerische Kompetenz nicht als eine spezifische und erworbene Fähigkeit anerkennen:

Eine Übersetzerin soll den Werbetext einer deutschen Bankengruppe ins Englische übertragen. Es handelt sich um eine Anzeige, die zu zwei Dritteln von einem Bild eingenommen wird (das auch in der übersetzten Anzeige beibehalten werden soll), auf dem eine Szene aus einem Cricketspiel zu sehen ist. Darunter steht als Überschrift für den Werbetext:
WOANDERS GELTEN ANDERE REGELN
Im Text der Anzeige wird dann argumentiert, daß man sich als Kunde der X-Bank überall zu Hause fühlt.
Die Übersetzerin überträgt die Überschrift so:
YOU MAY KNOW THE RULES OF THIS GAME...
und setzt fort: ... but elsewhere it's a different ball game.
Diese Übersetzung wird vom Auftraggeber nicht akzeptiert. Begründung: "Das ist viel zu ungenau. Außerdem steht das nicht im Text."
Das Argument der Übersetzerin, daß das Cricketspiel in Großbritannien einen ganz anderen Stellenwert hat als in Deutschland und dort keineswegs als ein Paradigma des Fremden und Exotischen gelten kann, wird gar nicht weiter diskutiert und mit der Bemerkung: "Das ist nicht Ihre Sache – Sie sollen nur den Text übersetzen" abgeblockt.

Alle Formen der Selbstüberschätzung haben eines gemeinsam: Die Unfähigkeit, die jeweils andere Seite als Partner mit ganz bestimmten Fähigkeiten zu akzeptieren und dementsprechend den eigenen Beitrag als ein Angebot zu arbeitsanteiliger Kooperation zu verstehen (vgl. Holz-Mänttäri 1984).

Diese mangelnde Kooperationsbereitschaft hat auch die fatale Folge, daß Leistungen von Übersetzern und Dolmetschern zurückgewiesen werden, die erheblich zur Verbesserung des Produkts beitragen können.

So berichten viele frustrierte Übersetzerinnen und Übersetzer, daß der Kunde an der Verbesserung des Ausgangstexts gar nicht interessiert ist. Dabei ist es geradezu unvermeidlich, daß Übersetzer aufgrund der Verstehenstiefe, mit der sie den Ausgangstext analysieren (vgl. Kap. IV und VI), immer wieder kleinere oder größere Defekte im Ausgangstext feststellen, die leicht zu beseitigen wären, so daß die Qualität der ausgangssprachlichen Dokumentation verbessert würde.

Allerdings kann gemäß den Prinzipien der Rechtsprechung der Übersetzer nicht dafür verantwortlich gemacht werden, daß er Defekte des Ausgangstexts **nicht** erkennt. Wenn also Übersetzer feststellen, daß der Ausgangstext Defekte hat, so können sie diese nicht stillschweigend und nach Gutdünken beseitigen. Sie gingen damit ein Risiko ein, das sich nicht bezahlt macht.

Andrerseits: Es gibt selten einen Ausgangstext ohne Defekte, zumindest aus der mikroskopischen Sicht der Übersetzer. Manchmal handelt es sich nur um terminologische Ungenauigkeiten, manchmal sind es syntaktische Nachlässigkeiten, manchmal eine falsche Thema-Rhema-Gliederung oder die Verwendung einer falschen Konjunktion, so daß die Logik des Textes nicht genügend unterstützt wird.

Sollen Übersetzer in all diesen Fällen beim Auftraggeber nachfragen? Dies ist schon aus praktischen Gründen nicht möglich, außerdem würde ein solches Verhalten beim Auftraggeber eher den Eindruck von Unsicherheit und mangelnder Professionalität vermitteln. Glättungen werden also stillschweigend vorgenommen, aber damit gehen Übersetzer immer und unvermeidbar das Risiko ein, zwischen groben und läßlichen Defekten nach ihrem Gutdünken zu entscheiden.

Das heißt: Übersetzer können sich vor der Verantwortung für ihren Text nicht drücken; sie können – selbst wenn sie es wollten – niemals so "defensiv" übersetzen, daß man ihnen an einigen Stellen nicht doch subjektive Entscheidungen nachweisen kann.

Wenn sie jede dieser Entscheidungen verteidigen oder gar ihre "Korrektheit" beweisen müßten, wären sie gar nicht mehr in der Lage, ihre Leistung zu erbringen. Die Diskussion über die Richtigkeit dieser übersetzerischen Entscheidungen würde am Ende mehr Zeit beanspruchen als die Übersetzung selbst. Mit anderen Worten: Übersetzer haben einen Anspruch auf Vertrauensvorschuß, er ist das Kapital, mit dem sie arbeiten.

Wenn sich jedoch der Auftraggeber nicht in der Lage sieht, diesen Vertrauensvorschuß zu gewähren, so sollte er sich überlegen, woran dies liegt. Haben die Gründe etwas mit der bisherigen Arbeit der Person oder mit dem Ruf des Übersetzungsbüros zu tun, so sollte man den Auftrag nicht dorthin vergeben. Denn völlig unproduktiv ist es, einen Auftrag an eine bestimmte Person oder Institution zu vergeben – etwa weil man sie persönlich kennt, weil sie schnelle Arbeit verspricht, weil sie Leistungen besonders billig anbietet –, um dann die ganze Arbeit mit Mißtrauen zu begleiten und am Ende Richtigkeitsnachweise zu verlangen.

Möglicherweise liegt es aber gar nicht an der übersetzenden Person, sondern am Text selbst. Vielleicht handelt es sich um ein besonders wichtiges Dokument, bei dem "es wirklich darauf ankommt". Wenn das übersetzte Dokument von solch großer Bedeutung ist, muß der Auftraggeber selbst etwas dafür tun, daß die

Übersetzung in seinem Sinne gelingt. Dies betrifft nicht nur die Auswahl der Person oder Institution, sondern vor allem die Produktspezifikation im Vorfeld der Auftragserteilung. Mit anderen Worten: Der Auftraggeber muß seine Wünsche und seine Kenntnisse – bzw. die seiner Mitarbeiter – in die Übersetzung mit einbringen, indem er sie in einem Beratungsgespräch dem Übersetzer darstellt und erläutert.

Viele Auftraggeber verfahren bei diesen "wichtigen" Übersetzungen nach der Devise: "Ich nehme einfach den besten Übersetzer, dann wird es schon klappen." Da sie die Qualität der Arbeit im Vorfeld nicht beurteilen können, heißt das häufig, daß der teuerste Anbieter den Zuschlag bekommt – nach der Devise: Gute Arbeit hat ihren Preis. Doch leider machen viele Auftraggeber dabei die Erfahrung, daß der hohe Preis noch lange keine Garantie für gute Leistung ist.

Es ist zwar richtig, daß Auftraggeber für die Übersetzung besonders wichtiger Texte etwas investieren sollten. Aber in den meisten Fällen investieren sie an der falschen Stelle: Eine Investition an Zeit zahlt sich meistens besser aus als eine rein finanzielle Investition.

3 Das Konstruktionsprinzip

Der Unterschied zwischen Therapie und Diagnose (vgl. Kap. IX,2) kann auch auf den Unterschied zwischen der Bewertung in der Praxis und in der Ausbildung bezogen werden.

In der Praxis wird in der Regel nicht danach gefragt, aus welchen Gründen der Fehler entstanden ist. Meistens wird nur konstatiert – so der häufigste Vorwurf –, daß man "so nicht sagt bzw. schreibt". Diese Kritik kann sich auf einen fachterminologischen Fehlgriff beziehen, auf eine hausinterne Sprachregelung oder auf Fehler in der Orthographie, der Syntax und Semantik (besonders im Bereich der Kollokationen).

Eine eigentliche Fehlervermeidungstherapie wird in der Praxis selten vollzogen, obwohl manche multinationale Konzerne mit einer großen Übersetzerabteilung einen hausinternen "Leitfaden für Übersetzer" entwickelt haben.

Ein weiterer Unterschied bei der Bewertung ergibt sich daraus, daß in der Ausbildung die Gesamtbewertung eine Funktion der Anzahl der Fehler ist. Nicht ein "schwerer Fehler" allein macht die Übersetzung unbrauchbar, sondern erst aus der Summe der Fehler ergibt sich das Urteil *mangelhaft*.

Für Auftraggeber und Nutzer einer Übersetzung kann dagegen bereits **ein** Fehler einer zuviel sein, weil er das ganze Dokument unbrauchbar macht. Wenn zum Beispiel in einem Kfz-Handbuch *rear view mirror* mit *Außenspiegel* übersetzt wird, sind damit alle Teile der Benutzerdokumentation, die sich mit den Spiegeln im Kfz beschäftigen, unbrauchbar.

Allerdings gibt es in diesem Punkt im Zeitalter des Computers und der Textverarbeitungsprogramme auch eine andere Ansicht. Läßt sich der Fehler durch einen einfachen Befehl im Textverarbeitungsprogramm beheben – in unserem Beispiel also: Suche *Außenspiegel* und ersetze durch *Innenspiegel* –, so handelt es sich um einen weniger gravierenden Fehler, da er ohne großen Zeitaufwand beseitigt werden kann. Nach dem gleichen Prinzip sind dann auch die so häufig vehement kritisierten orthographischen Fehler eher läßliche Sünden, denn sie lassen sich ohne großen Aufwand durch die Rechtschreibhilfe des Textverarbeitungsprogramms beheben.

Allerdings überschneiden sich an dieser Stelle die so säuberlich getrennten diagnostischen und therapeutischen Aspekte. Denn die wenigsten Auftraggeber registrieren derartige Fehler im Bereich der Terminologie und Orthographie mit der Gelassenheit, die ihnen nach diesem Kriterium des Fehlerbeseitigungsaufwands eigentlich zukommt. Zumindest bei einer Vielzahl derartiger Fehler zieht man eben doch den Schluß, daß diese Person oder jenes Übersetzungsbüro nicht ausreichend kompetent ist und deshalb für weitere Aufträge nicht mehr in Frage kommt. Und da es kein vernichtenderes Urteil gibt als dieses, erweisen sich diese terminologischen Mißgriffe und orthographischen Irrtümer dann doch als übersetzerische Todsünden.

Zumindest ist in diesen Fällen nicht strittig, daß ein Fehler vorliegt. Häufig gibt es jedoch Diskussionen darüber, ob überhaupt ein Fehler gemacht wurde. Die ganze Komplexität des Übersetzens wird sichtbar, wenn zwei Personen über die Qualität einer Übersetzung diskutieren. Je länger man über eine Formulierung oder ein Wort streitet, desto unschärfer scheinen die Kriterien zu werden. Und nicht selten einigt man sich auf einen faulen Kompromiß: Man kann es so oder so sehen.

Es gibt jedoch Anlässe, bei denen die Diskussion nicht in einen unverbindlichen *small talk* übergehen darf. Zum Beispiel immer dann, wenn ein Überprüfer, ein Auftraggeber, ein Dozent oder der Adressat einer Übersetzung Mängel moniert und Änderungen fordert.

Ein typisches Beispiel aus dem Übersetzungsunterricht soll illustrieren, wie derartige Diskussionen häufig ablaufen:

Aus dem Englischen war eine Broschüre der UNICEF zu übersetzen, die dem Thema *Das Jahr des Kindes* gewidmet ist. Es ging um folgende Passage:

UNICEF gives priority to health care, nutrition, clean water and sanitation, education and training and social services for mothers and children.

Folgender Übersetzungsvorschlag wurde diskutiert:

UNICEF gibt der Gesundheitsvorsorge, der Ernährung, dem sauberen Wasser, der Erziehung und Ausbildung und sozialen Dienstleistungen für Mütter und Kinder den Vorrang.

Es entspann sich ein Dialog zwischen dem Dozenten und der Verfasserin dieses Vorschlags:

D: Also der Reihe nach. Es heißt nicht *Gesundheitsvorsorge,* sondern *medizinische Versorgung.*

V: Wieso? Ich habe auch schon *Gesundheitsvorsorge* gehört, außerdem heißt *care* doch immer, daß man sich um etwas *sorgen* soll – also zum Beispiel *Care-Pakete.*

D: Es geht doch hier um etwas, was mit Geld – also mit den Spendengeldern – finanziert werden kann. *Vorsorge* trifft man selbst – durch eine Versicherung oder Vorsorgeuntersuchungen, aber hier geht es doch darum, daß es überhaupt Ärzte und Krankenhäuser gibt. Und die sollen von der UNICEF finanziert werden.

V: Aber Versicherungen und Vorsorgeuntersuchungen werden doch auch vom Staat angeordnet! Ich muß doch als Studentin in die Krankenversicherung, ob ich will oder nicht. Und Mütter müssen mit ihrem Baby zur Vorsorgeuntersuchung! Also sind das doch auch staatliche Maßnahmen!

D: Ja, ja, das ist bei uns so, weil der Staat sozusagen eine Fürsorgepflicht für alle hat und sie sozusagen zu ihrem Glück zwingt. Aber in Afrika ist das doch alles ganz anders – da fehlt es in vielen Ländern an allem.

V: Wenn es aber dort unten ganz anders ist, dann kann man doch nicht einen so glatten Ausdruck nehmen wie *medizinische Versorgung.* Das gibt es doch nur bei uns – also zum Beispiel: Bei einem Ärztestreik wäre die medizinische Versorgung nicht gewährleistet –, aber das paßt doch gar nicht zu diesem Land. Sie sagen doch immer, wir sollen die kulturelle Differenz beachten!

D: Jetzt werfen Sie aber alles durcheinander!

V: Und Sie wechseln die Argumente, wie es Ihnen gerade paßt!

Dieser Diskussionsstil dürfte vielen bekannt sein, die schon einmal über die Qualität einer Übersetzung diskutiert haben. Typisch dafür ist, daß so viele heterogene Argumente angeführt werden und sie selten logisch geordnet oder aufeinander bezogen sind. Daß dies auch auf "höchster Ebene" nicht anders ist, bewies die Diskussion um die Übersetzung von *Lemprière's Dictionary* (vgl. Kap. IX), in der Übersetzer, Literaturwissenschaftler und andere Intellektuelle in den Medien ein ähnlich unfruchtbares Streitgespräch führten.

Die Gründe dafür, daß diese Diskussionen so zirkulär und unbefriedigend verlaufen, haben wir schon bei unserer Betrachtung der Sprache als Kommunikationsmittel analysiert. Sprachliche Zeichen sind im Gegensatz etwa zu mathematischen nicht wohl-definiert; sie bringen Assoziationen und Bedeutungen ins Spiel, und mit dieser Fülle von Bezügen und Inhalten läßt sich trefflich streiten, ohne daß man auch nur in die Nähe eines Wahrheitsbeweises gerät.

Wenn D oder V in dem zitierten Streitgespräch auch nur eines ihrer Argumente beweisen wollten, müßten sie sehr umfangreiche Recherchen in Wörterbüchern, Grammatiken und Enzyklopädien anstellen, und selbst dann wäre nicht gewährleistet, daß sie damit einen schlüssigen Beweis der Richtigkeit liefern könnten. Denn fast alle Argumente beziehen sich auf so vage Begriffe wie unser Weltwissen und sprachliche Konventionen, die nirgendwo verbindlich kodifiziert sind.

Eine Aussage wie: "Das kann man im Deutschen (nicht) sagen" läßt sich schlecht widerlegen, zumindest nicht aus dem Stegreif. Wer hat schon alle Regeln und Normen des Sprachgebrauchs zitierfähig im Kopf? Und was soll man antworten, wenn die Gegenseite behauptet: "Das versteht der Leser (meiner

Übersetzung) schon richtig?", wenn man vorher immer wieder die Subjektivität der Verstehensprozesse betont hat?

Im Grunde gibt es nur eine Chance, derartig destruktive Auseinandersetzungen zu vermeiden. Sie liegt in der Herstellung einer Öffentlichkeit, im Appell an den gesunden Menschenverstand, in der Schaffung eines konstruktiven Gesprächsklimas. Wenn mehrere Personen sich zusammensetzen und zum Zweck der Qualitätssicherung eine Übersetzung diskutieren, um die Konkurrenzfähigkeit gegenüber anderen Übersetzungsbüros zu erhöhen, sind die Voraussetzungen für eine konstruktive Diskussion besser.

Allein durch die Präsenz informierter und motivierter Personen lassen sich viele der Fragen durch Konsens beantworten, die im konfrontativen Dialog nicht zu lösen sind. Man sucht nicht mehr nach Richtigkeitsnachweisen, sondern man orientiert sich am *common sense*, man sucht nicht mehr die absolut optimale, sondern man findet die akzeptable Lösung.

Wir können mit der Sprache keine verbindlichen Wirklichkeiten abbilden, aber sie ist ein vorzügliches Instrument, um Verständigung auszuhandeln – wenn sich alle Beteiligten kooperativ verhalten.

Natürlich wäre es zu wünschen, daß eine solche konstruktive Diskussion auch unter vier Augen geführt werden kann. Aber die Chancen dafür stehen schlecht, wenn in einem solchen Gespräch der eine angreift und sich die andere verteidigt. Andrea Stoll untersucht in ihrer Diplomarbeit am FASK Germersheim der Universität Mainz (Arbeitstitel: *Wie man seine Übersetzung verteidigt*, noch nicht abgeschlossen), wie derartige Dialoge zwischen professionellen und semiprofessionellen Übersetzerinnen und Übersetzern ablaufen. Das Ergebnis ist einigermaßen deprimierend, denn aus der Auswertung der acht Gesprächsprotokolle geht u.a. hervor, daß ein symmetrisches, kooperatives Gespräch selten zustande kommt. In den meisten Gesprächen etabliert sich eine der beiden Personen recht schnell als Experte mit den besseren Argumenten – oder ist als solche schon vor Gesprächsbeginn durch die berufliche Stellung etabliert, und von dieser Rollenverteilung wird dann die ganze Diskussion geprägt. Mit anderen Worten: Die Autorität der Person wird häufig zu der entscheidenden Instanz bei der Beantwortung der schwierigen Norm-, Stil- und Weltwissensfragen.

Vermeiden läßt sich das nur, wenn die Gesprächspartner die Risiken und Möglichkeiten verstanden haben, die sich aus der Komplexität der Übersetzungsprozesse ergeben. Mit anderen Worten: Ein konstruktiver Dialog über die Qualität einer Übersetzung ist möglich, aber nur dann, wenn die Gesprächspartner wissen, worüber sie reden.

Nur wer die Prinzipien der Konstruktion kennt, ist in der Lage, ein konstruktives Gespräch zu führen. Darstellungsform und Inhalt dieses Buchs sollten dem Zweck dienen, das eine so zu vermitteln, daß es das andere ermöglicht.

Bibliographie

A Kommentierte Auswahlbibliographie

Katharina Reiß, *Möglichkeiten und Grenzen der Übersetzungskritik*, München: Hueber 1971.

Pionierarbeit der übersetzungsrelevanten Texttypologie. Reiß geht von den (nach Bühler) dominierenden Funktionen der sprachlichen Zeichen aus (Darstellung – Ausdruck – Appell) und leitet daraus entsprechende Texttypen ab. Aus diesem Texttyp, das heißt der jeweils dominierenden Grundfunktion des Texts, ergibt sich nach Reiß die Übersetzungsmethode: Informative Texte sind explizierend, expressive Texte identifizierend, operative Texte adaptierend zu übersetzen. Trotz – oder wegen – seiner taxonomischen Strenge fand das Reißsche Modell weite Verbreitung, etablierte die Übersetzungswissenschaft als eigenständige Disziplin, und stimulierte weitere, detailliertere Untersuchungen.

Juliane House, *A Model for Translation Quality Assessment*, Tübingen: Narr 1977.

House entwirft ein System zur Bewertung von Übersetzungen und wendet dieses in einer extensiven Beispieldiskussion an. Sie unterscheidet zwischen *overt* und *covert translations*, also zwischen dem Typ der funktionskonstanten und der funktionsverändernden Übersetzung. Bewertungskriterium ist, ob sich das Resultat der ausgangssprachlichen Textanalyse mit dem der zielsprachlichen Analyse deckt (insofern kann es auch sinnvoll nur auf *covert translations* angewandt werden). Wertvoll ist vor allem das detaillierte Textanalyseschema, das die situativ-pragmatischen Dimensionen eines Textes erfaßt und damit die Sprachvarianten-Stilistik (Crystal/Davy 1969) konsequent für das Übersetzen nutzbar macht.

Hans G. Hönig/Paul Kußmaul, *Strategie der Übersetzung. Ein Lehr- und Arbeitsbuch*, Tübingen: Narr 1982 (3. Aufl. 1991).

Entwirft eine detaillierte Strategie des funktionalen Übersetzens, die an Beispielen demonstriert wird. Wendet den funktionalen Ansatz konsequent auf alle Ebenen textlicher Konstituenten an. Im Mittelpunkt steht das Prinzip des notwendigen Differenzierungsgrads, mit dem übersetzerische Entscheidungen auf der Wort- und Äußerungsebene gefunden und begründet werden können: Die jeweilige Ü. muß so differenziert sein, wie es der Skopos (vgl. Reiß/Vermeer) verlangt. Das Buch will nachvollziehbare Kriterien übersetzerischer Entscheidungen vom Prinzip der funktionalen Übersetzung ableiten und demonstrieren, und vermittelt die dazu nötige Begrifflichkeit auf den Gebieten der handlungs-und kulturorientierten Kommunikationstheorie, der linguistischen Pragmatik, der Psycholinguistik und der Systemlinguistik.

Justa Holz-Mänttäri, *Translatorisches Handeln. Theorie und Methode*, Helsinki: Suomalainen tiedeakatemia 1984.

Faßt alle Formen sprachgebundener Kulturmittlung als Translation zusammen und entwirft eine umfassende, praxisgestützte Theorie translatorischen Handelns als einem Gefüge von Handlungen zur professionellen Herstellung von Texten über kulturelle Barrieren hinweg. Der Translator ist nicht durch (fremd- oder muttersprachliche) Kompetenz definiert, sondern er ist Experte für interkulturelle Kommunikation. Entsprechend ist das Translat kein nur sprachliches Phänomen, sondern ein kommunikatives Handlungselement in einer definierten Situation. Die translatorischen Handlungen werden vom Prinzip der Kooperation gelenkt, an dem neben dem T. auch der Initiator (Auftraggeber) und der Bedarfsträger (Nutzer der Ü.) beteiligt sind.

Katharina Reiß/Hans J. Vermeer, *Grundlegung einer allgemeinen Translationstheorie*, Tübingen: Niemeyer 1984.

Definiert das Übersetzen als eine Handlung kulturellen Transfers. Deshalb ist ein Translat (Übersetzung und Verdolmetschung) unabhängig von seiner Funktion und Textsorte als Informationsangebot in einer Zielsprache und deren Kultur über ein Informationsangebot aus einer Ausgangssprache und deren Kultur zu verstehen.

Seine Bedeutung gewinnt der übersetzte Text erst (und nur) durch die Definition des Zwecks (Skopos) der übersetzerischen Handlung. Die Beurteilung der Übersetzung ist deshalb nur unter Berücksichtigung des Skopos' möglich: Für Translation gilt: Der Zweck heiligt die Mittel. Der Begriff *Adäquatheit* ersetzt den Begriff der *Äquivalenz* und wird definiert als die Relation zwischen Ziel- und Ausgangstext bei konsequenter Beachtung eines Zweckes (*Skopos*), den man mit dem Translationsprozeß verfolgt. Reiß/Vermeer wird als die umfassendste und einflußreichste Rahmentheorie des Übersetzens angesehen.

Hans P. Krings, *Was in den Köpfen von Übersetzern vorgeht. Eine empirische Untersuchung zur Struktur des Übersetzungsprozesses an fortgeschrittenen Französischlernern*, Tübingen: Narr 1986

Empirische Untersuchung mit dem Ziel, die mentalen Übersetzungsprozesse zu erforschen. Probanden sind jedoch keine semi-professionellen Ü., sondern Fremdsprachenlerner. Das Versuchsdesign beruht auf der Methode des Lauten Denkens, d.h. die Probanden werden aufgefordert, auszusprechen, was ihnen beim Übersetzen durch den Kopf geht. Diese Gedanken-Protokolle werden von Krings aufgezeichnet und ausgewertet. Trotz methodischer Schwächen (vgl. Kiraly 1990) und der für professionelle Ü. sehr eingeschränkten Validität der Ergebnisse eine wichtige Pionierarbeit.

Wolfram Wilss, *Kognition und Übersetzen. Zur Theorie und Praxis der menschlichen und der maschinellen Übersetzung*, Tübingen: Niemeyer 1988.

Stellt die menschliche der maschinellen Übersetzung gegenüber. Teil 1 beschreibt das Übersetzen aus psychologischer Sicht als komplexes Problemlösungsverhalten und

thematisiert die Rolle der Kreativität und der Intuition bei den Entscheidungs-
prozessen. Teil 2 grenzt die Leistungsfähigkeit maschineller Systeme gegenüber dem
Humanübersetzer ab, indem er die Entwicklung und Problembereiche der MÜ
historisch darstellt. Wilss vertritt die Meinung, daß MÜ-Systeme menschliche
Intuition und Kreativität weder ersetzen noch simulieren können, formuliert jedoch
selbst kein integriertes methodisches Konzept.

Mary Snell-Hornby, *Translation Studies: an integrated approach*, Amsterdam:
Benjamins 1988.

Das Buch gehört der "kommunikativen" Richtung in der Übersetzungwissenschaft
an. Übersetzen ist für Snell-Hornby kein simpler Transfer von Inhalten, sondern
sprachliches Handeln in einer Situation in einer Kultur. "Integrated" ist das Schlüs-
selwort des Buchs. Snell-Hornby zeigt an vielen Beispielen, daß die Übersetzungswissenschaft interdisziplinär ist. Sie plädiert dafür, daß neben neueren Modellen der
Linguistik (z.B. Prototypensemantik, Scenes-and-Frames, Sprechakte) die Literaturwissenschaft, die Kulturanthropologie, die Psychologie und die Philosophie in die
Übersetzungwissenschaft einbezogen werden. "Integriert" heißt ferner, daß eine
gemeinsame Basis für die Übersetzung von Alltagstexten, Fachtexten und literarischen Texten gefunden wird.

Christiane Nord, *Textanalyse und Übersetzen. Theoretische Grundlagen, Methode und
didaktische Anwendung einer übersetzungsrelevanten Textanalyse*, Heidelberg: Groos
1988

Entwickelt ein textanalytisches Modell zur Anwendung bei der Übersetzung aller
Textsorten. N. entwirft ein gerastertes Abfrageschema, mit dem alle für die Übersetzung relevanten Daten erhoben werden können. Der übersetzungstheoretische
Ansatz beruht auf der Funktionalität des Übersetzens und schließt insofern an
Reiß/Vermeer (1984) an. Mit der Einführung des Begriffs *Loyalität* versucht N.
jedoch, A- und Z-Text stärker aneinander zu binden und den Ü. zumindest ethisch
zur *Fidelität* zu verpflichten. Obwohl die Zielsetzung N.'s durchaus didaktisch ist,
wird das größte Problem semi-professioneller Ü., nämlich die Subjektivität des
Textverstehens, nicht problematisiert. N. geht davon aus, daß jeder Ü. jeden Text so
differenziert versteht, wie es ihr Analysemodell fordert.

B Literaturverzeichnis

1 Primärtexte

Cussler, Clive (1976) *Raise the Titanic!* New York: Viking. Cussler, Clive (1980) *Hebt die Titanic! Aus dem Amerikanischen übersetzt von Werner Gronwald,* Berlin: Goldmann.

Freeman, Hugh L. (1985) "Man in an urban setting", in: *FORUM* II, 27.

Gardner, Martin (ed.)(1965) *The Annotated Alice,* London: Penguin.

Griffiths, Adrian (1989) "Screening – the miracle cure?", in: *FORUM* IV (engl. Ausgabe), 4–5, (dtsche. Ausgabe), 4–5.

Lock, S./Smith, T. (1977), *The Medical Risks of Life,* Harmondsworth: Penguin Books.

Moore, Rod (1985) "A Fascination on the Wane" – " Wenn die Faszination schwindet", in: *FORUM* II , englische und deutsche Ausgabe, 6.

Norfolk, L. (1991) *Lemprière's Dictionary,* Reading: Minerva Paperbacks.

Norfolk, L. (1992) *Lemprière's Wörterbuch. Aus dem Englischen übersetzt von Hanswilhelm Haefs,* München: Knaus.

Smith, Neil and Deirdre Wilson (1979) *Modern Linguistics,* Harmondsworth: Penguin Books.

2 Sekundärliteratur

Bergström, R. Matti (1988) "Communication and Translation from the Point of View of Brain Function", in: J. Holz-Mänttäri (ed.), *Translationstheorie – Grundlagen und Standorte* (= studia translatologica ser. A, vol. 1), Tampere: Suomalainen Tiedeakatemia, 21 – 34.

Börsch, S. (1986) "Introspective methods in research on interlingual and intercultural communication", in: House, J. and S. Blum-Kalka (eds.) *Interlingual and intercultural communication,* Tübingen: Narr, 195–209.

Chesterman, Andrew (1994) "Quantitative Aspects of Translation Quality", in: *Lebende Sprachen* 4, 153–56.

Esser, Ulrich (1990) "Gedächtnis – interdisziplinäre Schnittstelle zwischen Psychologie und Übersetzungswissenschaft", in: H. Salevsky (ed.), *Übersetzungswissenschaft und Sprachmittlerausbildung. Akten der I. Internationalen Konferenz "Übersetzungswissenschaft und Sprachmittlerausbildung",* Berlin: Humboldt-Universität zu Berlin, 83–87.

Fillmore, Charles J. (1977) "Scenes-and-frames semantics", in: A. Zampolli (ed.), *Linguistic Structures Processing,* Amsterdam: North-Holland, 55–81.

Gerloff, P. (1986) "Second language learners' reports on the interpretive process: Talk aloud protocols of translation", in: House/Blum-Kalka (eds.), *Interlingual and intercultural communication,* Tübingen: Narr, 243–262.

Gerzymisch-Arbogast, Heidrun (1994), *Übersetzungswissenschaftliches Propädeutikum,* Tübingen: Francke (UTB 1782).

Harris, B. and B. Sherwood (1978): "Translating as an innate skill", in: D.Gerver D./W. Sinaiko (eds.), *Language interpretation and communication*, New York: Plenum, 155–170.

Holz-Mänttäri, Justa (1987) "Ausgangstext oder Produktspezifikation als Beurteilungsgrundlage? Ein Gerichtsurteil setzt Maßstäbe", *TEXTconTEXT* 2, 177–78.

Holz-Mänttäri, Justa (1988) "Texter von Beruf", in: *TEXTconTEXT* 3, 153–173.

Holz-Mänttäri, Justa (1993) "Textdesign – verantwortlich und gehirngerecht", in: J. Holz-Mänttäri/C. Nord (eds.), *Traducere Navem. Festschrift für Katharina Reiß zum 70. Geburtstag* (= studia translatologica ser. A vol. 3), Tampere: Schriften des Instituts für Translationswissenschaft der Universität Tampere, 301–320.

Hönig, Hans G. (1987) "Wer macht die Fehler", in: Albrecht/Drescher/Göhring/Salnikow (eds.), *Translation und interkulturelle Kommunikation*, Bern: Lang, 37–46.

Hönig, Hans G. (1988a) "Wissen Übersetzer eigentlich, was sie tun?", in: *Lebende Sprachen* 1/1988, 10–14.

Hönig, Hans G. (1988b) "Übersetzen lernt man nicht durch Übersetzen. Ein Plädoyer für eine Propädeutik des Übersetzens", in: *FLuL (Fremdpsrachen lehren und lernen)*, 154–167.

Hönig, Hans G. (1990) "Sagen, was man nicht weiß – Wissen, was man nicht sagt. Überlegungen zur übersetzerischen Intuition", in: R. Arntz/G. Thome (eds.), *Übersetzungswissenschaft – Ergebnisse und Perspektiven (Festschrift für Wolfram Wilss)*, Tübingen: Narr, 152–161.

Hönig, Hans G. (1991) "Holmes' 'Mapping Theory' and the landscape of mental translation processes", in: K. van Leuven-Svart/T. Naaijkens (eds.), *Translation Studies: The State of the Art. Proceedings of the First James S. Holmes Symposium on Translation Studies*, Amsterdam: Rodopi, 77–90.

Hönig, Hans G. (1992a) "Von der erzwungenen Selbstentfremdung des Übersetzers – Ein offener Brief an Justa Holz-Mänttäri", in: *TEXTconTEXT* 7, 1992, 1–14.

Hönig, Hans G. (1992b) "Verstehensoperationen beim Konsekutivdolmetschen – gehirnphysiologische Grundlagen, psycholinguistische Modellbildungen und didaktische Konsequenzen", in: *TEXTconTEXT* 3/4, 1992, 145–167.

Hönig, Hans G. (1993a) "Vom Selbst-Bewußtsein des Übersetzers", in: J. Holz-Mänttäri/C. Nord (eds.), *Traducere Navem. Festschrift für Katharina Reiß zum 70. Geburtstag,* (= studia translatologica ser. A vol. 3), Tampere: Schriften des Instituts für Translationswissenschaft der Universität Tampere, 77–90.

Hönig, Hans G. (1993b) Rezension von S. Hervey/I. Higgins, *Thinking Translation. A Course in Translation Method: French to English*, London and New York: Routledge, 1992, in: *TARGET* 5:1 (1993), 119–123.

Hönig, Hans G. (^{2}1994) "Übersetzen zwischen Reflex und Reflexion. Ein Modell der übersetzungsrelevanten Textanalyse", in: M. Snell-Hornby (ed.), *Übersetzungswissenschaft. Eine Neuorientierung*, Tübingen: Francke (UTB 1415), 230–251.

Hörmann, Hans (1981): Einführung in die Psycholinguistik, Darmstadt: Wissenschaftliche Buchgesellschaft.

Kay, Martin/Jean Mark Gawron/Peter Norvig (1991) *Verbmobil: A Translation System for Face-to-Face Dialog,* Stanford University: (o.Vg.).

Kiraly, Donald C. (1990) *Toward a Systematic Approach to Translation Skills Instruction,* PhD Diss. Urbana (Illinois).

Königs, Frank G. (1987) "Was beim Übersetzen passiert. Theoretische Aspekte, empirische Befunde und praktische Konsequenzen", in: *Die Neueren Sprachen* 86, 162–183.

Krings, Hans P. (1986) "Translation Problems and Translation Strategies of Advanced German Learners of French (L2)" in: House/Blum-Kalka (eds.), *Interlingual and Intercultural* Communication, Tübingen: Narr, 263–276.

Krings, Hans P. (1986) *Was in den Köpfen von Übersetzern vorgeht,* Tübingen: Narr.

Kußmaul, Paul (1989) "Interferenzen im Übersetzungsprozeß – Diagnose und Therapie", in: H.Schmid (ed.), *Interferenz in der Translation,* Leipzig: Enzyklopädie, 19–28.

Kußmaul, Paul (1994a) "Semantic models and translating", in: *TARGET* 6:1, 1–13.

Kußmaul, Paul (1994b) "Möglichkeiten einer empirisch begründeten Übersetzungsdidaktik", in: M. Snell-Hornby/F. Pöchhacker/K. Kaindl (eds.), *Translation Studies – an Interdiscipline,* Amsterdam: J. Benjamins, 377–385.

Lado, Robert (1976) "Vergleich zweier Kulturen – wie?", in: H.Weber (ed.), *Landeskunde im Fremdsprachenunterricht,* München: Kösel, 57–71.

Lörscher, Wolfgang (1986) "Linguistic aspects of translation processes", in: House/Blum-Kalka (eds.), *Interlingual and Intercultural Communication,* Tübingen: Narr, 277–292.

Newmark, Peter (1981) *Approaches to Translation,* Oxford: Pergamon.

Nord, Christiane (1988) *Textanalyse und Übersetzen. Theoretische Grundlagen, Methode und didaktische Anwendung einer übersetzungsrelevanten Textanalyse.* Heidelberg: Groos.

Oeser, Erhard und Franz Seitelberger (1988) *Gehirn, Bewußtsein und Erkenntnis,* Darmstadt: Wissenschaftliche Buchgesellschaft.

Prideaux, Gary D. and William J. Baker "An Integrated Perspective on Cognitive Strategies in Language Processing", in: *META XXIX,* 1 (1984), 81–91.

Pöchhacker, Franz (1994) *Simultandolmetschen als komplexes Handeln* (= *Language in Performance; 10),* Tübingen: Narr.

Prunč, Erich (1994) "Sprachen lernen – Menschen verstehen: Eine Herausforderung", in: *Zukunftsforum V,* Wien, 89–98.

Reiß, Katharina / Hans J. Vermeer (1984) *Grundlegung einer allgemeinen Translationstheorie,* Tübingen: Niemeyer.

Schmid, Annemarie (1992) "MÜ: Übersetzungsergebnisse im Vergleich", in: *Lebende Sprachen* 2, 51–55.

Schmitt, Peter A. (1990) "Was übersetzen Übersetzer? – Eine Umfrage", in: *Lebende Sprachen* 3, 97–106.

Schmitt, Peter A. (1994) "Computereinsatz im Übersetzungswesen. Ein Überblick", in: U. Beck/W. Sommer (eds.), *LEARNTEC 1993: Europäischer Kongreß für Bildungstechnologie und betriebliche Bildung. Tagungsband,* Berlin: Springer, 567–590.

Schmitt, Peter A. (^{2}1994) "Die 'Eindeutigkeit' von Fachtexten: Bemerkungen zu einer Fiktion", in: M. Snell-Hornby (ed.), *Übersetzungswissenschaft – Eine Neuorientierung* (UTB 1415), Tübingen: Francke, 252–283.

Schmitt, Peter A. (1993) "Der Translationsbedarf in Deutschland. Ergebnisse einer Umfrage", in: *BDÜ-Mitteilungsblatt für Dolmetscher und Übersetzer (MDÜ)* 4, 3–10.

Stefanink, Bernd: (1991) "Vom Nutzen und der Notwendigkeit der Theorie für den universitären Übersetzungsunterricht", in: Goethe Institut/The British Council/Ens-Credif (eds.) *TRIANGLE 10 : The Role of Translation in Foreign Language Teaching*, 59–83.

Stellbrink, Hans-Jürgen (1986) "Effizienz, Produktivität, Leistung und Status in einem Fremdsprachendienst der Industrie", in: *Mitteilungsblatt für Dolmetscher und Übersetzer (MDÜ)* 1, 4–5.

Stolze, Radegundis (1992) *Hermeneutisches Übersetzen. Linguistische Kategorien des Verstehens und Formulierens beim Übersetzen* (= Tübinger Beiträge zur Linguistik 368), Tübingen: Narr.

Stolze, Radegundis (1994) *Übersetzungstheorien: eine Einführung*, Tübingen: Narr.

Tannen, Deborah (1979): "What's in a Frame? Surface evidence for underlying expectations", in: R. O. Fredle (ed.), *New directions in discourse processing*, Norwood, 157–182.

VERBMOBIL Konsortium (ed.)(1991) *VERBMOBIL. Mobiles Dolmetschgerät – Studie –*, München (o.Vg.).

Vermeer, Hans J. (1992) *Skizzen zu einer Geschichte der Translation* (= Translatorisches Handeln Wissenschaft; 6), Bd. 1. Anfänge: von Mesopotamien bis Griechenland; Rom und das frühe Christentum bis Hieronymus, Frankfurt: Verlag für interkulturelle Kommunikation.

Index

1 Personen

Bergström 58, 97, 99
Börsch 55

Fillmore 94

Gerloff 55
Gerzymisch-Arbogast 56, 124

Haefs 121ff.
Holz-Mänttäri 18, 168, 179, 181
Hönig 25, 45, 50, 59
Hörmann 71

Kay et.al. 106, 108ff., 149
Kiraly 55, 61
Königs 55
Krings 40ff., 50, 55
Kußmaul 58, 70, 119

Lado 111
Lörscher 26, 55, 56

Newmark 56
Nord 18, 174

Oeser/Seitelberger 92, 97ff.

Prunč 177

Reiß 57

Schmitt 22, 90, 129, 135ff.
Stefanink 171ff.
Stolze 97

Tannen 92

Vermeer 28, 57, 174

Wilss 45

Zimmer 22

2 Sachen

Äquivalenz 57, 60, 101, 131, 137, 188
Assoziationskompetenz 56, 61, 62, 64,
Ausbildung 16, 24, 117–119, 130, 146, 152–154, 156–159, 161–170, 172, 183, 184
Ausbildungsinstitutionen 24, 25, 174,
Autorität 67, 68, 175, 186

Bedeutung 20, 26, 30, 37, 38, 42, 57, 64, 66, 69, 71, 76, 91, 95–99, 103–108, 111–115, 118, 127, 128, 135, 141, 147, 150, 154, 162, 164, 170, 182
Bewertung 44, 83, 85, 130, 131, 151, 183, 187
Bewußtsein 10, 14, 17, 22, 24, 38, 50, 61, 62, 93, 101, 112, 116, 154, 157, 169, 170

Defekt 35, 87, 130, 134, 137, 141, 175, 181, 182

Diagnose 9, 78, 120, 121, 123, 131, 132, 183, 192
Didaktik 24, 57, 89, 100, 169, 172
Diversifikation 161, 162, 169
Dolmetschen 16, 113, 127, 139, 140, 146, 150, 152, 159, 162, 166
Dolmetscher 16, 21, 34, 127, 128, 139–142, 144–147, 150–153, 163, 167, 170, 173, 177, 178, 180
Fehler 30, 37, 50, 53, 54, 67, 80, 87, 117, 118, 120, 128–132, 134, 175, 179, 183, 184
Fehlerbewertung 128–131
Fehlervermeidungsstrategien 62, 63
Funktion 29, 31, 33, 80, 103, 129, 130, 133, 138, 154, 183, 188
Fuzzy Logic 72, 91

Gehirnphysiologie 92, 98

Hochschulstudium 20, 27, 156–169

Illusion   20, 24, 25, 32, 33, 35, 58,
    100, 101, 104, 105, 108, 109, 111,
    133, 138, 150, 177
Interferenzen   119–120
Interlingua   104–107, 109, 111, 113,
    148, 149
Introspektion   21, 40
Intuition   45–47, 189

Komplexität   17, 21, 50, 56, 57, 61,
    66, 68, 119, 137, 147, 169, 170,
    172, 184, 186
Konnektionismus   112, 114
Konstruktion   18, 19, 45, 53, 78, 143,
    173, 186
Konstruktionsprinzipien   10, 32, 168
Kooperation   8, 69, 177, 178, 181, 188
Korrektheit   14, 60, 78, 150, 175, 176,
    182

Makrostrategie   55, 56, 60, 62, 80, 81,
    86, 87, 89, 91
Markt   13, 23, 77, 140, 141, 154, 155,
    158, 170, 173
Maschinelle Übersetzung   10, 24, 45,
    91, 101, 113, 146, 147, 149, 157,
    189
Mikrostrategien   50, 54, 55, 59–63
Module   161, 162, 164
Monitoring   44, 50, 52, 56, 60–62,
    150

Opportunität   94, 114–116

Qualität   7, 10, 13, 16, 17, 23–26, 33,
    62, 68, 74, 75, 80, 87, 115, 120,
    124, 125, 142, 155, 156, 158, 159,
    173, 174, 179, 181, 183–186

Recherchebedarf   89, 162–164
Reflexion   14, 16, 22, 24, 25, 46, 56,
    101, 119, 125, 155–157, 163, 191,
    201
Regel   9, 15, 22, 25–27, 32, 35, 38, 50,
    52–57, 67, 69, 72, 76, 87, 89, 98,
    108, 111, 113–116, 119, 125, 133–

136, 138, 162, 165, 167–168, 173–
    175, 177, 179–181, 183, 185

Schemes und Frames   91, 92
Selbstüberschätzung   117, 118, 179–
    181
Selbstvertrauen   26, 44, 62, 77, 91, 150
Sprachwissenschaft   16, 20, 35, 64, 73,
    105, 126, 127, 158, 170, 171

Textproduktion   9, 162, 163, 165–167
Theoriefeindlichkeit   14, 157
Therapie   48, 49, 80, 121, 123, 131,
    132, 183

Übersetzerrelevante Textanalyse   78,
    164
Übersetzungsfehler   13, 117, 129, 131,
    132
Übersetzungskompetenz   26, 56, 62,
    91, 157
Übersetzungskritik   76, 80, 89, 123–
    125, 130, 137, 187
Übersetzungsprozeß   19, 20, 24, 40,
    45, 47, 55, 57–59, 73, 81, 98, 100,
    101, 119, 150, 154, 157, 170, 172,
    186, 192
Übersetzungstheorie   14, 16, 21, 22,
    25, 112, 125, 136, 138, 155, 157,
    158, 171, 172, 174–176
Unkontrollierte Prozesse   58–62

VERBMOBIL   106, 113, 142, 146–
    149, 191, 192
Verstehensproblem   43, 44, 49

Weltwissen   9, 42, 43, 107, 118, 129,
    131, 141, 144, 150, 185
Wörterbuch   11, 15, 19, 25, 26, 30,
    32, 43, 48, 52, 76, 77, 79, 87, 103,
    106, 117, 122, 124, 125, 128–130,
    140, 142, 190

Zweck der Übersetzung   50, 174, 176,
    178